Krisen meistern

Krisen meistern

Der Leitfaden für ein starkes Danach

Sabine Edinger

Irene Penz

Friederike Ritter-Börner

maudrich

Bibliografische Information der Deutschen Nationalbibliothek
Die Deutsche Nationalbibliothek verzeichnet diese Publikation in der Deutschen
Nationalbibliografie; detaillierte bibliografische Daten sind im Internet über
http://dnb.d-nb.de abrufbar.

Umschlaggestaltung: Irene Rick, Trias Print Consulting GmbH, Wien
Lektorat: Katharina Stadler, Wien
Typografie und Satz: Trias Print Consulting GmbH, Wien
Druck: Finidr, Tschechien
ISBN 978-3-99002-017-3
Auch als E-Book erhältlich: ISBN 978-3-99030-513-3 (epdf)

Vorwort

Was kann dieses Buch? Was bringt es Ihnen? Wie können Sie es optimal nutzen? Und warum haben wir es geschrieben?

Sie können dieses Buch von vorne nach hinten lesen, was wir Ihnen empfehlen, denn es besteht aus zwei Teilen mit einem klaren Aufbau. Es ist aber auch ein Quer-Lesebuch. Eines, das Sie aufblättern und kapitelweise lesen können, so wie es gerade Ihrer Situation und Stimmung entspricht. Sie können sich dabei an den Themen der jeweiligen Kapitel orientieren und finden überall Querverweise zum Weiterlesen, Sichvertiefen und Weiterdenken.

Im letzten Kapitel »Soforthilfe im Akutfall« finden Sie komprimiert alles, was Ihnen in einer akuten Krise dabei hilft, den Kopf über Wasser zu halten und wieder Boden unter die Füße zu bekommen. Das Kapitel dient Ihnen aber ebenso als Leitfaden, wenn Sie eine andere Person durch eine Krise begleiten.

Doch nun der Reihe nach: Zuerst sehen wir uns gemeinsam an, was eine Krise ausmacht, woran man sie erkennt und dass jede Krise auch eine Möglichkeit bereithält, sich zu verändern und positiv zu entwickeln. Im Kapitel »Innenansicht einer Krise« veranschaulicht ein Beispiel, was bei einer Krise im Körper passiert und wie Körper, Seele und Geist sich gegenseitig beeinflussen. Danach geht es um die Auslöser von Krisen, die von Übergangsphasen im Leben wie der Pubertät und den Wechseljahren bis hin zu positiven Ereignissen wie der Geburt eines Kindes reichen können, aber auch dramatische Erlebnisse sein können, die über uns hereinbrechen und unseren Weg in neue Bahnen zwingen. Das umfassende Kapitel »Persönliche Krisengebiete« beschäftigt sich mit persönlichen Krisengebieten wie etwa dem Finden von Beruf und Berufung und den Problemen, die im Arbeitsumfeld auftauchen können. Breiten Raum nehmen auch die Themen Liebe, Beziehungen und Familie ein. Außerdem beschäftigen wir uns in diesem Kapitel mit Verlusten und Abschieden sowie mit dem Tod.

Im zweiten Teil des Buches geht es um das, was uns hilft, Krisen zu meistern. Wir schauen uns jene Bereiche in unserem Leben an, an denen wir arbeiten können, um in Krisen besser bestehen zu können oder um manche Krisen vielleicht sogar vermeiden zu können. So beschäftigt sich das Kapitel »Was unser Identitätsempfinden ausmacht« mit unserer Identität und jenen fünf Lebensbereichen, die diese prägen. Wissen wir darüber Bescheid, können wir nachjustieren, um im Leben besser aufgestellt zu sein. Im Kapitel »Innere Ressourcen« sprechen wir über Ressourcen wie Resilienz, über Glaubenssätze, die unsere Wahrnehmung und unsere Entscheidungen beeinflussen, und über die Gefahren, die es mit sich bringt, wenn wir in der Rolle des Opfers verharren, statt Gestalter unseres Lebens zu sein. Wir gehen den menschlichen Bedürfnissen auf den Grund und beschäftigen uns damit, wie es gelingen kann, nicht mehr an alten Defiziten zu leiden und sich selbst zu stärken. Anschließend besprechen wir ein neues Lebensgefühl ohne Krisen. Oft identifizieren wir uns mit unseren Problemen so stark, dass wir uns nicht vorstellen können, wie ein Leben ohne sie wäre. Das Kapitel »In Kontakt mit sich selbst sein« bietet Ihnen Übungen an, wie Sie in besseren Kontakt mit sich selbst treten können. Denn wenn wir uns gut spüren, können wir eher gegensteuern, wenn es schwierig wird, und vielleicht sogar verhindern, dass sich Schwierigkeiten zu Problemen und diese wiederum zu Krisen auswachsen. Im Kapitel »Über das gute Leben und warum wir positive Gefühle brauchen« beschäftigen wir uns mit dem guten Leben, das wir uns alle wünschen und das Sie vielleicht für unerreichbar halten. Doch das ist es nicht, auch wenn Sie viele Hürden zu nehmen und Bürden zu tragen haben. Es liegt trotz allem vieles in Ihren Möglichkeiten – versprochen! Den Abschluss des Buches bildet das Kapitel »Soforthilfe im Akutfall«, das Hilfe für akute Krisen bietet und als schnelle Gebrauchsanweisung für alle Fälle dient. Und noch etwas: Wir verwenden im Text abwechselnd die männliche und weibliche Schreibweise und meinen selbstverständlich immer beide Geschlechter.

Warum es dieses Buch gibt

Wir wollten dieses Buch schreiben. Wir wollten es aus ganzem Herzen schreiben, weil das Thema Krise in unserem Leben eine große Rolle gespielt hat – beruflich und privat – und weil wir wissen, dass es vielen anderen genauso geht.

Wir haben durch die vielen Menschen in Not, denen wir im Laufe der Jahre begegnet sind, viel gelernt und verstanden. Immer klarer wurde uns, dass es in Krisensituationen so etwas wie Gesetzmäßigkeiten gibt und auch Bewährtes, das immer wirkt. Deshalb haben wir ein Buch geschrieben, das wir uns selbst in so mancher Lebenssituation gewünscht hätten, ein Buch, das man betroffenen Menschen in die Hand geben kann, aber auch eines, das jenen hilft, die die Zusammenhänge in ihrem Leben besser verstehen wollen. Es ist daher nicht nur ein Krisen-Buch, es ist auch ein Lebens-Buch, eines, in dem es um ein besseres, ein wirklich gutes Leben geht und um Befreiung von alten Mustern. Ein Buch, das Ihnen zeigt, wo Sie feststecken. Ein Buch, das Ihnen Türen öffnen kann – zu sich selbst und zu Ihren Mitmenschen. Ein Buch, das Ihnen Orientierung und Kraft geben kann.

Nehmen Sie es mit in Ihr Leben. Finden Sie heraus, was Sie gerade brauchen und wenden Sie es an. Es ist aus der Praxis entstanden und dafür gedacht, Sie gerade jetzt zu begleiten.

Sabine Edinger
Irene Penz
Friederike Ritter-Börner

Inhalt

Was sind Krisen und wozu sind sie gut?

Problem, Krise oder Trauma? 16

Die zwei Seiten einer Krise 20

Wie es sein kann 21

Innenansicht einer Krise

Körperliche Veränderungen während einer Krise 29

Seelische Veränderungen während einer Krise 33

Geistige Veränderungen während einer Krise 38

Was löst Krisen aus?

Kritische Übergänge in unserer Lebensspur 47

Wenn ein Ereignis eine Lawine lostritt 53

Wenn der Eimer zum Sieb wird 55

Persönliche Krisengebiete

Beruf und Berufung 60

Familien-Herausforderungen 75

Patchwork-Herausforderungen 90

Unfreiwillig Single sein 102

Wenn die Liebe in die Krise kommt 110

Verluste, Abschiede und Tod 122

Was unser Identitätsempfinden ausmacht und wie wir uns selber besser verstehen können

Das Gefühl vom »Ich« und die
tragenden Lebensbereiche als Fundament 137
Alles hängt zusammen 149
Ein Koffer voller Ideen 150

Innere Ressourcen

Unser seelisches Immunsystem stärken 158
Bedürfnisse erkennen und Grenzen setzen 164
Raus aus der Opferrolle und Abschied vom Leid 172
Innere Glaubenssätze und ihre Wirkung 178
Nachnähren und nachlernen – es ist nie zu spät 183

Wer bin ich ohne mein Problem?

Probleme als Spiegel der Biografie 194
Probleme als Lernmotoren 198
Sich selber neu entdecken 201

In Kontakt mit sich selbst sein

In Verbindung geboren, verletzt und geheilt 208
Der Atem als Kraft- und Lebensquelle 211
Übungen, um gut mit sich in Kontakt zu kommen 212

Über das gute Leben und warum wir positive Gefühle brauchen

Im neuen »Aggregatzustand der Wirklichkeit«
und die Bedeutung der Gefühle 221
Was wir tun können um mehr gute Gefühle zu erleben 224
Das gute Leben 236

Soforthilfe im Akutfall

Achten Sie auf Ihre Grundbedürfnisse 241

Schaffen Sie das für Sie Nötigste 245

Halten Sie an kleinen Alltags-Strukturen fest 246

Holen Sie sich Hilfe von außen 246

Halten Sie Ausschau nach Vorbildern 248

Danksagung 249

Literatur 250

Stichwortverzeichnis 254

Was sind Krisen und wozu sind sie gut?

Problem, Krise oder Trauma? · Die zwei Seiten einer Krise · Wie es sein kann

Was sind Krisen und wozu sind sie gut?

Was macht eine Krise aus und was unterscheidet sie von einem Problem oder einem Trauma? Was passiert, wenn wir mittendrin sind? Und können Krisen wirklich Chancen sein? Welche Erkenntnisse können wir aus diesen schmerzvollen Erfahrungen ziehen und wie können wir daraus lernen?

»Mitten im Winter habe ich erfahren,
dass es einen unbesiegbaren Sommer in mir gibt.«

— Albert Camus [1]

Krisen gehören zum Leben. Sie kommen immer ungelegen und sie fordern uns heraus. Fast jeder von uns hat schon Bekanntschaft mit persönlichen Lebenskrisen gemacht. Es gibt die kleinen Krisen, die keine große Sache werden müssen, wenn wir uns damit auseinandersetzen, und solche, die wir auch eine Zeit lang verdrängen können, ohne dass sie uns im Alltag besonders belasten. Dann gibt es aber auch die massiveren, die uns zeigen, dass wir tatsächlich etwas verändern müssen, um wieder in die Komfortzone zu gelangen, und die uns dabei auch richtig viel abverlangen. In ihrer schlimmsten Form können Krisen brachial und urgewaltig über uns hereinbrechen und einem Schicksalsschlag gleich alles Gewohnte und Sichere hinwegfegen, sodass unsere gesamte Existenz tief erschüttert ist. Krisen können klein beginnen, am Anfang noch unspektakulär sein und sich dann zu etwas Großem auswachsen, Kreise ziehen und so immer mehr Einfluss auf unser Leben gewinnen. Es gibt aber auch Krisen, die vorauszusehen sind und oft in jenen Lebensphasen auftreten, die mit starken Veränderungen und Umbrüchen zu tun haben. Diese Phasen fordern daher verstärkte Wachsamkeit von uns. Wenn wir nicht aufpassen, heften sich krisenhafte Entwicklungen an unsere Fersen und treten wieder und wieder in Erscheinung, bis wir uns wirklich mit ihnen beschäftigen.

Krisen können also durch eine besondere Situation ausgelöst werden oder dadurch, dass wir mitten in einem Entwicklungsprozess stecken oder eine Entscheidung mit folgeschweren Konsequenzen treffen müssen.

---

1   *Albert Camus (1913–1960), Schriftsteller.*

Wie ein Schiff ohne Kompass

Es zeichnet eine Krise aus, dass unsere herkömmlichen Fähigkeiten, Probleme zu lösen und zielgerichtet zu handeln, nicht mehr ausreichen. Manchmal scheint es so, als wäre uns diese Fähigkeit ganz abhandengekommen. Unsere Wahrnehmung verengt sich und wir können auf keine Erfahrungen zurückgreifen, die uns in diesem Moment helfen könnten. Dabei kann sich dieser »Moment« über Tage und Wochen hinziehen. Manchmal fühlen wir uns existenziell bedroht und stellen all jene Werte und Normen infrage, die uns bisher bedeutsam erschienen sind. Wir schätzen unsere Handlungsmöglichkeiten als gering oder gar gleich Null ein, was uns den Glauben nimmt, selbstwirksam sein zu können. Unser emotionales Gleichgewicht ist dahin. Wir haben zu dieser Zeit den Eindruck, wie ein Schiff ohne Kompass auf offener See zu sein.

Was wir für uns selbst als Krise bewerten, ist sehr individuell. Zwei Personen können das exakt Gleiche erleben und völlig unterschiedlich verarbeiten. Hierbei spielt auch unsere Umwelt eine große Rolle. Entscheidend ist aber, als wie bedrohlich oder destabilisierend das Ereignis wahrgenommen wird, und ob man meint, handlungsfähig zu sein und diesem Handeln auch Erfolg zutraut.

Karin und Bea sind zum Beispiel beide 17 Jahre alt, Schülerinnen und ungeplant schwanger. Beide haben die Beratungsstelle des Frauenzentrums aufgesucht und wurden zu ihrer individuellen Situation beraten. Sie bekamen Informationen über staatliche Unterstützungen und darüber, wie und wo sie sich Hilfe organisieren können. Beas Familie und auch die Familie ihres Freundes sind nach dem ersten Schock einstimmig bereit, mitzuhelfen, um dem Kind die besten Startbedingungen ins Leben zu geben. Karin hat diese Ressource nicht: Mit ihrem Freund ist sie nicht mehr zusammen und außer ihrer berufstätigen und alleinerziehenden Mutter hat Karin kein familiäres Netz, das sie auffängt und unterstützt. Karin ist selbst ohne Vater aufgewachsen. Sie kennt die Einsamkeit nur allzu gut, gepaart mit dem Kampf, sich die notwendigsten Dinge des täglichen Lebens leisten zu können. Die Vorstellung, ein Kind alleine großzuziehen, löst eine heftige Krise aus. Für sie ist die Schwangerschaft bedrohend und in hohem Maße destabilisierend. Bea hingegen kämpft auch, verliert aber nicht den Boden unter den Füßen. Sie traut sich selbst viel zu. Sie hat die klare Vision, die Schule abzuschließen und ihre gewünschte Berufslaufbahn einzuschlagen. Und sie hat das Vertrauen, dass sie es mithilfe ihrer Familie und ihres Freundes schaffen kann, dieses Kind großzuziehen.

Wir alle sind mit einem unterschiedlichen Repertoire an Vorerfahrungen ausgestattet. Dementsprechend verschieden sind unsere Sozialisation, unsere gesellschaftliche und persönliche Konditionierung sowie die Art und Weise, wie sich unsere Gedanken, Gefühle und Wahrnehmungen manifestieren. Wir nehmen Ereignisse, uns selbst und die Welt um uns durch den Filter unserer Vorerfahrungen wahr. Ob wir eine Situation als so bedrohlich oder einengend empfinden, dass wir sie als Krise bewerten, hängt von unserer subjektiven Einschätzung und Interpretation ab sowie von unserer kulturellen Prägung und unseren Werten und Normen.

Problem, Krise oder Trauma?

Nicht jedes Problem ist gleich eine Krise. Manchmal haben wir »nur« ein Problem, benennen es aber fälschlicherweise als Krise. Und manchmal liegt die Ursache unserer Schwierigkeiten viel tiefer in einem Trauma, das wir durchlebt haben, oft ohne uns bewusst daran zu erinnern. Diese drei Begriffe auseinanderzuhalten ist hilfreich und klärend.

Ihre 12-jährige Tochter kommt in voller Kriegsbemalung mit Minirock und Netzstrumpfhose aus dem Bad und will so in die Schule gehen. »Ich krieg die Krise!«, ist Ihre Reaktion darauf. Sie haben aber vermutlich keine Krise, sondern nur ein Problem. Und wahrscheinlich kriegt Ihre Tochter auch gleich eines.

Krise oder Problem?

Ein Problem stellt uns vor eine schwierige Situation, die es zu lösen gilt. Der Unterschied zu einer Krise ist, dass wir bei ersterem mit unseren bisher erlernten Strategien zielgerichtet planen und handeln können. Wir wissen uns zu helfen und können Hilfe organisieren.

Sie fahren auf der Autobahn und haben unvorhergesehen eine Panne. Sie müssen dringend zu einem für Sie beruflich wichtigen Termin und fühlen sich nun unter Druck. Diese Autopanne ist für Sie ein Problem, das mit unangenehmen Gefühlen, Stress und Sorgen einhergeht. Zuvor waren Sie vielleicht in einem innerlich guten Zustand, die Panne versetzt Sie aber in Aufruhr. Nun gilt es, klar zu überlegen, was der Reihe nach zu tun ist, und zu handeln. Sie verständigen die Pannenhilfe und informieren jene Person, mit der Sie verabredet sind, über Ihre Verspätung. Dann nimmt alles seinen Lauf und Ihr Auto wird wieder startklar gemacht, sodass Sie bald weiterfahren können. Sie haben die Situation gemeistert, das Problem behoben und finden wieder zurück zu Ihrer inneren Balance.

Von einem Problem klar abzugrenzen ist eine Krise, für die es verschiedene Definitionen gibt. Das Wort *Krise* kommt vom altgriechischen Verb *krinein*, das *trennen* und *(unter-)scheiden* bedeutet. Das griechische Wort *krisis* bezeichnet nicht eine hoffnungslose Situation, sondern einen instabilen Zustand. Das lateinische *crisis* wiederum bezeichnet in der medizinischen Fachsprache die entscheidende Wendung von Krankheiten und allgemein den Höhe- oder Wendepunkt einer gefährlichen Lage, von dem an es nur noch besser werden kann. Charakteristika einer Krise in unserem Sprachgebrauch sind etwa die dringende Notwendigkeit von Handlungsentscheidungen, ein Gefühl von Bedrohung, eine verengte Wahrnehmung, ein Anstieg an Unsicherheit, Dringlichkeit und Zeitdruck und das Gefühl, das Ergebnis sei von prägendem Einfluss auf die Zukunft. Die Krise ist ein schmerzhafter seelischer Zustand, der meist durch ein überraschendes Ereignis oder akutes Geschehen hervorgerufen wird.

Eine erfolgreiche Ärztin und Mutter zweier Kinder mit gut gehender Praxis erfährt nach einer Routineuntersuchung, dass sie einen sehr aggressiven Brustkrebs hat. Die Lymphknoten sind bereits befallen, eine Chemotherapie ist dringend notwendig. Die Ärztin muss ihre Praxis schließen und sich sofort in ärztliche Behandlung begeben. Eine Welt bricht für sie zusammen. Der Schock sitzt tief.

Eine derartige Nachricht löst bei den allermeisten Menschen eine Krise aus, denn plötzlich ist nichts mehr wie zuvor. Alle bisherigen Erfahrungen, Normen, Werte und Ziele sind infrage gestellt. Dinge, die bisher selbstverständlich erschienen, wie etwa die Gesundheit des eigenen Körpers und der Verlass auf sein Funktionieren, sind tief erschüttert. Wir sehen die Welt mit völlig anderen Augen, was uns bisher wichtig erschien, kann völlig unwichtig werden und umgekehrt.

Krise oder Trauma?

Das Wort *Trauma* bedeutet allgemein *Verletzung*. In der Medizin meint Trauma eine Verwundung, die durch Gewalteinwirkung wie etwa einen Unfall hervorgerufen wurde. Analog dazu bezeichnet man in der Psychologie eine starke psychische Erschütterung, ausgelöst durch ein traumatisches Erlebnis, als Psychotrauma. Eine der bekanntesten Definitionen des Traumas ist die von Fischer und Riedesser. Sie bezeichnen ein Trauma als

»vitales Diskrepanzerleben zwischen bedrohlichen Situationsfaktoren und den individuellen Bewältigungsmöglichkeiten, das mit Gefühlen von Hilflosigkeit und schutzloser Preisgabe einhergeht und so eine dauerhafte Erschütterung von Selbst- und Weltverständnis bewirkt.« [2]

---

2 Gottfried Fischer, Peter Riedesser: Lehrbuch der Psychotraumatologie. München: Reinhardt/UTB 1998. S. 79.

Ein traumatisches Ereignis ist ein sehr einschneidendes und erschütterndes Ereignis, das sich von einer Krise durch seine enorme Intensität abgrenzen lässt. Erst in den letzten Jahrzehnten beschäftigen sich Psychologie und Psychotherapie intensiv mit der Entstehung von Traumen und beleuchten auch mehr und mehr die Zusammenhänge mit Suchterkrankungen und psychiatrischen Erkrankungen.

Traumatische Erlebnisse können sehr unterschiedliche Folgen haben. Wie sie sich auswirken, hängt von der Art und Weise des Traumas ab und wodurch es ausgelöst wurde. Auch wie lange ein Ereignis gedauert hat und ob es öfter oder immer wieder passiert ist, spielt eine Rolle. Bei Traumen, die von Menschen verursacht wurden, ist die Beziehung zwischen Opfer und Täter von großer Bedeutung. Hilfreich ist die Unterscheidung zwischen

von Menschen verursachten Traumen wie zum Beispiel:
- sexuelle und körperliche Misshandlung in der Kindheit
- kriminelle und familiäre Gewalt
- Kriegserlebnisse
- Vergewaltigung
- Folter und politische Inhaftierung
- Massenvernichtung
- zivile Gewalterlebnisse (z. B. Geiselnahme)

und Katastrophen und Unfalltraumen wie zum Beispiel:
- technische Katastrophen
- Naturkatastrophen (Tsunami, Erdbeben)
- Arbeitsunfälle (z. B. Grubenunglück)
- Verkehrsunfälle

In ihrer Auswirkung sind die von Menschen verursachten Traumen schwerwiegender und man braucht länger, um sie aufzuarbeiten. Menschen, die eine Traumatisierung erlebt haben, zeigen besondere Verhaltensweisen oder Symptome. Sie leiden zum Beispiel an immer wiederkehrenden, sehr belastenden Erinnerungen an das Geschehene, sind seither oft erregt und unruhig, können sich schlechter konzentrieren und schlafen schlecht. Sie sind oft übermäßig wachsam oder auch aggressiv und sie versuchen häufig, alles zu meiden, was sie an das Erlebte erinnert.

Nicht jede Krise ist ein Trauma. Aber jedes Trauma führt den betroffenen Menschen unweigerlich in eine Krise. Ob ein einschneidendes oder erschütterndes Ereignis für den betroffenen Menschen zur Krise oder zum Trauma wird, hängt von vielen Faktoren ab. Dabei spielen die Persönlichkeit, die inneren und äußeren Ressourcen sowie das persönliche Umfeld eine entscheidende Rolle. Ein Trauma zu bewältigen, erfordert viel Zeit und meist professionelle Hilfe. Es wächst sich selten von alleine aus. Erfahrene Psychotherapeuten mit einer zusätzlichen Qualifikation für Traumatherapie können Betroffenen helfen, wieder Stabilität und Qualität im Leben zu bekommen.

Die zwei Seiten einer Krise

Wir beschäftigen uns in diesem Buch überwiegend mit jenen Krisen, Problemen und Herausforderungen, mit denen wir in unserem täglichen Umfeld am häufigsten konfrontiert sind. Das sind unsere persönlichen psychischen, körperlichen und sozialen Krisen im Leben, die wir bewältigen müssen. So manche Krise hilft uns dabei letztlich, mehr über uns selbst zu erfahren. Von unserer Fähigkeit, schwierige Situationen zu meistern und allen Hürden zum Trotz den Kopf nicht in den Sand zu stecken, hängt vieles ab. So sind Krisenzeiten auch Zeiten, die uns jene Veränderung abverlangen, die wir zwar vielleicht sogar als notwendig erkennen, aber aus unterschiedlichsten Gründen nicht umsetzen wollen oder können. Insofern sind Krisenzeiten wichtig für unsere Entwicklung und immer auch eine Chance für eine neue Ausrichtung, einen Neubeginn.

Wahrscheinlich haben Sie schon einmal gehört, dass das chinesische Schriftzeichen für Krise aus zwei Teilen besteht: Der erste bedeutet verkürzt Gefahr, der zweite Chance. **Krise = Gefahr und Chance** zugleich. Sich daran zu erinnern, hilft, wenn man sich mit Krisen auseinandersetzen muss. Wir erleben eine komplizierte, schwierige Zeit, fühlen uns verwirrt und verunsichert, wünschen uns, dass alles so bleibt wie zuvor, und wissen doch, dass das nicht passieren wird.

Eine Krisenzeit ist unbequem, ungemütlich, vielleicht auch schrecklich. Doch das ist nur ein Teil der Wahrheit.

Der andere Teil heißt: Da warten neue Ufer, Veränderungen und Wandlungen. Man häutet sich wie eine Schlange, gelangt in einen neuen Lebensabschnitt, vielleicht sogar in ein viel besseres Leben. Die Krise ist die Chance, sich oder sein Umfeld zu verändern, den Blickwinkel zu verschieben oder auch handfeste Fakten zu schaffen, seine Beziehungen zu überprüfen und neu aufzusetzen und vielleicht nur die Wahrnehmung, vielleicht aber das ganze Leben zu verändern. Das, was Krisen jedenfalls immer von uns verlangen, ist unsere ungeteilte Aufmerksamkeit. Sie sagen uns: Jetzt ist es Zeit hinzuschauen und etwas zu verändern.

Erinnern Sie sich an eine schwierige Situation in Ihrem Leben, die Sie bewältigt und überstanden haben? Wahrscheinlich fühlten Sie sich wie in einem Tunnel gefangen und konnten kein Licht am Ende erblicken. Und dennoch, Sie sind durchgegangen und in der Rückschau sagen Sie heute: »Das hat mich stärker gemacht«, oder »Diese Erfahrung war wichtig für mich, weil ...«. Vielleicht können Sie mit zeitlichem Abstand sogar sagen: »Ich bin dankbar für ...«.

Wie es sein kann

Stellen Sie sich vor, Sie sind Mitte 30, haben eine Familie mit zwei Kindern und sind dabei, Ihr Haus fertigzustellen. Die letzten fünf Jahre haben Sie alles für die Verwirklichung dieses Traumes getan. Sie haben Ihren Beruf ausgeübt, Überstunden gemacht, jede freie Minute am Haus gearbeitet, die Kinder versorgt und alles darauf ausgerichtet, um bald im neuen Heim leben zu können. Kaum sind Sie eingezogen, teilt Ihnen Ihr Partner oder Ihre Partnerin mit, dass es so nicht mehr weitergeht: Er oder sie ist unglücklich und unzufrieden mit der gesamten Lebenssituation, ja sogar eine Trennung steht im Raum. Ganz plötzlich. Oder doch nicht so plötzlich? Im ersten Schock sind Sie panisch und haben Angst, alles zu verlieren. Eine ganze Palette an Gefühlen überschwemmt Sie. Sie sind wütend, zornig, ohnmächtig. Sie können nicht mehr klar denken. Sie wollen nur, dass alles so bleibt, wie es ist, obwohl Ihnen auch klar ist, dass es nicht so bleiben kann. Was jetzt? Sie fragen sich, was geschehen ist. Gab es in den letzten Monaten Hinweise auf die sich zuspitzende Situation? Was haben Sie übersehen? Erst jetzt, als Ihr Partner oder Ihre Partnerin Ihnen in aller Deutlichkeit mitteilt: »Ich will so nicht mehr!«, erst jetzt sind Sie aufgewacht – und in Panik.

Nun ist sie da, die Gefahr und Chance zugleich, und sie fordert uns. Sie will, dass wir genau hinschauen. Sie verlangt Phasen des In-sich-Gehens, Nachdenkens, Nachspürens, verlangt, dass wir der Frage nach dem Wie? Was? Warum? nachgehen. Wie wollen wir unser Leben weiterleben? Wo liegen unsere Prioritäten? Und gibt es überhaupt noch ein Wir? Wie kann ich das JETZT aushalten, als gegeben annehmen, akzeptieren? Was können die nächsten Schritte sein?

Es ist, als ob jemand ein großes Stopp-Schild vor uns hingestellt hätte und uns daran hindert, in derselben Geschwindigkeit, im gleichen Modus, in dieselbe Richtung weiterzumachen. Unsere Gefühle, unser vorhersehbares Handeln und unsere Routinen geraten ins Wanken. Der Boden schwankt, nichts ist mehr sicher.

Wenn wir zur Arbeit gehen, kann es sein, dass wir plötzlich keinen Sinn mehr darin sehen, uns weiter anzustrengen. Die Familie ist in Gefahr, das Haus ist in Gefahr, alles ist in Gefahr. Machen wir morgens die Kinder fertig für die Schule, überfällt uns eine Traurigkeit nie dagewesenen Ausmaßes, denn vielleicht werden sie mit getrennten Eltern aufwachsen, was wir nie gewollt haben, in einer Wohnung in der Stadt, weil die finanziellen Möglichkeiten nicht ausreichen werden, das Eigenheim zu behalten. Vielleicht vernachlässigen wir in dieser Phase der Ungewissheit unsere Grundbedürfnisse wie regelmäßig zu essen, zu schlafen, uns zu bewegen und Kontakte zu Freunden und Familie zu halten so sehr, dass wir körperlich oder psychisch krank werden. Oder wir nehmen Zuflucht in Alkohol, Medikamenten und Drogen, um zumindest zeitweise Erleichterung zu erfahren – wir versuchen, uns mit diesen Suchtmitteln selbst zu therapieren, um den Schmerz nicht spüren zu müssen. Vielleicht bunkern wir uns auch ein, sind für niemanden mehr zugänglich oder driften vor dem PC in andere Welten ab. All dies sind Versuche, die Bedrohung abzuwehren.

Werden wir aber gewahr, was mit uns in diesem Moment passiert, in welche Richtung unser Denken, Fühlen und Handeln geht, dann öffnen wir die Tür für andere Möglichkeiten. Wir tun es alleine schon deshalb, weil wir nicht mehr unbewusst sind.

Fragen, die jetzt hilfreich sind:

» Wo stehe ich gerade in meinem Leben?

» Was funktioniert (noch) gut?

» Welcher Lebensbereich ist von der Krise betroffen?

» Wie stark erlebe ich gerade diese Krise auf einer Skala von 0–10?

» Was genau nehme ich wahr in mir?

» Welche Gedanken, welche Gefühle habe ich? Was spüre ich in meinem Körper?

» Gibt es Menschen in meiner Umgebung, denen ich mich anvertrauen kann?

» Möchte ich professionelle Hilfe suchen und mich begleiten lassen?

» Kann ich in all dem Geschehen auch eine Chance erkennen?

» Welche Fähigkeiten und Ressourcen stehen mir zur Verfügung, um diese Krise bewältigen zu können?

Achtsames Einlassen und neue Erkenntnisse

Je nachdem, welche Vorerfahrungen wir mitbringen und wie ausgeprägt unsere Fähigkeit ist, bestehende Ressourcen zu erkennen und zu nutzen, könnten wir in unserem Beispiel folgende neue Erfahrungen machen:

- Wir nehmen unseren Partner, unsere Partnerin plötzlich anders wahr. Er oder sie ist nicht mehr nur jene Person, die selbstverständlich an unserer Seite ist, die das Geld nach Hause bringt, die für die Kinder da ist und die sich um all das kümmert, was wir bislang nicht als unsere Aufgabe gesehen haben. Uns wird vielleicht wieder bewusst, dass dieser Mann, diese Frau eigene Wünsche und Bedürfnisse hat und nicht nur ein funktionierendes Rädchen im Familiengetriebe ist.

- Wenn wir es schaffen, wieder offen und ehrlich miteinander zu reden, stellen wir fest, dass unsere Sicht der Dinge nicht die alleinige Wahrheit ist.
- Wir gehen auf die Suche nach unseren Werten, nach dem, was uns beiden wichtig war und was verloren gegangen ist.
- Wir erkennen die Punkte, die eine ernsthafte Gefahr für die Beziehung darstellen, und sprechen vielleicht erstmals darüber.
- Wir reden mit einem Freund oder einer guten Freundin über unser Problem und erfahren, was er oder sie schon seit Längerem als Außenstehender gesehen hat. Vielleicht machen wir den Eindruck, nebeneinanderher zu leben, ohne dass wir es selbst gemerkt haben.
- Vielleicht wird uns bewusst, dass die viele Mehrarbeit und der berufliche oder ehrenamtliche Einsatz auch eine willkommene Gelegenheit war, sich nicht mit der Familie, mit dem Partner, der Partnerin oder den Kindern auseinandersetzen zu müssen. Dass wir auf der Flucht waren, ohne es uns einzugestehen.
- Vielleicht sehen wir plötzlich sonnenklar, dass unser gewohnheitsmäßiges Schweigen, unser Kritisieren oder unser Kontrollieren jede Liebesbeziehung früher oder später abtötet. Wir beginnen langsam zu begreifen, was da eigentlich gelaufen ist, und fangen an, die volle Verantwortung für unser eigenes Verhalten zu übernehmen.
- Wir entscheiden uns vielleicht, professionelle Hilfe in Form von Paar-, Familien- oder Lebensberatung in Anspruch zu nehmen, und lernen zu verstehen, wo wir vom gemeinsamen Kurs abgekommen sind und wie wir den Weg in einer konstruktiven Weise wieder zueinander finden können.
- Wir bemerken plötzlich, wie groß unsere Kinder schon geworden sind, wie sie sich in den letzten Monaten verändert haben, was sie bewegt, was sie beschäftigt und wie wenig qualitative Zeit wir mit ihnen verbracht haben.
- Wir durchleben tief in unserem Innersten einen Wertewandel und stellen fest, welchen scheinbar wichtigen Dingen wir nachgejagt sind, und richten unseren inneren Kompass ganz neu aus.

Dies ist ein Prozess der Achtsamkeit, die wachsen muss, und er geschieht in der Regel nicht auf allen Erkenntnisebenen gleichzeitig und auch nicht über Nacht. Es braucht Zeit und oft auch Mut, sich mit sich selbst, der eigenen Geschichte und dem eigenen Verhalten auseinanderzusetzen. Tun wir es, gelangen wir fast immer zu der Einsicht, dass diese schmerzhafte Lebensphase sinnvoll war, dass wir innerlich gereift sind und unser Horizont weiter geworden ist. Krisen zu meistern, kann dann auch bedeuten, hinterher stärker und widerstandsfähiger zu sein, manche Dinge bewusst nicht mehr zu wiederholen, bereits erste Anzeichen von Problemen viel früher zu erkennen und vor allem besser Bescheid zu wissen, was wirklich hilft.

Innenansicht einer Krise

Körperliche Veränderungen während einer Krise · Seelische Veränderungen während einer Krise · Geistige Veränderungen während einer Krise

Innenansicht einer Krise

Wie erleben wir Krisen? Wie fühlen sie sich an? Warum sehen wir, wenn wir mittendrin sind, oft keine Auswege, keine Lösungen? Was kann uns helfen, derartige Situationen auszuhalten? Und was können wir tun, um wieder handlungsfähig zu werden?

So sehr sich Krisen inhaltlich unterscheiden können, sie ähneln sich in ihrer inneren Struktur und ihren Abläufen. Krisenhaftes Geschehen betrifft und erschüttert den Menschen in seiner Ganzheit und verändert ihn.

Es gibt verschiedene Modelle, die uns helfen, den Menschen in all seiner Komplexität zu begreifen. Wir können ihn uns beispielsweise vereinfacht als eine biopsychosoziale Einheit vorstellen, ein offenes System, das ständig im Austausch mit anderen Menschen und mit der Umwelt ist. Man kann auch von drei Ebenen sprechen – von Körper, Seele und Geist – die sich permanent gegenseitig beeinflussen. Der Begriff *Seele* umfasst in diesem Modell die Emotionen, die Bedürfnisse, den Willen und die soziale Einbindung. *Geist* meint hier mehr als das Denken. Dazu gehören auch Sinnfindung, Spiritualität, Werte und innere Haltungen sowie Visionen und Ziele. Jeder dieser Bereiche – Körper, Seele und Geist – wird in einer Krise erschüttert und verändert.

Karin lebt seit vielen Jahren mit ihrem Freund Alex zusammen. Die beiden hatten es in den letzten Monaten nicht leicht: Alex musste sehr fordernde Arbeitseinsätze bewältigen, die zahlreiche Überstunden mit sich brachten, und er leidet sehr darunter, mit einem Kollegen, mit dem er eng zusammenarbeiten muss, dauernd in Konflikte zu geraten. Er hat wenig Kraft und Energie für die Partnerschaft. Karin hat das Gefühl, dass er sich innerlich immer weiter von ihr distanziert. Karin wiederum ist gerade auf Arbeitssuche, was sich als sehr kräfteraubend herausstellt. Sie kündigte ihren letzten Job, weil sie keinen anderen Ausweg mehr sah. Außerdem wünscht sie sich nichts sehnlicher, als endlich schwanger zu werden, was jedoch seit Monaten nicht gelingen will. So sehr sie auch das Gespräch mit Alex sucht, er bezieht dazu nicht wirklich Stellung. Sie haben sich also ein Stück weit auseinander-gelebt und in letzter Zeit kam es auch immer wieder zu kleineren Unstim-migkeiten und sogar Streitereien zwischen den beiden. Karin ist darüber traurig und enttäuscht und sie erhofft sich insgeheim, dass eine Schwanger-schaft die beiden einander wieder näherbringen werde. Eines Tages sitzt Karin am PC, um wieder einmal nach neuen Stellenausschreibungen zu suchen, als sie aus einem Bauchgefühl heraus in Alex' Mailbox stöbert, was sie normalerweise nie tun würde. Was sie dabei entdeckt, zieht ihr den Boden unter den Füßen weg: Alex schreibt seit Wochen mit einer Kollegin regelmäßig sehr intime Mails, die an Eindeutigkeit nichts offen lassen. Karin sitzt wie erstarrt vor dem Monitor und bricht in Tränen aus. Alles beginnt sich vor ihren Augen zu drehen. Auf der anderen Seite hat sie nun die Bestätigung für ihre Ahnung, die sie schon länger in ihrem Herzen trägt, nämlich, dass Alex eine Affäre hat.

Körperliche Veränderungen während einer Krise

Beginnen wir mit der äußersten Schicht unseres vereinfachten Modells des Menschen, dem körperlichen Bereich. Was genau passiert im Körper, wenn wir in eine Krise geraten? Und welche kleinen Schritte sind hilfreich, um den körperlichen Bereich wieder zu stärken?

Plötzlich auftretende Krisen

Es macht einen großen Unterschied, ob die Krise abrupt oder schleichend eintritt. Nehmen wir die Geschichte von Karin und Alex als Beispiel für eine plötzlich auftretende Krise und beobachten wir, was dabei genau im Körper passiert.

Karin gerät beim Lesen der Mails innerhalb weniger Augenblicke in einen krisenhaften Zustand. Es gibt hier also einen klaren Auslöser – die konkreten Mails von Alex an seine Kollegin –, der ihren Körper in einen absoluten Alarmzustand versetzt. Karin steht unter Schock, ihr Körper schüttet einen Cocktail an Stresshormonen aus.

Die Stresshormone sollen uns helfen, aktiv ins Handeln zu kommen, um Kräfte zu mobilisieren. Im Stammhirn, dem von der Evolution her ältesten Teil des Gehirns, herrscht Alarmzustand. Der Körper reagiert mit beschleunigtem Herzschlag, der Blutdruck steigt, die Durchblutung der Haut und der inneren Organe wird heruntergefahren. Wir brauchen mehr Sauerstoff, die Bronchien weiten sich und wir atmen schneller. Unsere Pupillen erweitern sich. Die Körpertemperatur steigt, kalter Schweiß steht auf der Haut. Karin wird, wie alle Menschen in einer plötzlich auftretenden Krisensituation, mit einem der vier Überlebensmuster reagieren:

- angreifen (Aggression)
- erstarren
- sich zurückziehen
- sich unterwerfen und die Schuld bei sich suchen

Durch diesen Notfallmodus des Körpers ist das Nervensystem aktiviert. Der Stresspegel wird zwar in den nächsten Stunden absinken, trotzdem fühlt es sich so an, als könnte man nicht zur Ruhe kommen.

Ein Gedanken-Karussell beginnt sich zu drehen: »Wer ist diese Frau?«, »Ist sie hübscher, intelligenter, humorvoller etc. als ich?«, »Warum und wann hat das alles begonnen?«, »Wie kann er mir das nur antun?«, »Warum habe ich nichts gemerkt?«, »Muss ich die Beziehung jetzt beenden oder was soll ich jetzt tun?«. Diese und viele andere Gedanken drängen sich Karin immer wieder auf, lassen sie über Stunden nicht zur Ruhe kommen und in der Nacht wenig Schlaf finden.

Mögliche andere körperliche Reaktionen beim Auftreten von plötzlichen Krisen sind:

- Herzrasen oder Herzrhythmusstörungen
- Einschlaf- oder Durchschlafstörungen
- depressive Verstimmtheit
- Magen- oder Darmprobleme
- Migräne
- vermehrte Schweißbildung
- körperliche Unruhe, Nervosität
- Schwindel und Schwanken
- Zittern in den Extremitäten
- Sprachlosigkeit

Diese Symptome können in unterschiedlicher Stärke und Ausprägung auftreten und ebenso rasch wieder abklingen, wenn eine Lösung oder Entspannung der Situation in Aussicht ist. Bei all diesen Symptomen ist es normalerweise nicht notwendig, ärztliche Hilfe in Anspruch zu nehmen, es sei denn, sie klingen nicht ab, sondern dauern einige Tage bis Wochen an und die betroffene Person fühlt sich dadurch extrem eingeschränkt oder ist sehr verängstigt. Wichtig ist, zu wissen, dass es sich hierbei um völlig normale Begleiterscheinungen von Krisen handelt, die sich auf der körperlichen Ebene bemerkbar machen.

Bei Karin kann man davon ausgehen, dass sie Alex bald mit ihrer »Entdeckung« konfrontieren wird. Dann steht dem Paar höchstwahrscheinlich eine turbulente Zeit ins Haus. Es kommt jetzt sehr auf die Reaktion von Alex an, wie es konkret mit dieser Beziehung weitergehen wird. Wenn Alex seine »Schuld« sehen, die große Verletzung von Karin und den Vertrauensbruch ernst nehmen kann und die Primärbeziehung zu ihr retten möchte, haben die beiden eine Chance, die Beziehung tatsächlich auf eine neue Basis zu stellen. Der Weg aus einer Affäre heraus ist sehr herausfordernd und benötigt nicht selten professionelle Unterstützung. Karin wird wahrscheinlich noch einige

Zeit an Schlafproblemen leiden und nicht »in ihrer Mitte« sein, was sich sehr unterschiedlich äußern kann. Im besten Fall arbeiten Alex und Karin an einer tiefgreifenden Veränderung und Erneuerung ihrer Partnerschaft und bringen die Geduld auf, immer wieder neu aufeinander zuzugehen, offen miteinander über ihre Gefühle zu reden und sich zu verzeihen (siehe auch Kapitel *Wenn die Liebe in die Krise kommt*). Wenn dies gelingt, dann wird Karin wieder zu ihrer inneren Stabilität zurückfinden können, also zu jenem Zustand, in dem sowohl ihre Seele als auch ihr Körper nicht mehr in einem Alarmzustand sind.

Krisen, in die man hineinrutscht

Das Beispiel mit Karin hat uns gezeigt, was sich im Körper bei plötzlich auftretenden Krisen ereignen kann. Nun gibt es aber auch schleichend auftretende Krisen, zum Beispiel Reifungskrisen oder kritische Lebensübergänge (siehe auch Kapitel *Was löst Krisen aus?*). Hier sind die körperlichen Symptome oft sehr ähnlich den im Abschnitt zuvor aufgelisteten, allerdings treten diese höchst beunruhigenden Symptome wie Schlafprobleme, Unruhe, depressive Verstimmungen oder Zittern nicht so schlagartig auf. Viele Betroffenen entwickeln chronische psychosomatische Beschwerden, die sie sich nicht erklären und mit der persönlichen Krise in Verbindung bringen können. Sie laufen von Arzt zu Arzt, um Hilfe zu erhalten. Dabei reagiert ihr Körper hier ganz normal mit außergewöhnlichen Symptomen auf eine außergewöhnliche Situation, auf eine Krise, auf den chronischen seelischen Stress. Dieser manifestiert sich auch auf der körperlichen Ebene. Mögliche Erkrankungen bzw. Beschwerden können hier etwa Gastritis, Migräneanfälle, Depressionen, Verstopfung oder Durchfälle sein, ebenso Haarausfall, Essprobleme oder Hauterkrankungen. Das Behandeln der körperlichen Symptome bringt keine langfristige Erleichterung, denn irgendwann treten andere Beschwerden auf und es kann sein, dass man sich dauernd krank fühlt. Doch eigentlich ist das alles eine sehr »gesunde« Reaktion, die uns sagt: Wir sind in einer Krise. Hier kann Psychotherapie unterstützen, die Ursachen der körperlichen Beschwerden zu erkennen und Lösungswege zu erarbeiten, um wieder Anschluss an die eigenen Ressourcen zu finden.

Was Sie sofort tun können:

Hier ein paar kleine erste Maßnahmen, die helfen können, wenn der Körper in Aufruhr ist:

» **Gehen Sie möglichst viel an die frische Luft und kommen Sie aktiv in Bewegung. Das hilft, die Stresshormone im Körper schneller abzubauen.**

» **Vergessen Sie nicht, gesunde Nahrung zu sich zu nehmen, der Körper braucht jetzt noch mehr Vitamine und Ballaststoffe.**

» **Schalten Sie immer wieder bewusst einen Gang zurück. Stress, der durch Krisen ausgelöst wird, zehrt vermehrt an Ihren körperlichen Ressourcen.**

» **Achten Sie auf regelmäßigen und ausreichenden Schlaf. Gerade in Krisenzeiten brauchen wir diese Erholungsphasen.**

Seelische Veränderungen während einer Krise

Wir kommen nun zu den seelischen Aspekten einer Krise. Zum Seelenleben gehören in diesem Modell emotionale Regungen, Bedürfnisse, der Wille und die soziale Einbindung. Bei jeder Krise ist die Seele des Menschen mehr oder weniger stark in Mitleidenschaft gezogen, denn Körper, Seele und Geist beeinflussen sich ständig gegenseitig und man kann oft nicht sagen, welcher Bereich zuerst betroffen ist. Alle drei Dimensionen werden von einer Krise erschüttert und brauchen unsere Aufmerksamkeit.

Bei Karin können wir uns gut vorstellen, wie sehr auch der seelische Bereich in Mitleidenschaft gezogen wird. Ihre ganze seelische Innenwelt wird von einem Moment auf den nächsten durcheinandergebracht, ihre Gefühle fahren Hochschaubahn. Als sie die Mails öffnet und liest, lösen diese Nachrichten eine Sturzflut an Emotionen aus, die sie scheinbar nicht kontrollieren kann. Wahrscheinlich spürt sie sehr rasch eine unbändige Wut auf ihren Partner und möglicherweise auch auf diese fremde Kollegin.

Hinter dieser Wut steckt fast immer tiefe Traurigkeit und vor allem ein gro-ßer Schmerz über die Geschehnisse, also in diesem Fall über den Betrug, den tiefen Vertrauensbruch. Diese Emotionen können sehr intensiv empfunden werden und, wie bereits beschrieben, Auswirkungen auf den ganzen Körper haben. Gefühle wie Ohnmacht und Hilflosigkeit gesellen sich dazu, wie auch das Gefühl des Ausgeliefert-Seins. Es kann zu einem Moment der Panik kom-men und zu extremen Angstgefühlen. Man fragt sich verzweifelt, wie es weitergehen kann, und bekommt das Gefühl, alles im Lebenskonzept gerät durcheinander. Was bisher stabil war, ist es nun nicht mehr.

Diese heftigen Gefühle sind – ebenso wie die extremen körperlichen Reaktionen – ganz normal und klingen in ihrer Heftigkeit auch wieder ab, je nach Situation und inneren und äußeren Ressourcen (siehe auch Kapitel *Was unser Identitätsempfinden ausmacht*). Karin wird vielleicht kurz in einem seelischen Schockzustand sein, der sich äußern kann durch:

- ein Gefühl von Erstarrung
- Gefühle von tiefer Angst
- ein Gefühl, dass man von seinen Empfindungen abgespalten ist und sich selbst nur zuschaut
- die scheinbare Abwesenheit von Gefühlen
- ein Gefühl, neben sich selbst zu stehen

Vielleicht beginnt Karin panisch, weitere Mails oder Beweise für die Affäre zu suchen und durchwühlt Alex' Kleiderschrank und Taschen. Ihre Emotionen sind in ihrer Intensität jedenfalls weit über ihrer durchschnittlichen subjek-tiven »Norm«. Wenn Karin über gute innere Ressourcen verfügt, die sie in schwierigen Zeiten heranziehen kann, dann wird sie schneller aus diesem schockartigen Zustand herausfinden. Sie wird dann möglicherweise in die Aktivität gehen und intensiv nach Lösungen, Ideen und Entlastungsmöglich-keiten suchen. Vielleicht ruft sie auch eine gute Freundin an, um ihr Herz auszuschütten und einfach drauflos zu reden. Es gibt viele und sehr indivi-duelle Handlungsoptionen, die Menschen in solchen Situationen ergreifen. Eines haben jedoch alle Betroffenen gemeinsam: Sie sind überschwemmt mit intensiven Emotionen, die als stress- und leidvoll erlebt werden.

Mögliche seelische Reaktionen beim Auftreten von Krisen sind:

- Gefühle von Verzweiflung und/oder Hoffnungslosigkeit
- Perspektivlosigkeit (»Wie kann das weitergehen?«)
- Tunnelblick und das Fehlen von Handlungsoptionen
- ein Gefühl, vom Leben abgeschnitten zu sein
- ein Gefühl von innerer Leere
- ein Gefühl von Apathie
- Freudlosigkeit bis hin zu einer echten Depression
- sozialer Rückzug und Isolation
- Schamgefühle, dass es so weit gekommen ist
- Schuldgefühle (»Warum habe ich es so weit kommen lassen?«, »Warum habe ich es nicht früher bemerkt?«)

Sozialer Rückzug – verständlich, aber meist nicht heilsam

Ein Aspekt der seelischen Erschütterung ist der soziale Rückzug. Menschen, die durch eine schwere Zeit hindurchgehen, haben – unabhängig von der Ursache – die Tendenz, sich vom gesellschaftlichen Leben zurückzuziehen und oft sogar Freundschaften auf Eis zu legen. Warum ist das so?

Wenn wir uns gut fühlen, spüren wir Lebensfreude und Energie in uns. Wir sind offen und können leichter auf andere Menschen zugehen. Wir fühlen uns dann gut in unserer Mitte, fühlen uns kompetent und teilen das auch gerne mit anderen.

Wenn wir uns jedoch mitten in einer Krise befinden, fühlen wir uns schwach, oftmals energie- und freudlos und möchten uns in solch einem Zustand nicht gerne zeigen. Wir möchten und können uns nicht an andere Menschen wenden, wollen einfach unsere Ruhe haben oder schämen uns so sehr, dass wir meinen, uns niemandem anvertrauen oder zumuten zu können. Zudem wollen wir oft niemanden mit unseren Problemen belasten.

Kein Mensch zeigt gern seine Schwachstellen. Doch dadurch isolieren wir uns zunehmend und gerade das treibt den Teufelskreis oft noch weiter voran, denn gute soziale Kontakte sind etwas Heilsames und Tröstendes. Sie können uns zeigen, dass wir keineswegs in einer ausweglosen Situation sind und dass wir durchaus Handlungsoptionen haben, die wir womöglich selbst noch gar nicht gesehen haben. Sie können uns ermutigen, Schritte zu setzen, die uns helfen können, die Krise zu bewältigen. Fehlt diese Ressource, können wir leicht in ein tiefes Gefühl von Einsamkeit und Isolation geraten.

Karin greift nach dem anfänglichen körperlichen und seelischen Schock zum Telefon und ruft ihre beste Freundin an, eine wichtige Ressource gerade in solch einem Augenblick. Es hilft ihr enorm, einmal alles loszuwerden, zu schimpfen, zu weinen und ihre ganze Verzweiflung mit jemandem zu teilen, dem sie hundertprozentig vertraut. Danach ist ihr gleich wieder ein wenig leichter ums Herz. Ihre Freundin macht ihr Hoffnung und ermutigt sie, nicht alles nur schwarz-weiß zu sehen, sondern die Dinge ehrlich anzusprechen und um die Beziehung zu kämpfen. Diese guten, wohlwollenden Worte helfen Karin sehr, wieder ein wenig mehr zu sich und ihrer Kraft zurückzufinden.

Gerade in krisenhaften Zeiten und auch bei traumatischen Erlebnissen kommt es sehr darauf an, wie das Umfeld reagiert und ob der betroffene Mensch soziale Ressourcen hat und diese aktivieren kann. Ein gutes Wort, ein Arm um die Schulter, ein warmes Essen, ein Anruf mitten in der Nacht oder ein Besuch können hier kleine Wunder vollbringen. Dies kann uns in einer Krise viel Trost spenden und die Kraft geben, uns aller Hürden und Probleme zum Trotz wieder aufzumachen und weiterzugehen.

Wenn die Seele am Boden liegt, brauchen wir kluge und einfühlsame Begleiter, Menschen, die keine unnötigen Worte verlieren, sondern präsent sind mit ihrer Zuneigung und Liebe und das tun, was im Augenblick notwendig ist. Darum ist es für Betroffene in der Krise so wichtig, sich nicht vollkommen zurückzuziehen und in Scham und Minderwertigkeitsgefühlen stecken zu bleiben, sondern alle verfügbaren sozialen Ressourcen zu nützen. Der Heilungsprozess wird dann umso schneller vor sich gehen. Idealerweise sind es Partner, gute Freunde oder Familienmitglieder, denen wir uns in schweren Zeiten anvertrauen, doch können es genauso professionelle Helferinnen und Helfer sein, die uns durch die Krise navigieren. Wichtig ist, dass wir uns nicht ins Schneckenhaus zurückziehen, sondern aktiv Hilfe und Unterstützung annehmen.

Karin konnte sich öffnen, erfuhr eine gewisse Entlastung durch das Gespräch mit ihrer Freundin und konnte sich aktiv einen Plan für das weitere Vorgehen mit Alex machen. Sie ist natürlich noch immer durcheinander und verzweifelt. Die Gedanken drehen sich auch immer noch im Kreis, doch Karin fühlt sich nicht mehr vollkommen orientierungslos, sondern ein kleines Stück handlungsfähiger, was ein ganz wesentlicher Aspekt zur Krisenbewältigung ist. Sie bereitet sich auf das Gespräch mit Alex vor und als dieser dann einige Stunden später von der Arbeit nach Hause kommt, sitzt Karin im Wohnzimmer und bittet ihn um eine Aussprache. Das Gespräch verläuft teils heftig, teils ruhig. Vieles wird offen ausgesprochen, Gefühle schwappen hoch und am Ende weinen beide und stellen fest, dass sie an der Beziehung festhalten möchten und ihnen sehr viel daran liegt. Nun beginnt eine anstrengende Zeit für beide, denn die Risse müssen gekittet werden, Vertrauen wieder aufgebaut und viele Gespräche geführt werden. Die beiden entscheiden sich, eine Paartherapie zu beginnen, und können sich langsam wieder annähern. Karin lernt dabei auch zu sehen, was sie in der Partnerschaft dazu beitragen kann, dass sie und Alex im Gespräch bleiben können. Es tut ihr gut, zu verstehen, dass sie handlungsfähig ist und nicht nur Opfer. Sie leidet noch eine ganze Weile unter Schlafproblemen und innerer Unruhe und ist aufgewühlt.
Sie fühlt sich seelisch verwundet, besonders dann, wenn sie daran erinnert wird, dass Alex sie betrogen hat. Doch langsam kann sie wieder Vertrauen fassen und Monate später kann Karin sagen, dass sie die tiefste Krise überwunden hat.

Hier finden Sie einige Vorschläge, die Ihnen helfen können, sich seelisch zu stabilisieren und wieder handlungsfähig zu werden und zu bleiben:

» **Halten Sie zwischendurch kurz inne und machen Sie sich bewusst, welche Emotionen gerade in diesem Augenblick da sind. Benennen Sie die Gefühle genau und achten Sie darauf, wie sich Ihr Körper gerade jetzt anfühlt. Erkennen Sie, dass Sie zwar starke Gefühle haben, dass Sie aber nicht diese Gefühle sind. Durch diese Übung bekommt man eine gewisse Distanz zu den Emotionen und fühlt sich nicht mehr vollkommen von ihnen überrollt.**

» **Machen Sie sich bewusst, dass alle Gefühle, die Sie jetzt gerade empfinden, völlig normal sind, eine normale Reaktion auf eine keineswegs normale Situation, und dass diese Gefühle auch wieder abklingen werden. Kämpfen Sie nicht gegen Wut, Traurigkeit und ähnliche starke Gefühle an, sondern nehmen Sie sie, wie sie gerade sind.**

» **Benennen Sie die Krise als das, was sie ist, und suchen Sie aktiv nach Unterstützung. Widerstehen Sie der Neigung, sich zu sehr zu isolieren.**

» **Sprechen Sie sich aus und teilen Sie sich mit.**

» **Überlegen Sie, welche kleinen Schritte jetzt und in der nächsten Zeit helfen könnten.**

Geistige Veränderungen während einer Krise

Wir kommen nun zur geistigen Ebene in unserem Modell. Sie ist für die Außenwelt kaum sichtbar und agiert und wirkt im Hintergrund. Dazu gehören alle Aspekte des Menschen, die mit Sinnfindung, Spiritualität, Werten und inneren Haltungen sowie Visionen und Zielen zu tun haben. In jedem Menschen schlummert ein geheimnisvoller, tiefer Kern, der uns einzigartig denken, fühlen und handeln lässt. Aus diesem Zentrum heraus setzen wir unsere Prioritäten im Leben und aus ihm heraus beeinflussen wir auf unsere sehr individuelle Art und Weise die Welt, die uns umgibt. Hier sind die subjektiven Werte zu Hause, die uns zu dem Individuum machen, das wir sind. Aus diesem Zentrum heraus stellen wir uns auch Fragen wie etwa: »Was hat das alles hier für einen Sinn?«, »Wofür bin ich eigentlich auf der Welt?«, »Gibt es Gott?«, »Ist alles Zufall oder steht ein göttlicher Plan dahinter?«, »Was sind meine speziellen Aufgaben hier, die ich zu erfüllen habe?«, »Wie möchte ich leben?«, »Welche Werte vertrete ich?«, »Welche Visionen treiben mich an?«, »Was wird nach dem Tod sein?«.

Solange es uns gut geht und wir uns in unserem Leben wohl, glücklich und bedeutsam fühlen, ist uns diese geistige Ebene zumeist wenig bewusst. Erst wenn eine Krise unser Leben erschüttert, wird auch dieses Fundament erschüttert und wir beginnen, Dinge zu hinterfragen, die wir bisher oft als selbstverständlich genommen haben.

Karin stellt von einem Moment auf den anderen infrage, was bisher selbstverständlich war, nämlich, dass Alex ihr Lebenspartner ist. Und damit stehen ganz neue Fragen im Raum, wie etwa »Lieben wir uns überhaupt noch?«, »Hat alles überhaupt noch einen Sinn?«, »Kann ich je wieder vertrauen und will ich überhaupt weitermachen?«. Außerdem hinterfragt Karin in den Wochen nach der schlimmen Überraschung generell jede Beziehung und die Liebe an sich als Wert. Ihr Vertrauen in das Gute im Leben ist erschüttert, auch ihre Ziele und Visionen sind plötzlich brüchig. Sie weiß auch nicht mehr, ob sie mit Alex ein Kind will und ob sie diese Vision weiterverfolgen soll. Ihr Fundament ist bröckelig geworden und infolge leidet sie unter ständigem Gedankenkreisen und Grübeleien.

In jeder Krise ist es letztlich so, dass die betroffene Person ihr Leben neu betrachten muss – oder vielleicht sollten wir besser sagen: darf. Es ist, als wäre ein Haus teilweise eingestürzt, mit mehr oder auch weniger Schaden und wir müssten uns anschauen, wie groß der Schaden eigentlich genau ist, um dann mit den Renovierungsarbeiten zu beginnen. Manchmal braucht es nur kleine Ausbesserungsarbeiten, manchmal muss auch das Fundament völlig neu gelegt werden.

Krise als Chance

Karin musste in ihrer Krise mit Alex ihre Sichtweise auf Beziehungen hinterfragen, sich von unrealistischen Erwartungen verabschieden und sich ihrer Werte neu bewusst werden. Miteinander mussten Karin und Alex sich damit auseinandersetzen, was sie sich von ihrer Beziehung erwarten, was geht und was nicht geht. Dieser Prozess erfordert sehr viel Geduld und Mut, denn man muss wirklich über ganz tief sitzende Gefühle, Erwartungen und Glaubenssätze sprechen. Nur dadurch kann wieder echtes Vertrauen entstehen, das sich mit der Zeit auch wieder festigen kann.

Vielen Menschen geht es so, dass sie in Krisen erst wirklich nach dem Sinn des Lebens generell und nach dem speziellen Sinn ihres ganz persönlichen Lebens fragen. Sie stellen sich Fragen, die sie zuvor entweder nicht einmal wahrgenommen oder aber weggedrängt haben oder die im Alltag schlicht und einfach untergegangen sind. Erstmals gibt es für sie so die Chance, tiefer zu gehen und sich die nötige Zeit zu nehmen, wirklich hinzuschauen. Manche Menschen beginnen in einer Krise auch erstmals, sich Gedanken über Spiritualität zu machen und vielleicht auch die bisherige Religiosität zu hinterfragen. Viele Menschen werden sich in einer Krise ihrer Endlichkeit bewusster. Krisen geben uns die Chance, uns selbst ehrlich zu hinterfragen und uns zu überlegen, wer wir sind und was wir im Leben wirklich möchten: Was ist es, was für uns persönlich wirklich zählt, was wirklich bleibt? Schon so mancher Mensch fand in einer Krise zu einer neuen Beziehung zu Gott oder wandte sich von seinem bisherigen Glauben völlig ab. Andere finden eine neue Form der Spiritualität, die für sie stimmig ist und sie trägt. Manche beginnen, regelmäßig zu meditieren oder sich andere Formen der Einkehr zu gönnen.

All diese Fragen, die den innersten Kern des Menschen betreffen, können unglaublich aufwühlen und etwas in Bewegung setzen. Es gelingt dann viel schwerer, sich wieder in seine liebgewonnenen Gewohnheiten zurückzuziehen. Wir sind gefordert, unser Leben sowohl liebevoll als auch kritisch zu betrachten, zu hinterfragen und Neues zuzulassen. Oft werden uns in Krisenzeiten andere Werte wichtig. Dafür gibt es viele Beispiele, etwa das eines Menschen, der nur auf seinen Kontostand geachtet hatte, bis er von der Diagnose Darmkrebs erfuhr und sein altes Leben völlig auf den Kopf stellte. Er verkaufte sein Haus, machte eine Weltreise und versöhnte sich mit allen wichtigen Menschen in seinem Leben, mit denen er in Unfrieden war. Neue Werte wurden ihm wichtig und die Prioritäten verschoben sich vollkommen.

Auf dieser geistigen Ebene sind wir als Menschen also aufgefordert, aus gewohnten Denkbahnen auszusteigen, die Unglück und Leid bringen, die uns erst in Krisen haben schlittern lassen oder die einfach künftig nicht mehr tragfähig sind. Wir müssen uns bewusst sein, dass solch ein Umbauprozess – oft durch Krisen ausgelöst – viel Zeit und Geduld benötigt und dass er sehr schmerzvoll sein kann. Jede Veränderung ist eine Chance aber zugleich auch anstrengend.

Während einer Krise kommt es auch auf der geistigen Ebene zu spürbaren Veränderungen, die sich ausdrücken können durch:

- Gedankenkreisen und Grübeleien
- das Hinterfragen von Sinn und Werten
- Gefühle von Sinnlosigkeit
- Glaubenskrisen
- Vertrauensverlust
- Dumpfheit im Kopf
- Perspektivlosigkeit
- Visionslosigkeit
- Verlust von bisherigen Zielen
- das »Alles ist sinnlos«-Symptom

Auch bei Karin stand am Anfang dieses schreckliche Gefühl von Sinnlosigkeit und sie kämpfte darum, wieder Boden unter die Füße zu bekommen. Schritt für Schritt kam die Hoffnung zurück und damit auch wieder mehr Vertrauen in ihre eigenen Kompetenzen und in die Kraft der Beziehung. Das Fundament wurde wieder stabiler, doch es dauerte einige Wochen, bis das

Schlimmste geschafft war. Neue Sichtweisen mussten aufgebaut werden, unrealistische Vorstellungen von Partnerschaft musste Karin schmerzvoll verabschieden. Erst dann war der Weg frei für etwas Neues und schlussendlich etwas Besseres.

Was Sie tun können:

Hier ein paar Anregungen, um den Prozess der geistigen Neuorientierung zu unterstützen und wieder ein stabiles Fundament für das eigene Leben aufbauen zu können:

» Halten Sie bewusst inne und schauen Sie auf Ihr bisheriges Leben: Was lief gut? Welche Werte sind und waren Ihnen wichtig? Was möchten Sie beibehalten und was soll anders werden?

» Welche Gedanken gehen Ihnen durch den Kopf? Schreiben Sie diese Gedanken auf und fragen Sie sich, ob das alles tatsächlich so zutrifft oder nicht, ob es vielleicht auch andere Sichtweisen geben könnte. Sie können auch neue, ganz andere Gedanken hinzufügen.

» Was gibt Ihnen in dieser Zeit Trost und Halt? Überprüfen Sie Ihr Weltbild, Ihre Glaubenssätze (siehe auch Kapitel *Innere Ressourcen*) sowie Ihre fixen Annahmen darüber, wie die Welt ist, und gehen Sie auf die Suche nach neuen Sichtweisen.

Was löst Krisen aus?

Kritische Übergänge in unserer Lebensspur · Wenn ein Ereignis eine Lawine lostritt · Wenn der Eimer zum Sieb wird

Was löst Krisen aus?

Welche Arten von Krisen gibt es? In welchen Phasen des Lebens treten sie besonders leicht auf? Warum können uns Ereignisse stärker aus der Bahn werfen als erwartet und was hat das möglicherweise mit unserer Vergangenheit zu tun? Und warum haben wir manchmal das Gefühl, überall Löcher stopfen zu müssen?

Oft verbinden wir Krisen mit hereinbrechenden Ereignissen, die uns erschüttern und destabilisieren: Ein Unfall, eine Krankheit, ein Todesfall, der Verlust der Arbeit, eine nicht bestandene Prüfung, eine Trennung oder eine Umweltkatastrophe. Diese Krisen sind situationsbedingt, ausgelöst durch ein bestimmtes Ereignis von außen, das in unser Leben hereinbricht. Meistens haben sie mit Verlust zu tun, also mit dem Umstand, dass uns etwas genommen wird.

Es gibt aber auch andere Formen von Krisen. Jene zum Beispiel, die mit positiven Lebensveränderungen in Zusammenhang stehen wie mit der Geburt eines Kindes, mit Heirat, Umzug, Hausbau oder der Beförderung im Job. Obwohl wir diese Erfahrungen in unserem Inneren als positiv bewerten, kann die damit verbundene Veränderung im Leben eine handfeste Krise auslösen.

Reifungskrisen wiederum stellen uns vor Anforderungen, denen wir uns derzeit nicht stellen wollen oder denen wir uns nicht gewachsen fühlen. Die Pubertät als Umbruchszeit, die Wechseljahre oder der Übergang zwischen Berufsausübung und Pension können eine Reifungs- oder Entwicklungskrise mit sich bringen. Etwas in unserer bislang erfahrenen Identität verändert sich, wir werden älter, und allein das kann uns schon verunsichern.

Es gibt auch Entscheidungskrisen, ausgelöst durch eine Wahl, vor der wir stehen, deren Auswirkungen wir nicht kennen und deren mögliche Konsequenzen uns überfordern.

Kritische Übergänge in unserer Lebensspur

Auch wenn nicht alle Menschen die gleichen Erfahrungen machen, können wir dennoch beobachten, dass wir gerade in Lebensübergängen anfällig für Krisen sind. Diese Übergangszeiten bergen ein erhöhtes Potenzial für Krisen in sich, weil sie mit Entwicklung, Veränderung und Wachstum verbunden sind. Dabei ist eigentlich das ganze Leben Veränderung, auch wenn wir manchmal gerne hätten, dass alles so bleibt, wie es ist. Vom Säugling bis ins hohe Alter befinden wir uns in einem ständigen Prozess der Veränderung. Von Herman Hesse gibt es das schöne Gedicht »Stufen«, in dem es heißt: »... Es muss das Herz bei jedem Lebensrufe bereit zum Abschied sein und Neubeginn ...« Genau diese Zeit zwischen Abschied und Neubeginn, der Übergang vom Vertrauten und Gewohnten zum noch ungewissen Neuen, ist eine sehr sensible Phase. Beginnen wir unsere gedankliche Reise in unserer Kindheit. Möglicherweise erinnern Sie sich an diesen Abschnitt Ihres eigenen Lebens oder des Ihrer Kinder.

Kindergarten, Schuleintritt und Schulwechsel

Vielleicht kennen Sie die Szenarien in den Garderoben und Vorräumen von Kindergärten oder Kinderkrippen: Manche Kinder können es nicht erwarten, sich endlich auf neues Terrain zu begeben. Sie sind neugierig und der Abschied von der Mutter oder einer anderen engen Bezugsperson fällt ihnen leicht. Dann gibt es aber auch jene Kinder, die sich weinend und schreiend am Bein ihrer Mütter festhalten und große Angst vor diesem ersten Schritt hinein in eine fremde Umgebung mit all den fremden Menschen haben. Der geschützte Rahmen der Kernfamilie erweitert sich. Erstmals geht es auch darum, seinen Platz innerhalb eines größeren Systems zu finden. Kinder müssen lernen, sich in eine Gruppe einzugliedern, mit anderen auszukommen, zu teilen und zurückzustecken, aber auch, sich zu behaupten. Ebenso müssen sie lernen, sich an Regeln zu halten und andere Autoritäten anzuerkennen. Es ist für manche eine große Umstellung, viele Stunden des Tages weg vom vertrauten Heim zu verbringen. Alles ist anders: die Umgebung, das Essen, die Geräusche, die Gerüche. Eine Flut von neuen Eindrücken überrollt sie. All das birgt Gefahr und Chance zugleich.

Der Schuleintritt kann eine ebenso sensible Übergangszeit sein. Vielleicht kommt das Kind in eine Schule, in der es noch niemanden kennt und weder Freund noch Freundin an der Seite hat, die ein Stück Sicherheit geben könnten. Seinen Platz in der Gemeinschaft zu finden, ist nicht immer leicht. Auch später, beim Übertritt in die Mittelschule oder wenn Kinder zum Beispiel durch einen Umzug die Schule wechseln müssen und erst von den anderen akzeptiert werden müssen, kann das eine schwierige Zeit bedeuten.

Pubertät

Äußerlich verändert sich in diesen Wachstumsjahren enorm viel an den Kindern, in ihre neuen Körper müssen sie erst einmal hineinwachsen, und das ist gar nicht so leicht. Eine zu große Nase im Verhältnis zum Gesicht oder plötzlich sieben Zentimeter mehr an Körperlänge bedeuten eine große Umstellung, noch mehr aber, dass sich plötzlich Brüste zeigen, die Stimme kippt oder der Sexualtrieb erwacht. Und natürlich werden auch innerlich ganz neue Seiten im persönlichen Lebensbuch aufgeschlagen. Wer bin ich? Was will ich? Wem will ich gefallen? Wozu das Ganze? Sich diese Fragen zu stellen, ist notwendig und wichtig, um der eigenen Identität auf die Spur zu kommen. Vieles muss ausprobiert werden, Grenzen müssen überschritten und so mancher Bogen muss überspannt werden. Diese Zeit kann sowohl für den Jugendlichen selbst als auch für das nahe Umfeld zur enormen Herausforderung werden. Denn nicht nur die Kinder treten in eine neue Phase ein und streifen zumindest äußerlich das Kindliche ab, auch die Eltern sind jetzt erstmals in der neuen und meist sehr herausfordernden Rolle, Eltern eines Jugendlichen zu sein. Es ist ein anderes, gänzlich neues Gefühl, dem Sohn, der im letzten Jahr zwölf Zentimeter gewachsen ist und einen plötzlich an Körpergröße überragt, die Meinung zu sagen. Viele Eltern merken auch bald, dass sowohl die bisher wirksamen Erziehungsmuster als auch die Verhaltensmuster aus der eigenen Elterngeneration nicht wirklich funktionieren und sie neue Wege suchen müssen.

Die Pubertät ist eine Zeit des Übergangs, denn noch ist das Kind nicht erwachsen, lange noch nicht. Aber das Kind im Kind ist bereits unwiederbringlich verschwunden. Wie verhalten wir uns in dieser Lebensphase? Was gibt Halt? Was gibt Orientierung?

Weichenstellung Beruf, Wohnen und Partnerschaft

Irgendwann im Leben als Jugendliche und junge Erwachsene treffen wir wichtige Entscheidungen darüber, in welche Richtung unsere Zukunft gehen wird. Wir machen eine Ausbildung, eine Lehre oder studieren. Oder wir machen es ganz anders, probieren verschiedenste Dinge aus und können uns nur schwer festlegen, weil es so viele Optionen gibt. Bei manchen von uns scheint eine bestimmte Laufbahn vorprogrammiert zu sein, wie etwa die Übernahme des familiären Unternehmens. Für andere ist alles offen, sie beschreiten Bildungswege, die den Eltern nicht offenstanden oder die es damals, vor beispielsweise Internet, Handys und Tablets noch nicht einmal in Ansätzen gab. Egal welche sie ist, diese weichenstellende Entscheidung ist mit einer Reihe von anderen Entscheidungen verbunden, die ebenfalls getroffen werden müssen: Wo werde ich wohnen? Wovon werde ich leben?

Das erste selbstverdiente Geld, die erste eigene Wohnung, der erste Freund, die erste Freundin bringen nicht nur Freiheit, sondern auch Verantwortung mit sich. Für manche Menschen ist diese Übergangsphase der vollständigen Abnabelung vom Elternhaus und des Findens der eigenen Aufgabe in der Gesellschaft schwierig. Es ist eine sensible Zeit. Altes ist vergangen, viel Neues ist erst im Entstehen.

Nestbau, Geburt und Familie

Eine der prägendsten Erfahrungen in einem Menschenleben ist die Geburt eines Kindes. Fast alle Eltern berichten, dass danach nichts mehr ist wie zuvor. Wenn alles gut und halbwegs planmäßig verlaufen ist, kommt das Kind in ein warmes, vorbereitetes Nest. Im Idealfall ist das Baby erwünscht und sehnlich erwartet. Doch zwischen dem bisherigen Liebespaar, das nun um die Rolle der Eltern reicher geworden ist, kann es zu neuen und ungewohnten Konflikten kommen: Nächtliches Wachen, Stillprobleme, weniger körperliche Zuwendung, weil nun ein Baby da ist, das rund um die Uhr versorgt werden will, und eine oft anhaltende Erschöpfung gehören nun zur Realität. Es kann auch sein, dass sich die junge Mutter alles andere als glücklich fühlt, dass sie Schuldgefühle hat, weil sie nicht voll Freude in der neuen Rolle angekommen ist, sondern eine innere Traurigkeit in sich trägt, die sie sich selbst nicht erklären kann. Das kann sich auch darin zeigen, dass sie das Baby eher mechanisch versorgt und ihr die intuitive Zuwendung zu ihrem Kind schwerfällt. In diesem Fall ist es besonders wichtig, abzuklären, ob es sich um eine Wochenbett-Depression handelt, die durch die enorme hormonelle Umstellung im Körper ausgelöst wurde. Mit einer Hebamme oder einem Arzt zu sprechen, ist der erste wirksame Schritt, um Hilfe zu bekommen.

Der Übergang in die Verantwortung der Elternschaft kann auch dadurch erschwert werden, dass sich die eigenen Eltern oder andere Verwandte in die Pflege und Erziehung des Kindes einmischen. Auch können Existenzängste da sein, wenn ein Verdienst wegfällt und man noch nicht weiß, wie man es gemeinsam schaffen wird. Es ist eine Zeit der Neupositionierung und des Hineinwachsens in neue Rollen. Es ist auch eine sensible Zeit, in der wir anfällig für Krisen sind.

Midlife Crisis. Oder: Was habe ich erreicht?

Die Jahre des familiären und karrieremäßigen Aufbaus sind eine sehr produktive Zeit. Zwischen 20 und 40 säen wir. Wir gründen Familien oder entscheiden uns bewusst, keine Kinder in die Welt setzen zu wollen. Wir bauen unser Heim und schaffen uns einen gewissen Wohlstand. Wir verbringen den Großteil unserer Zeit mit beruflichen Dingen, investieren in unsere Kinder, in Weiterbildung und Karriere. Nicht immer läuft alles wie am Schnürchen. Abbrüche, Umbrüche und Neuorientierungen sind inbegriffen. In der Rückschau sagen manche Menschen, es fühle sich an, als wäre man vor allem ein fleißiges Rädchen im Getriebe gewesen. Viele von uns haben auf Hochtouren funktioniert, viel geleistet, viel geschaffen und wenig Zeit für sich selbst gehabt. Und dann verändert sich etwas. Plötzlich wird man gewahr, dass man älter geworden ist, und um die Lebensmitte herum wird man sich auch zunehmend der eigenen Endlichkeit bewusst.

In diese Phase fällt hinein, dass die Kinder groß geworden sind, sich abnabeln und eigener Wege gehen. Natürlich ist das gut so, wir wären unglücklich, wenn sie nicht auch ohne uns zurechtkämen, und würden uns Gedanken machen, was wir falsch gemacht hätten, dass der Nachwuchs noch immer im »Hotel Mama« hockt. Doch da ist noch eine andere Seite: Das »empty nest syndrom« beschreibt dieses Gefühl, das vor allem Mütter plagt. Sie fühlen sich orientierungslos und nicht mehr gebraucht – verständlich, wenn man 18, 20 oder 25 Jahre lang immer für die Familie da war. Was jetzt?

Ähnlich kann es auch Männern und Frauen im Berufsleben gehen. Viele müssen oder wollen sich verändern. Vielleicht kommen gesundheitliche Probleme dazu. Man spürt seinen Körper intensiver, weiß, dass man mehr achtgeben muss, dass »zu funktionieren« keine Selbstverständlichkeit mehr ist. Biologisch durchleben sowohl Männer als auch Frauen ihre Wechseljahre. Frauen hören das Ticken der biologischen Uhr deutlicher. Ihr Zeitfenster, Kinder bekommen zu können, ist begrenzt, schon ab 35 sinkt die weibliche Fertilität rapide. Der Körper verändert sich, die Spannkraft lässt nach. Ein Blick in den Spiegel sagt uns allen: Nun bist du nicht mehr jung, das ist unwiederbringlich vorbei. Viele Frauen und auch zunehmend Männer versuchen, dem Prozess des Älterwerdens mit Schönheitsoperationen entgegenzuwirken. Das gesellschaftliche Diktat der ewigen Jugend kann das Selbstwertgefühl infrage stellen und eine Krise auslösen.

Was bin ich nun? Wie ist mein Identitätsempfinden? Was habe ich im Leben erreicht? Wozu bin ich gelangt? Sehe ich einen neuen Horizont vor mir, neue Ziele, für die es sich lohnt, sich neu zu orientieren und sich aus der gemütlichen Komfortzone auf dem Sofa der nahenden Pensionsauszahlungen herauszubewegen? Wohin kann die Reise gehen? Manche von uns reißen das Segel noch einmal herum, indem sie sich beruflich ganz neu orientieren oder endlich die ersehnte Weltreise machen. In langjährigen Partnerschaften ist oft gerade mit dem Auszug der Kinder, dem Eintreten der Wechseljahre oder dem Schritt in den Ruhestand ein kritischer Punkt erreicht, der nach

Neuorientierung verlangt. Trennungen in dieser Zeit sind häufig. Es ist eine Zeit des Überganges, in der wir so manches Vertraute loslassen, uns verabschieden und uns auf Unbekanntes, Neues einlassen müssen.

Rückzug aus dem Erwerbsleben

Irgendwann ist er da, der Tag, an dem wir in Pension gehen. Dann ist das, was wir über zwei Drittel unseres bisherigen Lebens gemacht haben, vorbei. Wir gehen nicht mehr zur Arbeit, sind nicht mehr in eine Routine eingebettet und Teil einer Gemeinschaft und bekommen kein Geld mehr dafür, dass wir unsere Schaffenskraft und meist noch viel mehr zur Verfügung stellen. Im Idealfall glückt dieser Übergang. Im Idealfall sind wir aktiv geblieben und haben uns rechtzeitig nach neuen, anderen sinnstiftenden Aufgaben umgesehen. Wir haben endlich Zeit für die Enkelkinder, für das Basteln in der Werkstatt, für den Garten, das Engagement im Verein oder die Weiterbildung als Senior oder Seniorin an der Uni.

Was aber, wenn es anders ist? Wenn wir damit nicht zurechtkommen, dass unsere Arbeit, die ein starker Identifikationsfaktor im Leben war, plötzlich wegfällt? Wenn wir nicht mehr gebraucht werden? Wenn wir das Gefühl haben, unnütz zu sein? Vielleicht sind wir wegen eines Unfalles oder einer Krankheit vorzeitig und unfreiwillig in den Ruhestand getreten. Vielleicht hätten wir nichts lieber getan, als unseren Beruf weiter auszuüben, aber wir konnten es nicht. Es gibt viele Arten, wie dieser Lebensabschnitt erfahren wird. Stets aber ist er mit Loslassen und Neuorientierung verbunden. Menschen können in dieser Zeit krisenanfällig sein. Die Frage nach dem Sinn stellt sich noch einmal und mit großer Vehemenz ganz neu. Auch in dieser Lebensphase geht es als Individuum darum, die Mitte in sich selbst und den Platz in der Gesellschaft neu zu finden und einzunehmen.

... und noch viel mehr

Die Liste der Übergänge auf unserer Lebensspur ist nicht vollständig und lässt sich vielfach erweitern. Wichtig ist, sensibel dafür zu sein, dass es diese kritischen Übergänge gibt, die Herausforderungen bereithalten und uns aus der Bahn werfen können. Wenn wir davon wissen, können wir uns besser wappnen, nach Ressourcen Ausschau halten und gegebenenfalls ganz bewusst vorbeugen.

Wenn ein Ereignis eine Lawine lostritt

Jan ist gekündigt worden. Aus heiterem Himmel trifft ihn die Nachricht: »Wir müssen leider zwei Drittel unseres Personals abbauen, wir können Sie nicht mehr weiter beschäftigen. Bitte räumen Sie bis Ende der Woche Ihren Platz und geben Sie firmeninternes Eigentum zurück. Ein Sozialplan ist in Arbeit. Dieser wird Ihnen vorgelegt, sobald die Details fixiert sind. Wir danken Ihnen für Ihre langjährige Treue.« Dem ersten Schock folgen mehrere Phasen. Zuerst kommt das Nicht-Wahrhaben-Können und -Wollen. Danach folgen die Verzweiflung, dann das Aufbegehren, das Sichwehren, dann der Versuch, zu kämpfen, und schließlich die Resignation. Jan hat alles durchgemacht. Seit einem halben Jahr läuft der neue Wohnungskredit. Seine Frau erwartet das zweite Kind. Jans Bemühungen, beruflich wieder Fuß zu fassen, scheitern vorerst. Eine Zeit lang kann sich die Familie finanziell über Wasser halten, aber der Druck ist groß. Das Schlimmste jedoch ist die Veränderung, die in Jan vor sich geht. Er hat nun Schlafstörungen, die er früher nicht gekannt hat. Und noch etwas ist neu: seine Ängste. Es ist, als ob er sich seiner selbst nicht mehr sicher sein kann. Früher hat er sich ganz selbstverständlich in der Gesellschaft mit anderen Menschen bewegt. Plötzlich fühlt er sich unsicher und unwohl in seiner Haut. Aufgaben, deren Bewältigung ihm nie Probleme bereitet hat, sind nun zu Herausforderungen geworden, denen er sich nicht gewachsen fühlt. Ein Freund macht ihn darauf aufmerksam, dass es sinnvoll wäre, sich professionelle Hilfe zu holen. Es dauert lang, bis Jan sich zu diesem Schritt durchringt, doch schließlich schafft er es. Zu sehr leiden seine Lebensqualität und die seiner Familie unter dieser Belastung. Endlich kann er sich jemandem anvertrauen. Endlich findet er Erklärungen für das, was mit ihm geschieht, ausgelöst durch das völlig überraschende Ereignis der

Kündigung. Im Gespräch mit dem Psychotherapeuten erkennt Jan einen ganz entscheidenden Zusammenhang zwischen seinen Ängsten und Ohnmachtsgefühlen und zwei Ereignissen in seiner Kindheit. Beide Ereignisse brachen damals für Jan aus heiterem Himmel über ihn herein. Damals konnte er sich nicht darauf vorbereiten, er verlor den Boden unter seinen Füßen. Seltsam findet er nur, dass er immer dachte, das sei Schnee von vorgestern gewesen und er wäre schon längst darüber hinweggekommen. Das erste Ereignis war das Verlassenwerden von seinem Vater als er acht Jahre alt war. Er bekam nie eine wirkliche Erklärung dafür, außer dass der Vater weg musste, weil der Job im Ausland eine einmalige Chance war und es da auch noch eine andere Frau gab. Erst zwei Jahre später sah er ihn wieder, die Jahre danach hatten sie nur sporadischen Kontakt. Beim zweiten Ereignis war Jan gerade 15 Jahre alt. Sein bester Freund, den er von Kindesbeinen an kannte, starb bei einem Autounfall. Das unvorhergesehene Ereignis der Kündigung hat in Jan eine emotionale Lawine losgelöst. Jahrelang waren der Schmerz, die Angst und die Ohnmachtsgefühle, die Jan durch die beiden einschneidenden Erlebnisse in seiner Kindheit erfahren hat, fest in ihm eingeschlossen. Auf der intellektuellen Ebene konnte er als erwachsener Mann sogar darüber sprechen: »Ja, das ist mir damals passiert, mein Vater ist einfach gegangen ...«, und »Ja, mein Jugendfreund ist bei einem Unfall gestorben«. Die Kündigung reaktivierte nun jene körperlichen Befindlichkeiten von damals, als er ein Kind war. Es ist für Jan so, als ob er emotional all dies noch einmal erlebt, obwohl sein Verstand gar keinen Zusammenhang zwischen den Erlebnissen vermutet. Erst nachdem ihm dieser Zusammenhang nach und nach bewusst wird, er sich mit den Ereignissen in seiner Kindheit auseinandersetzt und sie dadurch gleichsam endlich bewusst verarbeiten kann, verschwinden seine Ängste und Schlafstörungen. Jan kann nun jene Teile seiner Biografie in sein Leben integrieren und kann seinen Körper und seine Gedanken wieder selber steuern. Er gewinnt sein Selbstvertrauen zurück und findet wenig später auch wieder eine befriedigende Arbeit. Die Krise war für ihn ein schmerzhafter, doch überaus heilender Prozess.

Die Lawine, die ein Ereignis lostritt, muss nicht zwangsläufig mit einschneidenden Erlebnissen oder traumatischen Erfahrungen in der Vergangenheit zu tun haben. Es kann auch im äußeren Leben, gleich wie bei einem Dominospiel, ein losgelöster Stein eine Reihe anderer Steine zum Umstürzen bringen. Denken Sie an eine nicht bestandene Nachprüfung einer Schülerin, die, ausgelöst durch dieses Ereignis, die Schule abbricht. Sie muss vielleicht daraufhin den Schulstandort wechseln, eine Wohnung suchen, umziehen, sich neu in eine bestehende Struktur einfinden und neue Beziehungen aufbauen. Dazu kommen vielleicht Konflikte wegen nicht erfüllter Erwartungen mit ihren Eltern. Diese vielen Veränderungen in so kurzer Zeit können eine Krise auslösen, der sich die Schülerin nicht gewachsen fühlt.

Wenn der Eimer zum Sieb wird

Es gibt dieses Bild, dass jemand einen alten Eimer mit Wasser füllen will und feststellen muss, dass er undicht ist. Beim Versuch, dieses Loch provisorisch zu stopfen, tut sich eine andere undichte Stelle auf, und dann noch eine und noch eine und noch eine … Schließlich ist der Eimer bestenfalls als Sieb oder als Gießkanne zu gebrauchen. In Bezug auf persönliche Lebenskrisen bedeutet diese Metapher, dass wir uns mit vielen Bereichen konfrontiert sehen, die problembelastet sind, sodass wir gar nicht mehr wissen, wo wir mit den Aufräumarbeiten anfangen sollen. In der Praxis könnte sich dieser Umstand folgendermaßen darstellen:

- Wir haben derzeit einen Wasserrohrbruch und es tropft von der Decke, doch die Versicherung macht Schwierigkeiten und will den Schaden nicht übernehmen, weil die Rohre nicht korrekt verlegt worden sind.
- Meine Mutter liegt im Krankenhaus, sie ist gestürzt und erwartet, nach der Entlassung von mir gepflegt zu werden.
- Gestern hat mich die Lehrerin in die Schule zitiert, weil unser Sohn dauernd den Unterricht stört und seine Leistungen nachlassen.

- Meine Kollegin am Arbeitsplatz benimmt sich so seltsam in letzter Zeit, ich fühle mich fast gemobbt, weil sie mir wichtige Informationen vorenthält, die ich aber brauche, um meine Arbeit zu machen.
- Unsere Beziehung ist im Moment auf dem Nullpunkt, mein Mann und ich haben häufig Streit.
- Ich esse, wenn ich unglücklich bin und mir alles zu viel wird. Und dann hasse ich mich dafür, weil ich es nicht schaffe, damit aufzuhören, und ich deshalb wieder zugenommen habe.
- Seit zwei Wochen wache ich morgens um 4 Uhr auf und meine Gedanken kreisen, sodass ich nicht mehr einschlafen kann.

Haben wir es mit einem oder zwei der beschriebenen Probleme zu tun, fühlen wir uns meist noch gut handlungsfähig. Gibt es aber kaum einen Lebensbereich, der frei von Konflikten und Herausforderungen ist, kann dies unsere Kapazität übersteigen. Dann fühlen wir uns wie jemand, der einen alten, löchrigen Eimer zu reparieren versucht: Kaum ist ein Problem gelöst, poppt schon das nächste auf oder gar gleich mehrere. Wie kann man hier den Überblick bewahren? Was kann man tun, damit sich nicht alles verselbstständigt und weitere Lebensbereiche aus dem Gleichgewicht geraten?

Wie bei allen Erste Hilfe-Maßnahmen gilt es auch hier, zu schauen, was im Sinne der Lebenserhaltung absolute Priorität hat und was für später aufgehoben werden kann. Ein Mensch, der plötzlich zu Boden stürzt und keinen Herzschlag mehr zeigt, muss zuallererst reanimiert und gleichzeitig die Rettung verständigt werden. Erst danach werden die Abschürfungen und Prellungen versorgt, die er sich durch den Sturz zugezogen hat. Ähnlich verhält es sich mit Krisen und deren Intervention:

» Wir müssen unterscheiden, was im Akutfall zu tun ist, welche der über uns hereinbrechenden Ereignisse wir beeinflussen können, welche womöglich selbstgeschnitzt sind, wo wir einen dringenden Kurswechsel vornehmen müssen und wann es an der Zeit ist, an andere zu delegieren, sich abzugrenzen, Hilfe von außen zu holen, sich zu konfrontieren oder Stellung zu beziehen.

Ab dem Kapitel »*Was unser Identitätsempfinden ausmacht und wie wir uns selber besser verstehen können*« geht es darum, einen differenzierteren Zugang zu den persönlichen Lebensbereichen und den jeweiligen Themen zu bekommen. Sich anbahnende Krisen, so sie nicht wie ein Unwetter über uns hereinbrechen und von uns unbeeinflussbar sind, können dadurch schneller erkannt werden. Wir werden sensibler für die Gefahren und schärfen den Blick für jene Faktoren, die zusammenspielen, wenn Probleme sich zu Krisen auswachsen. Vor allem aber beschäftigen wir uns mit unseren persönlichen Stärken, Möglichkeiten und Ressourcen. Allein das Wissen darum lässt uns breiter aufgestellt sein. Wir können auf Dinge, Menschen oder Werte zurückgreifen, die wir vielleicht bislang nicht oder nicht bewusst zur Verfügung hatten. Krisenhafte Stürme treten dadurch weniger häufig auf und wenn wir mittendrin sind, haben wir bessere Mittel, um sie zu bewältigen. Da alles im Leben Polaritäten unterworfen ist und es den Umstand nicht gibt, dass wir uns anhaltend nur gut und sorgenfrei fühlen, wissen wir, dass dem Auf auch wieder ein Ab folgen wird. Aber öfter als wir glauben haben wir es selbst in der Hand, wie heftig diese Abwärtsbewegung ausfällt und wie lange sie andauert.

Persönliche Krisengebiete

Beruf und Berufung · Familien-Herausforderungen · Patchwork-Herausforderungen · Unfreiwillig Single sein · Wenn die Liebe in die Krise kommt · Verluste, Abschiede und Tod

Persönliche Krisengebiete

Welche Lebensbereiche sind besonders anfällig für Krisen? Wo stehe ich gerade in Familie und Beruf? Womit habe ich zu kämpfen? Was ist mir wichtig? Und wie kann ich mit Verlusten und Abschieden zurechtkommen?

Familie und Beruf, Kindheit und Partnerschaft, Verluste, Abschiede und Tod – diese Themen sind Teil jedes Menschenlebens. Es sind Themenfelder, über die ganze Bibliotheken geschrieben wurden. Auch in diesem Kapitel geht es um jene krisenanfälligen Bereiche und zwar konkret darum, gewappnet zu sein und im Fall des Falles nicht hilflos dazustehen. Was auch immer Ihr persönliches Krisengebiet ist, hier finden Sie Anregungen, Beispiele und einen Leitfaden, um aus so manchem schwarzen Loch wieder herauszukommen.

Beruf und Berufung

Der Arbeitsplatz ist der Ort unseres Wirkens, Werkens und der Kämpfe. Wir setzen unsere Arbeitskraft ein, um unser Auskommen zu verdienen. Was wir tun, soll sinnvoll sein und im besten Fall etwas Positives in der Welt bewegen. Doch die »richtigen Verhältnisse« sind nicht so leicht zu finden und der Prozess des Suchens kann uns gehörig herausfordern. Das alles sind Gründe dafür, dass das Thema Beruf immer wieder im Leben zum persönlichen Krisengebiete werden kann.

»Ich glaube nicht an die Verhältnisse.
Diejenigen, die in der Welt vorankommen,
gehen und suchen sich die Verhältnisse, die sie wollen.
Und wenn sie sie nicht finden können, schaffen sie sie selbst.«

— *George Bernard Shaw*[3]

---

3   *George Bernard Shaw, irischer Dramatiker, Satiriker und Politiker, erhielt 1925 den Nobelpreis für Literatur.*

In manchen Ohren klingt diese Aussage vielleicht provokant. Stoßen wir denn nicht allzu schnell an unsere Grenzen? Haben wirklich alle die Möglichkeit, sich diese optimalen Verhältnisse zu suchen? Und wie ist es mit uns persönlich? Suchen wir noch oder haben wir schon gefunden oder sind wir gerade dabei, uns unsere Verhältnisse selbst zu schaffen?

Eine, die sich ihre Verhältnisse selbst geschaffen hat, ist Doris. Schon als Kind wusste sie, dass sie einmal ihr eigenes Hotel haben möchte. Aufgewachsen am elterlichen Landgasthof, war sie von klein an mit all jenen Dingen vertraut, die einen Tourismusbetrieb ausmachen. Der Gasthof war damals noch ein richtiges Familienunternehmen: Die Großmutter stand in der Küche, der Onkel kümmerte sich um die kleine Landwirtschaft und Doris' Mutter managte das Personal für Service und Zimmer und war für die Administration verantwortlich. Doris wusste immer, dass das Gasthaus der richtige Platz und die richtige Aufgabe für sie ist. Heute ist es ein komfortables Drei-Sterne-Hotel samt Wellnessbereich mit ausgezeichneter Küche. Qualität stand immer im Zentrum von Doris' Bemühen, das Haus wurde in liebevoller Kleinarbeit umgebaut und erweitert. Doris repräsentiert ihr Haus mit Engagement, Stil und viel Erfahrung. Ihre Laufbahn war vorgezeichnet, obwohl ihre Eltern sie nicht dazu gedrängt haben, in ihre Fußstapfen zu treten. Doris selbst wollte es so, seit sie sich erinnern kann, und verfolgte dieses Ziel beharrlich.

Nur wenige Menschen haben so klare berufliche Ziele und gleichzeitig auch die Möglichkeiten und Mittel, diese Ziele tatsächlich zu erreichen. Und nur wenige können auf Bestehendem aufbauen, sei es materiell oder ideell. Trotzdem schaffen es viele Menschen, sich ihre speziellen Verhältnisse zu gestalten. Es sind Menschen, wie Bernard Shaw formuliert, »die in der Welt vorankommen«. Es sind jene, die sich etwas in den Kopf gesetzt haben, etwas erreichen wollen, zu etwas gelangen wollen. Dabei sind die Maßstäbe ganz individuell. Erfolg definiert sich nicht ausschließlich in wirtschaftlichen Zahlen. Er ist eine sehr persönliche Sache: Erfolg heißt auch, zufrieden und erfüllt zu sein mit dem, was man tut. Das kann zum Beispiel auch bedeuten, dass man sich Rahmenbedingungen geschaffen hat, die einen flexiblen Umgang mit Zeit ermöglichen. Erfolg ist oft die Konsequenz davon, dass man seinen Weg beharrlich verfolgt. Erfolg ist demnach die Folge von etwas.

In beeindruckender Weise zeigen das etwa die Unternehmensgründungen von Migranten, die mittlerweile fast ein Drittel der Neugründungen ausmachen. Oft mussten sie mit schlechten Startbedingungen in der neuen Heimat beginnen und Sprachschwierigkeiten sowie kulturelle, soziale und gesellschaftliche Hürden überwinden. Qualifikationen mussten nachgewiesen oder neu erworben werden und sie mussten sich an die neuen Gegebenheiten anpassen. All das ist kein leichtes Unterfangen. Sie folgten jedoch einem Traum, hatten ein Ziel und fanden ihre jeweils eigenen Strategien, um voranzukommen.[4] Gemeinsam ist ihnen die Begeisterung für ihr Interessensgebiet. Sich dafür einzusetzen, macht für sie Sinn, und das ist der Motor, um auch in schwierigen Zeiten durchzuhalten. Beruf und Berufung liegen hier nahe beieinander. Es kann aber auch ein längerer Prozess sein, die eigene Berufung zu finden:

Edwin war 20 Jahre lang Installateur, bis er sich mit 42 Jahren zum Sozialpädagogen umschulen ließ. Etwas ganz anderes zu machen, das ging ihm schon länger durch den Kopf, doch schien es keine Möglichkeit dafür zu geben. Erst als seine Firma zusperren musste und er arbeitslos war, wurde ihm klar, dass er seine bisherige Tätigkeit definitiv nicht mehr weitermachen wollte.
Er nützte das Angebot einer beruflichen Eignungsberatung und wurde darin bestärkt, einen sozialen Beruf ganz neu zu erlernen. Wie die Tests zeigten, gingen seine Talente und Neigungen eindeutig in diese Richtung. Die Ausbildung machte ihm große Freude und seine Begeisterung für dieses neue Berufsfeld brachte ihm bald eine sichere Anstellung.

---

4   Das Buch »50 unternehmerisch erfolgreiche Zuwander/innen und ihre Erfolgstipps« des
    Österreichischen Integrationsfonds ist online zu finden unter
    http://issuu.com/integrationsfonds/docs/unternehmerbuch_final

Menschen in schwierigen Situationen zu begleiten, Lösungsansätze zu suchen und Beziehungsarbeit zu leisten, macht für ihn persönlich heute mehr Sinn als handwerklich tätig zu sein. Er fühlt sich bestätigt und ist glücklich, sich für diesen mutigen Schritt einer späten Neuorientierung entschieden zu haben.

Das Thema Beruf und Berufung kann immer wieder im Leben zum persönlichen Krisengebiet werden. Irgendwann taucht in jeder Berufsbiografie die Sinnfrage auf, die Frage, ob das, was man macht, das Richtige ist und ob es sich lohnt, darin zu investieren.

Unterschiedliche Ausgangslagen und stete Herausforderung

Bildung ist ein entscheidender Faktor für die Wahl des Berufs. Dazu gehört, dass Kinder und Jugendliche im Laufe ihrer Schulzeit ihre persönlichen Neigungen und Talente entdecken können, um dann jene Richtung einzuschlagen, die sie auch wirklich interessiert. Doch leider gibt es da viele Hürden. So ist besonders in Österreich Bildung immer noch »vererbt«. Haben die Eltern ein Studium absolviert, liegt die Wahrscheinlichkeit bei nur 7 %, dass der Sohn oder die Tochter die Schullaufbahn mit lediglich einem Pflichtschulabschluss beendet. Haben die Eltern selbst nur einen Pflichtschulabschluss, liegt die Wahrscheinlichkeit, dass das Kind in dieselben Fußstapfen tritt, hingegen bei 30 %. Das bedeutet, Bildung – und damit verbunden die Aussicht auf einen befriedigenden Job – ist bestimmt durch unsere familiäre Herkunft. Das Problem dabei ist, dass es für Menschen mit wenig Bildung kaum mehr Jobs gibt, weil in mittlerweile jeder Branche ein bestimmtes Maß an Qualifizierung gefordert wird. Unser Bildungssystem ist bislang nicht in der Lage, das Potenzial aller Kinder zu erkennen, entsprechend zu fördern und für die Gesellschaft nutzbar zu machen. Deshalb bleiben noch immer zu viele junge Menschen perspektivlos, trauen sich selbst wenig zu oder können ihre Fähigkeiten nicht realistisch einschätzen und fühlen sich vom System im Stich gelassen. Nicht jede unglückliche Bildungslaufbahn, nicht jeder missglückte Versuch, im Berufsleben Fuß zu fassen, ist daher hausgemacht.

Wir als Gesellschaft müssen für Rahmenbedingungen kämpfen, die eine gerechtere Verteilung der Bildungschancen von klein an und damit auch gerechtere Chancen am Arbeitsmarkt schaffen.

Es liegt derzeit also – das zeigen auch die Arbeitslosenzahlen – am Einzelnen, für sich eine sinnstiftende Aufgabe zu finden, die auch am Arbeitsmarkt gefragt ist. Die Anforderungen des heutigen Arbeitsmarktes sind allerdings nicht mehr seriös prognostizierbar: In einer globalen, technisierten und digitalisierten Welt mit ihren zunehmend komplexeren Aufgaben und Herausforderungen sind heute ganz andere Fertigkeiten gefragt, als es noch vor 20 Jahren der Fall war – und vermutlich auch, als es morgen der Fall sein wird. Viele Berufsbilder haben sich verändert oder sind ganz verschwunden. Wir befinden uns in einem Paradigmenwechsel. Es geht um viel neues Fachwissen, aber noch um mehr.

Die Kompetenzen, die nicht nur von unseren Kindern in der Schule, sondern auch von uns selbst in einem Prozess des lebenslangen Lernens zunehmend erworben werden müssen, sind:

- stete Neugier und Offenheit für Veränderung
- Erfahrungswissen, indem wir Dinge nicht nur lernen und verstehen, sondern auch anwenden und umsetzen können
- Zusammenhänge zu erfassen und in einen größeren Kontext einordnen zu können
- zu wissen, woher wir Wissen beziehen können (dazu gehört auch, Inhalte des Internets kritisch hinterfragen zu können)
- interkulturelle Kompetenzen und Sprachen
- politische, soziale, ökonomische und wirtschaftliche Bildung
- Kreativität und Teamfähigkeit
- die Erfahrung, selbstwirksam zu sein
- regelmäßig nachjustieren zu können und sich zu fragen: »Wer bin ich?«, »Was kann ich?«, »Was bewirke ich?«

Der eigenen Berufung auf der Spur

Wenn wir über uns selbst und unsere Fähigkeiten, Neigungen, Talente und Interessen Bescheid wissen, wird das, was wir tun, auch Freude machen. Es fällt uns dann leichter, uns selbst zu motivieren, uns Ziele zu stecken und auf sie hinzuarbeiten, weil sie aus unserem Innersten kommen und unserem Wesen entsprechen. Sie sind dann nicht von außen aufoktroyiert und keine fremde Schablone, die wir uns überziehen. Deshalb ist es so wichtig, dass wir an uns selbst arbeiten. Auch Menschen, die wegen mangelnder Förderung in ihrer Kindheit ihre Fähigkeiten und Begabungen noch nicht ausreichend entdecken konnten, können sich auf die Suche machen. Auch jene, die wie Edwin jahrelang einem Beruf nachgegangen sind, der vielleicht gut, aber nicht erfüllend war, können sich die Frage nach der eigenen Berufung stellen. Und jene, die ihr Berufsleben über die Jahre unglücklich und sogar krank gemacht hat, sollten es erst recht tun.

Es gibt verschiedene Wege, den eigenen Neigungen, Talenten und Interessen auf die Spur zu kommen. Zwei Dinge helfen uns dabei besonders: unsere Tagträume und Kindheitswünsche sowie unser ganz persönliches Handeln im Alltag. Nehmen wir ein plakatives Beispiel:

Sie wollten als Kind Feuerwehrmann werden? Vielleicht müssen Sie heute darüber schmunzeln, weil das so gar nichts mit Ihrem tatsächlichen Beruf zu tun hat. Aber fragen Sie sich: Was hat Sie als Kind daran so fasziniert? Die Technik eines Feuerwehrautos mit den Möglichkeiten, Brände zu löschen, mithilfe von Kränen auf Häuser und Bäume zu klettern oder Unfallautos zu bergen? Oder war es die Vorstellung, zu einem großartigen Team zu gehören und ein Helfer in der Not zu sein? Oder war es das Element Feuer an sich, das Sie interessiert hat? Oder aber der Großvater, ein Nachbar oder eine andere nahe Bezugsperson war Feuerwehrmann und Sie wollten genauso sein wie er?

Spüren Sie Ihren Kindheitsträumen nach. Diese Bilder, die wir in unserer Kindheit von uns selber hatten, sind aufschlussreich. Sie können uns zu etwas hinführen, was wir vielleicht vergessen haben oder wozu wir im Laufe unseres Lebens den Bezug verloren haben. Alles was ist, wurde einmal gedacht. Jedes Möbelstück und jeder Gegenstand in Ihrem Zimmer nahm seinen Anfang in der Vorstellung von jemandem, der dieses Ding einst kreiert, designt und produziert hat. Bevor sich das erste Flugzeug in die Luft erhob, gab es Menschen, die vom Fliegen träumten.

Fragen, die hilfreich sein können:

» Womit spielten Sie als Kind am liebsten?

» Wo verbrachten Sie Ihre beste Zeit?

» In der Gesellschaft welcher Menschen fühlten Sie sich am wohlsten?

» Welche Dinge, Umstände oder Sachverhalte waren von besonderem Interesse? Hier ein paar Stichworte: Natur, Wald, Blumen, Wiesen, Wasser, Technik, Sport, Musik, Basteln, Werken, Garten, Bücher, Tiere, Theater, Elektronik, Computer, Astronomie, Geschichte, Medizin, Biologie, Physik, Chemie ... sammeln und ordnen, toben und abenteuern, tüfteln und grübeln, kommunizieren und diskutieren, führen und leiten ...

» Auch Tagträume können uns die Richtung weisen. Wohin gleiten Ihre Gedanken oft ab?

» Wenn Sie sich erlauben, Ihr Wunschvideo im Kopf entstehen zu lassen, was sehen Sie da? Womit beschäftigen Sie sich? Wie ist Ihr Umfeld? Was ist Ihre Position?

» Welche Gefühle begleiten diesen Film? Was spüren Sie, wenn Sie sich selbst bei der Ausübung dieser Tätigkeit zuschauen? Fühlen Sie sich kompetent, unbeschwert, fröhlich und sinnerfüllt? Wenn dem so ist, dann haben Sie bereits die Fährte aufgenommen.

Es macht uns glücklich und erfolgreich, wenn wir die Gelegenheit haben, unseren Neigungen und Talenten nachzugehen, unsere Stärken zu entwickeln und unsere Begabungen zu entfalten. Dabei spielen Freude und Bedeutung eine große Rolle. Es fühlt sich »richtig« an, wenn wir tun, was uns liegt, und es fühlt sich auch »bedeutsam« an. Wir sehen Sinn darin und dieser beflügelt und motiviert uns wiederum.

Fragen Sie sich:

» Was macht mir Freude? Bei welchen Themen oder bei welchen Tätigkeiten bin ich gut gelaunt? Was lässt mich vergessen, auf die Uhr zu schauen?

» Was ist bedeutsam für mich? Woraus beziehe ich Sinn und Motivation? Wofür setze ich mich gerne ein? Wofür schlägt mein Herz?

» Was sind meine Stärken? Worin bin ich wirklich gut? Habe ich ein Spezialgebiet? Was zeichnet mich aus? Was gelingt mir stets besonders gut?

Sie können diese Fragen für sich beantworten, indem Sie sich Zeit nehmen und in sich hineinspüren. Sie können auch mit Menschen sprechen, die Ihnen nahestehen, und sie bitten, Ihnen zu helfen, Ihren Begabungen auf die Spur zu kommen. Oft sehen andere schon längst, was jemand besonders gut kann, während die jeweilige Person sich dessen noch gar nicht bewusst ist. Zu sehen, was man im Verhältnis zu anderen gut kann, ist so schwierig, weil man alles, was man kann, als einfach empfindet und deshalb oft nicht wertschätzt. Sie können auch vertiefende Literatur zum Thema lesen, Kurse besuchen, sich weiterbilden oder sich professionell coachen lassen. Das Angebot ist groß.

Der eigenen Berufung nachzuspüren, kann sich anfühlen wie das Zusammensetzen eines Puzzles, von dem die Steine erst nach und nach im Spiel auftauchen. Es kann sein, dass das Bild lange Zeit unfertig ist, dass aber hier und da ein Puzzleteil dazukommt und man allmählich erahnen kann, was darauf zu sehen ist. Eines Tages ist das Puzzlebild vollständig und ganz. Es bedarf keiner weiteren Erklärung. Es steht für sich und wirkt. Andere sehen es und erkennen darin das, was es ist, freuen sich daran und sind gleichzeitig inspiriert.

Persönliche Krisengebiete am Arbeitsplatz

Eine Langzeitstudie aus Deutschland zu »Arbeitszufriedenheit und Mitarbeiterbindung«[5] zeigt, dass die Faktoren für Zufriedenheit folgende sind:

- eine angemessene Tätigkeit, die sinnstiftend und abwechslungsreich ist (70 %)
- die Vergütung (60 %)
- die Sicherheit des Arbeitsplatzes (52 %)

Die größten Störfaktoren bei der Arbeit sind Arbeits- und Termindruck, hohe Arbeitsbelastung, fehlende Informationen und umständliche Arbeitsprozesse. Viele können sich mit dem eigenen Unternehmen nicht identifizieren und viele spüren, dass das Management Mitarbeiternähe vermissen lässt.

Dass wir etwas Sinnstiftendes und Abwechslungsreiches tun wollen, das unseren Fähigkeiten und Stärken angemessen ist, ist vielfach wissenschaftlich untermauert. Probleme entstehen, wenn das richtige Maß nicht mehr gegeben ist: Viele Menschen fühlen sich durch die oben genannten Faktoren überfordert und leiden dadurch unter Stress. Andere wiederum erleben zu wenige Herausforderungen und sind chronisch unterfordert, was ebenso zu negativen Symptomen körperlicher oder psychischer Art führt. Verstärkt wird dies durch Unsicherheiten, etwa über die Zukunft des Betriebes, drohenden Personalabbau, neue Eigentümer, neue Vorgesetzte und permanente Umstrukturierungen innerhalb der Arbeitsbereiche. Manche Konflikte spielen sich auch auf der gesetzlichen Ebene ab, wenn Rechte oder Ansprüche von Mitarbeitenden außer Acht gelassen werden. Fast jeder hat im Laufe seines Berufslebens schon Bekanntschaft mit einem oder mehreren dieser Problemfelder gemacht. Was tun, wenn die vorgegebenen Strukturen so einschränkend oder hinderlich sind, dass die tägliche Arbeit sich zum persönlichen Krisengebiet auswächst?

---

5   *Schmalenbach Institut für Wirtschaftswissenschaften, TH Köln (2015): Befragt wurden 5000 MitarbeiterInnen aus 30 mittelständischen Unternehmen über einen Zeitraum von sieben Jahren.*

• Überforderung und Stress

Als Claudia vor sechs Jahren in einer Anwaltskanzlei zu arbeiten begann, war ihr Aufgabenbereich klar und bewältigbar. Sie arbeitete sich gut ein, war fleißig und hatte schnell den Überblick, sodass ihr Chef sie als »Teamleitung« einsetzte. Das war anfangs eine persönliche Aufwertung, denn die anderen vier Mitarbeiterinnen hatten sich mit Claudia abzusprechen und sie war dafür verantwortlich, dass alles reibungslos lief. Eine Gehaltserhöhung war anfangs nicht vorgesehen. Erst nach weiteren Umstrukturierungen wurde ihr diese zuerkannt, denn nun übernahm die Kanzlei einen zusätzlichen Bereich, der eine grundlegende Neueinschulung erforderlich machte. Claudia musste mit neuen Computerprogrammen arbeiten, ihre Kenntnisse an andere weitergeben und dem neuen Abteilungsleiter nun wöchentlich Dokumentationen vorlegen. Immer öfter nahm Claudia unerledigte Arbeit mit nach Hause und verbrachte weitere Stunden am Schreibtisch, um den Stapel abzuarbeiten. Das führte zu einer Schieflage in ihrem Privatleben, denn ihre Erschöpfung wurde zunehmend größer und ihre Kraft und Lust, mit ihrem Partner etwas zu unternehmen oder einfach gemeinsame Zeit zu verbringen, schrumpften merklich. Ein ungesunder Kreislauf begann.

Man muss schon sehr wachsam und achtsam sein, will man negative Tendenzen rechtzeitig bemerken und ihnen gegensteuern. Meistens rutschen wir einfach in eine Situation hinein und häufig haben wir anfangs nichts dagegen einzuwenden. Eine Beförderung zur Teamleiterin ist eine schöne Sache, stärkt das Selbstbewusstsein und bringt Anerkennung. Da ist es doch klar, dass man sich mehr engagiert und zusätzliche Aufgaben übernimmt. Auch eine Umstrukturierung kann man hinnehmen. Man spricht sich selbst Mut zu und beschwichtigt sich: »Es dauert halt ein paar Monate, bis wir das neue System bei uns etabliert haben. Dafür ist es eben nötig, mit vollem Einsatz da zu sein, danach wird es wieder ruhiger.« Und bezüglich der Dokumentationen, die neuerdings wöchentlich fällig sind, möchte man es sich vielleicht mit dem neuen Abteilungsleiter nicht verscherzen.

Jede Sache einzeln genommen ist kein Problem und gut bewältigbar. Aber wie so oft im Leben ist es die Summe der einzelnen Teile, die dann unterm Strich eine negative Bilanz ergibt, negativ für Arbeitszufriedenheit, Produktivität, Betriebsklima, Zeitbudget, Gesundheit und Wohlbefinden. Wie können wir schneller erkennen und gegensteuern, wenn wir in den Kreislauf der Überforderung geraten? Was können wir tun, wenn wir mittendrin stecken?

- **Regeneration und Ausgleich**

  Regeneratio bedeutet wörtlich *zurück herstellen,* also das Wiederherstellen eines Gleichgewichtes nach vorheriger Belastung. Wir kennen die nötigen Regenerationsphasen nach großer Anstrengung beim Sport. Nach der Arbeit brauchen wir ebenso unsere Regeneration. Das kann körperlicher Ausgleich zu langer sitzender Tätigkeit sein oder bewusster Rückzug und Stille nach kontaktintensiven Arbeitsstunden. Arbeiten wir hauptsächlich geistig und alleine an komplexen Themen, brauchen wir zum Ausgleich möglicherweise die Gesellschaft anderer. Wenn unsere Arbeit körperlich sehr anstrengend ist, kann Faulenzen unsere Regeneration sein. Die meisten Menschen wissen sehr gut, was ihnen den nötigen Ausgleich verschafft. Wichtig, aber auch schwierig ist es, in arbeitsintensiven Zeiten erst recht auf Regeneration zu achten und der Versuchung zu widerstehen, diesen wichtigen Bereich zu vernachlässigen.

Was hilft Ihnen, sich zu regenerieren? Überlegen Sie, was Ihre persönlichen Energietankstellen sind und bauen Sie bewusst diese Zeiten und Aktivitäten in Ihre Lebensgestaltung und notfalls als geblockte Zeit in Ihren Terminkalender ein.
Sie beugen damit Depressionen und Burnout sowie psychosomatischen Beschwerden vor.

- **Delegieren**

  Gehören Sie zu den Menschen, die die Dinge lieber selber in die Hand nehmen, weil Sie sie zigmal schneller erledigt haben als jemand anderer? Fällt es Ihnen schwer, Arbeiten an andere abzugeben? Sind Sie überzeugt, dass das Ergebnis einer Aufgabe besser ist, wenn Sie sie selber erledigen?

Vielleicht haben Sie ja Recht. Langfristig machen Sie sich mit dieser Haltung aber so unentbehrlich, dass man Ihnen automatisch alle Dinge zuschiebt, die andere ebenso machen könnten, die aber dank Ihrer enormen Leistungswilligkeit bislang nicht zum Zug gekommen sind.

Es ist vielleicht eine bittere Wahrheit, aber es kann sehr heilsam sein, wenn wir uns eingestehen, dass jeder Mensch in gewisser Weise entbehrlich ist. Wagen Sie ein Gedanken-Experiment: Lehnen Sie sich zurück und behalten Sie einen kühlen Kopf, gerade in stressigen Zeiten, in denen ein hohes Maß an Einsatz von Ihnen gefordert ist. Wie würde sich das Projekt XY entwickeln, wenn Sie schlicht und ergreifend nicht da wären? Kann es sein, dass Sie sich zu viel zumuten? Oder ist es so, dass Ihnen andere permanent zu viel zumuten? In beiden Fällen ist das, was Not tut, die Fähigkeit, »Nein« sagen zu können. Vielleicht könnten Sie Ihre Arbeit auch besser erledigen, wenn Sie verschiedene kleinere Aufgaben in andere fähige Hände legen und damit den Blick frei haben auf das Wesentliche. Aufgaben richtig zu delegieren ist eine Fähigkeit, die man lernen kann. Sie besteht im Wesentlichen aus drei Schritten:
○ detaillierte Anweisung
○ Übergeben der Aufgabe
○ Ergebnis-Kontrolle

Wenn Sie diese Schritte auf Augenhöhe kommunizieren und Fehler als Lern-Chance sehen, haben Sie gute Karten, sich freizuspielen – egal ob im Job oder in der Familie.

Grenzen realistisch einschätzen und setzen
Viele Menschen kennen folgendes Problem: In ihrer Vorstellung treten sie ihrem Chef oder ihrer Vorgesetzten höflich, aber bestimmt entgegen und sagen, was Sache ist, zum Beispiel: »Tut mir leid, aber ich bin überzeugt davon, dass dieses Pensum in der vorgegebenen Zeit nicht zu schaffen ist, wir brauchen einen zusätzlichen Tag.« In der Realität können sie ihr Anliegen jedoch nicht so kommunizieren.

Wir gehen häufig über unsere Grenzen hinaus oder lassen unsere Grenzen überschreiten. Das realistische Einschätzen der eigenen Fähigkeiten, der eigenen Fachkompetenzen und der Zeit-Ressourcen sowie den Überblick über Arbeitsabläufe zu haben, erfordert neben viel Erfahrung auch Selbsterkenntnis. Wir müssen über uns selbst Bescheid wissen. Wir sollten das, was wir leisten, und das, was wir können, realistisch einschätzen und in den Kontext der Arbeitsanforderung setzen können. Das wiederum ermöglicht uns ein selbstsichereres Auftreten, was uns besser vor internen Querelen schützt, weil wir in der Lage sind, Stellung zu beziehen und wir nicht zu allem »Ja« sagen müssen (siehe auch Kapitel *Innere Ressourcen*).

- **Unterforderung und Nicht-Identifikation mit dem Unternehmen**
  Es gibt in Fachkreisen die Bezeichnung der »innerlichen Kündigung«, die die Situation jener Menschen beschreibt, die hochunzufrieden zwar körperlich an ihrem Arbeitsplatz anwesend sind, innerlich aber bereits weit weg sind. In der genannten Studie trifft das auf 6 % der Mitarbeiter in Wirtschaftsunternehmen und gar 11 % in karitativen, sozialen Unternehmen zu. Das ist eine alarmierend hohe Zahl.

Was zeichnet ein gutes Unternehmen aus?
- Wenn sich die Mitarbeitenden mit der Philosophie, den Werten und den Zielen ihres Unternehmens identifizieren können. Das setzt voraus, dass sie darüber Bescheid wissen und darin auch geschult werden.
- Wenn Angestellte ihre Fähigkeiten und Stärken einbringen können und ihre Tätigkeit sinnstiftend und abwechslungsreich ist.
- Wenn Mitarbeiter für ihre Arbeit Anerkennung und Wertschätzung erfahren.

Sind diese Kriterien nicht erfüllt, läuft das Unternehmen Gefahr, seine Mitarbeiter zu verlieren. Doch nicht jeder kündigt und geht. Viele bleiben und »kündigen innerlich«. Der dadurch entstehende volkswirtschaftliche und persönliche Schaden ist groß. Was ist dagegen zu tun? Beide Seiten müssen an sich arbeiten: Das Unternehmen, indem Vorgesetzte sich kontinuierlich weiterbilden und Mitarbeiterführung, Leadership, Kommunikation und Motivation erlernen, und die Mitarbeiterinnen, indem sie sich mit ihren persönlichen Werten und Fähigkeiten auseinandersetzen. Auf einer ungeliebten Arbeitsstelle auszuharren, ist auf Dauer frustrierend, sowohl für einen selbst als auch für Kollegen, Vorgesetzte und das Unternehmen.

Wenn wir an Unterforderung leiden oder dauernd demotiviert sind, dann sollten wir auf die Suche nach unseren wahren Neigungen, Talenten und Fähigkeiten gehen. Vielleicht sind wir tatsächlich am falschen Platz, auch was unsere Begabungen angeht. Es lohnt sich immer, unserer Berufung nachzuspüren. Tun wir das, dann finden wir auch den nötigen Mut, um ein ungewünschtes Arbeitsverhältnis zu kündigen, uns neu zu orientieren und neue berufliche Herausforderungen zu wagen. Finden wir hingegen einen Sinn in dem, was wir tun, und können wir uns mit dem übergeordneten Auftrag oder Ziel identifizieren, dann kann auch die »einfachste« Tätigkeit befriedigend sein:

Ein Reisender im mittelalterlichen Italien kam auf einen großen Platz,
wo Menschen aus großen Steinblöcken Steine klopften.
Er trat zu einem, der sehr unglücklich aussah und fragte ihm, was er denn
hier mache. Der Mann antwortete: »Ich klopfe Steine.«
Nach einiger Zeit fand er einen anderen Mann, der hingegen sehr zufrieden
wirkte, und er fragte auch diesen: »Was machst du hier?«
Der Mann gab zur Antwort: »Ich helfe mit, eine Kathedrale zu bauen.«

• Zwischenmenschliche Konflikte, Mobbing und Bossing

Hans' Chef verbreitet eine derart schlechte Atmosphäre, dass die ganze Abteilung die Luft anhält, wenn er sich blicken lässt. Seine cholerischen Ausbrüche sind gefürchtet.

Margit hat Schlafstörungen entwickelt, seit sie das Büro mit einer lang gedienten Kollegin teilen muss. Die Kommunikation zwischen den beiden ist sehr schlecht, sie finden keine Gemeinsamkeiten und können sich nicht leiden.

Benjamin fürchtet sich jedes Mal, wenn er wieder mit dem Gesellen Alois zusammen auf einer Baustelle arbeiten muss. Dieser lässt ihn
alles alleine schleppen und hat dauernd etwas auszusetzen.

Seit Wochen ist das Team gespalten. Es geht um das Für und Wider der neuen Arbeitspläne und Aufgabenverteilung. Einige Mitarbeiterinnen sind übergangen worden, während andere eindeutig von der Firmenleitung bevorzugt wurden. Die Stimmung ist gekippt.

Zwischenmenschliche Konflikte am Arbeitsplatz kennen die meisten Menschen in irgendeiner Form. Dabei reicht die Bandbreite von Unstimmigkeiten und kleineren Dissonanzen über Meinungsverschiedenheiten und heftige Diskussionen bis hin zu anhaltenden und wiederkehrenden Gemeinheiten oder gezielten Ausgrenzungen. Letzteres wird als *Mobbing* bezeichnet. Geht dieses Verhalten von einem Vorgesetzten aus, nennt man es *Bossing*.

Respekt und Achtung vor jedem Menschen, Höflichkeit und gute Umgangsformen sind Tugenden und Fertigkeiten, die man durch Vorbilder erwirbt oder sich selbst aneignet. Sie entspringen einer inneren Wertehaltung. Vielleicht ist es hilfreich, sich vor Augen zu führen, dass Menschen, ob aus den eigenen Reihen oder Vorgesetzte, die sich latent gegenteilig verhalten, ebenso eine bestimmte Wertehaltung zeigen. Meist bezeugt dieses Verhalten die Meinung, besser, mächtiger oder gescheiter als der andere zu sein. Allzu oft entspringt dieser Glaube einem geringen Selbstwertgefühl und der Tatsache, dass man nicht gelernt hat, mit eigenen und fremden Emotionen konstruktiv umzugehen. Es ist sehr leicht, jemandem anderen die Schuld in die Schuhe zu schieben, anzuklagen, destruktiv zu sein, jemanden vor allen anderen kleinzumachen oder gezielt wichtige Informationen vorzuenthalten. Der beste Schutz gegen solche Verhaltensweisen ist, sich selbst mit Respekt und Wertschätzung zu begegnen. Eleanor Roosevelt[6] hat Recht, wenn sie sagt:

»Niemand kann dir ohne deine Zustimmung
ein Gefühl der Unterlegenheit vermitteln.«

— *Eleanor Roosevelt*

Passiert dies dennoch in anhaltender Weise, dann holen Sie sich Hilfe. Sprechen Sie mit anderen Personen in Ihrem Arbeitsumfeld. Berichten Sie die Missstände Ihrer Vorgesetzten, dem Betriebsrat, der Arbeiterkammer oder ähnlichen Institutionen, deren Aufgabe es ist, für die Rechte von Mitarbeitern einzustehen. Suchen Sie Beratungsstellen auf, die sich mit dem Thema Mobbing und Bossing beschäftigen. Sie müssen in dieser schwierigen Situation nicht alleine sein.

Familien-Herausforderungen

Familie, das ist der Ort, an dem wir glücklich und geborgen sein können. Doch gerade das Familienleben ist für viele Menschen ein Krisengebiet. Beziehungen können im Alltag so strapaziert werden, dass sie zerbrechen. Die Kommunikation fällt oft schwer, obwohl man einander doch eigentlich liebt. Alleinerziehende sind besonders herausgefordert.

»In der Wahl seiner Eltern kann man nicht vorsichtig genug sein.«

— *Paul Watzlawick*[7]

6   *Eleanor Roosevelt (1884–1962), Menschenrechtsaktivistin, Diplomatin und Ehefrau des amerikanischen Präsidenten Franklin D. Roosevelt.*

7   *Paul Watzlawick (1921–2007), amerikanischer Psychiater und Schriftsteller österreichischer Herkunft.*

Haben Sie schon einmal darüber nachgedacht, wie es gewesen wäre, wenn Sie in eine andere Familie hineingeboren worden wären? Wenn Sie, wie Paul Watzlawick ironisch meint, »die Wahl« gehabt hätten, sich Ihre Eltern selbst auszusuchen? Wie hätten Sie gewählt? Und wenn Sie diesem kleinen Gedankenexperiment noch einen Schritt weiter folgen: nach welchen Kriterien, meinen Sie, haben Ihre Kinder gerade Sie als Eltern gewählt?

Die Startbedingungen ins Leben sind ungleich verteilt. Etliche haben alles Gute vom Elternhaus mitbekommen, es wurde ihnen in die Wiege gelegt, wovon andere nur träumen können. Viele sind zufrieden und hadern nicht mit ihrer Herkunft, weil sie wissen, dass ihre Eltern zwar manche Fehler in der Erziehung gemacht haben, es aber, bedingt durch ihre eigene Familiengeschichte und die jeweiligen Lebensumstände, schlicht nicht besser wussten oder konnten. Für manche Menschen war und ist es von Anfang an schwer, denn nicht einmal ihre Grundbedürfnisse wurden erfüllt. Ihnen fehlte es an Schutz, Geborgenheit, Nähe, wirtschaftlicher oder emotionaler Sicherheit und häufig wurden sie schon früh im Leben mit Verlusten konfrontiert. Obwohl die Unterschiede so groß sind, scheint es eine zentrale Aufgabe des Daseins zu sein, mit genau diesen Startbedingungen, hineingeboren in diese Familie, in dieses Land, in diese Zeit, unter diesen Umständen das Beste aus uns zu machen und dieses Beste auch unseren Kindern weiterzugeben.

Ob Herkunftsfamilie oder selbst gegründete Familie: Die eigene Familie ist Schauplatz für Krisen aller Art, aber auch Hort des Glücks und des existenziellen Gefühls von Zugehörigkeit. Die Frage ist, wie wir mit den jeweiligen Herausforderungen umgehen, mit denen wir konfrontiert sind.

Fünf Varianten von Familie:

1. Claudia sieht ihren leiblichen Vater zum ersten Mal, als sie 36 Jahre alt ist. Sie hat ihn ausgeforscht, angerufen und steht eines Tages vor seiner Tür. In ihrer Kindheit hat sie unsäglich gelitten, weil sie zwar wusste, dass sie einen Papa hat, von der Mutter aber die schlimmsten Geschichten über ihn hörte, und ihr auch immer gesagt wurde: »Du bist ihm egal.« und »Wir sind ihm egal.« Dass die Mutter psychisch krank war, erschwerte Claudias Kindheit massiv. Bereits

als 15-Jährige lebte sie teilweise auf der Straße, teilweise im Kinderheim. Dennoch, sie hat sich durchgeschlagen, die Schule abgeschlossen und später sogar studiert. Vor drei Jahren hat sie einen Sohn bekommen. Jetzt, wo sie selber ein Kind hat, will sie wissen, warum sich der Vater nie für sie interessiert hat. Es ist ein mutiger Schritt, ihn aufzusuchen. Es gibt Tränen auf beiden Seiten, ein Bild des Vaters, das revidiert werden muss, sowie Beteuerungen und Schuldeingeständnisse seinerseits. Ein kleines Stück von Claudias Seele kann heilen. Dennoch, der familiäre Rucksack, den sie mit sich trägt, wiegt schwer.

2. Simon und Doris kommen beide aus intakten Elternhäusern. Als sie vor ein paar Jahren geheiratet haben, bekamen sie von Simons Eltern einen Grund zum Bauen und Doris brachte das Erbe ihrer Großeltern ein. Jetzt bewohnen sie ein hübsches Eigenheim. Simon hat sich selbstständig gemacht und ist erfolgreich in seiner Firma. Doris arbeitet als Arztassistentin. Die Kinder Klara (10), Sophie (7) und Moritz (4) besuchen Sport- und Musikvereine, machen Sprachferien und bekommen Lernhilfe, wenn es in der Schule nicht so gut läuft. Im Grunde ist alles in bester Ordnung. Nur Klara, die Größte, benimmt sich in letzter Zeit so, als wäre sie bereits mitten in der Pubertät: Sie geht mit ihrer Mutter auf Konfrontation, ist launisch und macht ihr Vorhaltungen. Ein paarmal hat sie sie schon grundlos angelogen. Das belastet Doris sehr, denn sie weiß nicht, wie sie damit umgehen soll. Sie hat schon daran gedacht, eine Psychologin zu Rate zu ziehen.

3. Amid ist 17 und kommt aus Afghanistan. Er lebt in einer Wohngemeinschaft für unbegleitete Minderjährige. Noch ein Jahr, dann fällt er aus der staatlichen Jugendversorgung und muss es alleine schaffen. Er hat Chancen, denn sein Deutsch ist mittlerweile sehr gut und er absolviert sein zweites Lehrjahr in einem Malerbetrieb. Mit 14 ist er nach Österreich gekommen. Er ist das älteste Kind, ihn hat seine Familie auf den weiten Weg nach Europa geschickt. Seine Eltern und Geschwister sind in einen anderen Teil Afghanistans zu Verwandten geflüchtet. Amid will lernen, arbeiten, Geld verdienen und seine Familie unterstützen. Wer weiß, wie lange es dauert, bis er sie wiedersieht?

4. Helene und Max besuchen regelmäßig eine Elterngruppe für Familien, deren Kinder besondere Bedürfnisse haben. Ihr Sohn Fabian ist Autist. In ihrem Leben gibt es Herausforderungen, die eine »normale« Familie nicht kennt: Erziehung funktioniert nicht nach gewohnten und bewährten Mustern. Entwicklungsschritte dauern, oft tut sich lange gar nichts, dann gibt es auch wieder Rückschritte. Helene hat ihre Arbeit aufgegeben und kümmert sich darum, dass Fabian all die speziellen Therapien bekommt, die er braucht. Die Familie kämpft um Akzeptanz und Integration in Kindergarten, Schule und Gesellschaft, und täglich darum, dieser speziellen Aufgabe im Alltag mit ihrem Kind gewachsen zu sein.

5. Bea hat ihre drei Kinder die überwiegende Zeit alleine großgezogen. Von ihrem Mann ließ sie sich scheiden, als alle noch im Vor- und Volksschulalter waren. Bea hat zwei ihrer Kinder durch die Matura gebracht, ein Kind hat erfolgreich die Lehre abgeschlossen. Der älteste Sohn studiert und ist bereits ausgezogen, die mittlere Tochter pendelt zwischen ihrem Freund und zu Hause hin und her und die Jüngste möchte erst einmal ein Jahr ins Ausland gehen. Bea ist stolz auf ihre Kinder und freut sich, dass sie alle ihren Weg gehen. Allerdings ist es eine große Umstellung für sie, jetzt nicht mehr als Mutter gebraucht zu werden. Das Nest ist leer. Bea fragt sich, ob es vernünftig ist, die große Wohnung zu behalten, und auch, was der nächste Schritt in ihrem ganz persönlichen Leben sein soll.

Jede Familie hat ihre ganz spezielle Konstellation, Dynamik und Entwicklung. Es gibt den jeweiligen äußeren Rahmen und darin verwoben sind die verschiedenen Beziehungen der Familienmitglieder untereinander. Wenn die Familie in ungewöhnlichen Umständen lebt oder außerordentliche Belastungen zu tragen hat, bedeutet das nicht automatisch, dass sie instabil ist oder alle unglücklich sind. Sehr oft sogar ist das nicht der Fall. Es ist eine Frage der äußeren und inneren Ressourcen, die die Familie hat (siehe auch Kapitel *Was unser Identitätsempfinden ausmacht und wie wir uns selber besser verstehen können* und *Innere Ressourcen*). Wie in allen anderen Lebensbereichen ist es auch im Familienleben so, dass die Sichtweisen und die inneren Einstellungen der einzelnen Mitglieder maßgebend dafür sind, wie die Familie das Zusammenleben meistert und wie gut sie mit Veränderungen umgehen kann. Die jeweilige Kultur, Tradition, Religion, die vorherrschenden gesellschaftlichen Werte, die eigenen Kindheits- und Erziehungsgeschichten sowie die Bildung und die persönlichen Lebenserfahrungen wirken ebenso mit.

»Familie ist, von ihrem Ursinn her, Geborgenheit. Bedingungslose Geborgenheit, solange sie intakt ist. Familie ist Schutz für Leben und Schutz für menschenwürdiges Sterben. Familie ist Nachsicht gegenüber der Jugend und Rücksicht gegenüber dem Alter. Familie ist das Wissen, einen unverlierbaren Platz auf dieser Welt zu haben, an dem man immer willkommen ist, sei man Bettler oder Millionär.«   — *Elisabeth Lukas* [8]

Dieser Rahmen der Geborgenheit und des Schutzes ist anfällig und verwundbar. Die häufigsten Krisen in Familien entstehen durch:

- Beziehungskonflikte und Störungen in der Kommunikation
- wirtschaftliche Einbußen, Arbeitsplatzverlust, finanzielle Not
- Veränderungen wie Umzug, Jobwechsel, Familienzuwachs und Trennung
- anhaltende starke Mehrfachbelastungen und Stress
- Krankheiten oder Schicksalsschläge

Vor all dem sind wir als Familien nie gänzlich gefeit. Aber wir können viel dazu tun, unsere Familie von innen her zusammenzuhalten, zu bewahren und zu stärken. Versetzen Sie sich in die Rolle einer Mutter und Partnerin und »durchleben« Sie einen fiktiven Tag:

Bis Sie morgens alle Kinder aus dem Haus haben, den Frühstückstisch abgeräumt, sich selber fertig gemacht haben und pünktlich zur Arbeit gekommen sind, war jede Menge logistische Vorarbeit zu leisten. In Ihrem Job haben Sie sich eingesetzt, Sie haben Aufgaben gelöst, sich konzentriert, produziert,

---

8   *Elisabeth Lukas (*1942), österreichische Psychologin, Dozentin und Logotherapeutin.*

gehandelt, diskutiert, geistig oder körperlich angepackt, etwas geleistet und dazwischen im Kopf bereits an zehn weiteren Herausforderungen gefeilt: Wie sollen Sie das Wochenende organisatorisch hinkriegen, wenn Sie bei den Schwiegereltern zum Essen eingeladen sind und die Große aber zur Geburtstagsfeier einer Freundin will? Und vorher noch die Torte backen, denn die hat die Tochter versprochen mitzubringen. Morgen ist Mammographie-Termin, das muss sein, Sie waren schon seit drei Jahren nicht mehr bei der Untersuchung. Am Montag fährt der Sohn auf ein Sportcamp, da muss vorher noch die Wäsche gemacht werden. Und fast hätten Sie es vergessen: Der Installateur kommt Dienstagmittag und schaut sich die Leitungen wegen der Heizung an – wie gut, dass die Nachbarin ihn reinlässt, allerdings müssen Sie ihr zuerst noch den Schlüssel bringen. Am Heimweg kaufen Sie noch rasch ein, kochen dann, versorgen die Kinder und besprechen mit ihnen die Freuden und Sorgen des Tages. Meistens sitzen Sie noch mit mindestens einem Ihrer Kinder bei der Hausübung oder fragen den Lernstoff ab. Dazwischen läutet das Telefon, noch dies und das, und langsam wird es Abend. Jetzt ist es Zeit für die tägliche Routine vor dem Schlafengehen. Je nachdem, wie alt Ihre Kinder sind, brauchen die Kleinen mehr oder weniger an Hilfe, Zeit und Zuwendung. Inzwischen ist Ihr Partner nach Hause gekommen. Er hat den langen Tag ebenso wie Sie gewerkt, produziert, organisiert, körperlich oder geistig seine Aufgaben gemeistert und war zwischendurch und nebenbei mit dem Auto in der Werkstatt, hat endlich die neuen Matratzen abgeholt und bei Opa im Krankenhaus vorbeigeschaut. Ja, so ein Tag hat es in sich.

Aber gerade jetzt, mittendrin, sollten Sie daran denken, als Paar nicht zu kurz zu kommen.

» **Besinnen Sie sich darauf, wie gut es ist, einander zu haben, dass nichts selbstverständlich ist, und wie angenehm es ist, gemeinsam innezuhalten.**

» **Widerstehen Sie der Versuchung, gerade nach Tagen, die Ihnen beiden viel Kraft gekostet haben, sich einfach nur vor den Fernseher fallen zu lassen. Es ist leicht und vorübergehend vielleicht entspannend, sich berieseln zu lassen. Auf lange**

Sicht, wenn Paare es sich zur täglichen Gewohnheit machen, fördert es jedoch eine Kultur der Kommunikationslosigkeit.

» Versuchen Sie, Ihre Beziehung lebendig zu halten, indem Sie bewusst auch Dinge besprechen, die nicht nur mit den Kindern oder den vielen organisatorischen Dingen zu tun haben, die gemacht werden müssen. Sprechen Sie offen über Sorgen und Ängste, aber richten Sie Ihre Aufmerksamkeit auch darauf, was die Liebe stark macht: Was bewegt dich im Moment? Was hast du heute Gutes erlebt? Worauf freust du dich, worauf freuen wir uns gemeinsam? Was wünschst du dir von mir, was ich dir geben kann und umgekehrt? Und: Hab ich dir heute schon gesagt, was du mir bedeutest?

Die Paarbeziehung zu pflegen und die Liebe lebendig zu erhalten, ist eine Fertigkeit, die man erlernt, indem man es tut. Man muss sich ganz bewusst dafür entscheiden, Zeit einplanen, Gelegenheiten beim Schopf packen, kreativ sein. Man muss wachsam sein, dass sich nicht Gewohnheiten einschleichen, die das Fundament der Familie untergraben, weil man es aus Stress oder Unachtsamkeit zulässt.

Familiäre Krisen, wenn sie von außen kommen, wie der Verlust der Arbeit und damit verbundene finanzielle Engpässe, oder Schwierigkeiten mit den Kindern sowie Konflikte und Herausforderungen aller Art können ungleich leichter gemeistert werden, wenn die Liebe stark ist und das Band der Verbundenheit trägt (siehe auch *Wenn die Liebe in die Krise kommt*).

Alleinerziehend und die Bedeutung von Selbstfürsorge

Der im vorigen Beispiel geschilderte Alltag ist Ihnen vertraut? Sie wissen, wie sich so ein Tag anfühlt, allerdings mit dem großen Unterschied, dass da niemand ist, der in der Zwischenzeit, während Sie gearbeitet und alle Dinge gemacht haben, die zu Ihren gewöhnlichen Aufgaben gehören, das Auto in die Werkstatt gestellt, den Opa im Krankenhaus besucht und endlich die bestellten Matratzen abgeholt hat? Das müssen Sie nämlich auch noch selbst tun – morgen, wenn es sich ausgeht, oder nächste Woche. Es ist da niemand, dem

Sie abends erzählen, dass der Kleine morgens vor dem Kindergarten eine Viertelstunde lang schreit, weil er nicht in die Gruppe gehen will. Sie sind sich im Moment nicht sicher, ob Sie den Schulschikurs für Februar bezahlen werden können, denn das hängt sehr davon ab, ob Sie den Auftrag für dieses eine Projekt bekommen. Sich an eine starke Schulter lehnen zu können, eine verständnisvolle Partnerin an der Seite zu haben, das wäre schön. Vielleicht aber ist es so, wie es ist, gerade gut und Sie wollen es gar nicht anders haben. Seine eigene Herrin zu sein, sein eigener Herr zu sein, hat auch etwas Befreites, Selbstbestimmtes an sich. Schließlich ist es ein gutes und befriedigendes Gefühl, Ihre Arbeit und die Versorgung der Kinder im Alleingang unter einen Hut zu bringen. Letztes Jahr haben Sie nebenbei noch eine Weiterbildung gemacht. Wie Sie das geschafft haben? Es war möglich, denn Ihr Credo lautet: »Geht nicht, das gibt's nicht.«

Das Alleinerzieher-Dasein gleicht oft einem Hochseilakt. Man muss gut balancieren können. Man muss lernen, sich bereits im Vorfeld zu überlegen, was wie viel Zeit und Kraft in Anspruch nehmen wird, damit man sich nicht verausgabt. Organisation ist (fast) alles. Die Kinder brauchen einen in jeder Phase ihrer Entwicklung, die Miete muss bezahlt werden, das Essen gekocht, die Schulbelange gemanagt und die eigene berufliche Herausforderung genommen werden. Mütter oder Väter, die diesen Balanceakt über viele Jahre hindurch meistern, haben sich selbst hochqualifiziert. Sie haben Kompetenzen erworben, die über manche Jobprofile hinausreichen. Nicht selten kommt dabei allerdings eine Sache zu kurz – und das sind sie selbst. Selbstfürsorge ist für alleinmanagende Elternteile etwas Unabdingbares, das viele erst lernen müssen. Sie müssen es um ihrer selbst willen, ihrer Gesundheit und ihrer Familie wegen so gut wie möglich lernen. Jeder Elternteil, der schon einmal krankheitsbedingt für eine längere Zeit ausgefallen ist, weiß, was es bedeutet, wenn das Schiff führerlos ist. Nur allzu schnell bricht Chaos aus.

Selbstfürsorge – was bedeutet das?

Für sich selber Sorge zu tragen, hat etwas Pflegendes, Erhaltendes, Nährendes an sich. Es meint die Art und Weise, mit sich selber so umzugehen, dass man körperlich, geistig und mental gesund bleibt. Es bezieht eine innere Haltung der Wertschätzung für sich selbst mit ein (siehe auch Kapitel *Innere Ressourcen*). Menschen, die gut für sich selber sorgen können, sagen ganz selbstverständlich: »Ich bin es mir wert, mich gut zu ernähren, ausreichend zu schlafen, mich zu pflegen, mir ab und zu etwas Besonderes zu gönnen, auszugehen oder eine Auszeit von allem zu nehmen.«

Dabei ist das Wahrnehmen der eigenen Bedürfnisse oft gar nicht so leicht (siehe auch *Bedürfnisse erkennen und Grenzen setzen*). Viele sind gewohnt, sie »wegzudrücken«, wenn sie aufkommen. Jede Mutter von kleinen Kindern weiß, wie schwer es ist, auch nur für eine Viertelstunde ungestört im Badezimmer zu verschwinden. Existenzielle Regungen wie Hunger und Durst oder sogar der Weg zur Toilette werden regelmäßig hintangestellt und fehlenden Nachtschlaf nachzuholen, ist oft unmöglich. Manche Eltern, insbesondere Mütter, internalisieren den Lebensstil des sich selbst Zurücknehmens so lange, dass sie erst merken, dass etwas nicht stimmt, wenn sich körperliche oder psychische Beschwerden zeigen. Gerade im Alltag von Alleinerziehenden stellt sich die essenzielle Frage: Wann komme ich dazu, mich um meine eigenen Bedürfnisse zu kümmern und wie schaufle ich mir Zeiten frei, in der dies gelingen kann?

Anregungen zum Aufspüren von »Zeit für mich«:

Überlegen Sie ganz praktisch, wo es in Ihrem Alltag Zeit-Nischen gibt, in denen Sie exklusive »Ich-Zeit« einplanen können. Schaffen Sie die Voraussetzungen, damit Sie diese Nischen auch nützen können. Seien Sie am Anfang bescheiden, bereits eine Viertelstunde, die Sie für sich da und dort abzwacken können, bleibt nicht wirkungslos.

» Vielleicht gründen Sie eine Abholgemeinschaft mit jemandem aus der Nachbarschaft, um abwechselnd die Kinder von Schule, Hort oder Sportverein abzuholen.

» Gibt es jemanden, der zeitweise die Betreuung der Hausaufgaben übernehmen könnte?

» Können Sie sich ab und zu oder regelmäßig eine Haushaltshilfe leisten, die Ihnen hilft, die Wohnung in Schuss zu halten?

» Ein alleinerziehender Vater, eine alleinerziehende Mutter ist neu zugezogen? Vielleicht könnten Sie neue Kontakte knüpfen.

» Verwenden Sie jene Stunde, die die Kinder mit Fernsehen oder Videospielen verbringen dürfen, dazu, sich in die Badewanne zu legen oder eine Runde spazieren oder joggen zu gehen.

» Erledigen Sie die Küchenarbeit während die Kinder neben Ihnen die Hausübung machen, dann haben Sie hinterher eine halbe Stunde für sich gewonnen. Sie müssen nicht immerzu neben Ihrem Kind sitzen, auch wenn es das gerne möchte.

Werden Sie aus der Zeitnot heraus erfinderisch, kreativ und schlau. Nutzen Sie die Zeitfenster für Ihr persönliches Auftanken, für die Erfüllung Ihrer persönlichen Bedürfnisse. Das ist alles andere als egoistisch, denn es ist eine hervorragende Investition in die langfristige Absicherung Ihrer Familie.

Welche Dinge sind es, die Ihnen das Gefühl geben, etwas für Ihre Erholung, Entspannung, Entlastung, zu Ihrem Ausgleich, Ihrer Gesundheit oder Ihrer Freude zu tun? Meist machen die kleinen Dinge den Anfang. Aus der Gewohnheit der vielen kleinen Dingen entwickelt sich eine Haltung, und diese ist im Idealfall wohlwollend und wertschätzend Ihnen selbst gegenüber.

Kleine Dinge – große Wirkung:

» Richten Sie sich einen Krug Kräutertee oder Wasser, der Sie tagsüber daran erinnert, ausreichend zu trinken.

» Wenn Sie dazu neigen, zu viel oder zu wenig zu essen, dann sorgen Sie vor. Für letzteres kann es hilfreich sein, sichtbar Essen oder Obst und Nüsse zu platzieren, die Sie auffordern, immer wieder zuzugreifen. Wenn Sie sich eher einbremsen sollten, kleben Sie einen Zettel an die Kühlschranktür mit der Aufschrift: »Was ist jetzt mein eigentliches Bedürfnis?« Werden Sie sich bewusst, dass Ihr Hungergefühl auch noch für etwas anderes in Ihrem Leben steht, etwas, das erfüllt werden möchte. Ist es der Hunger nach Abwechslung, nach Kontakt, nach Zuwendung?

» Erlauben Sie sich zwischendurch ein Nickerchen. Power-Napping ist in anderen Kulturen gesellschaftlich verbreiteter und akzeptiert. Der Nutzen ist erwiesen, man erholt sich und fühlt sich aufgetankt.

» Füttern Sie Ihr Gehirn mit Dingen, die Sie interessieren und bereichern. Wenn Sie gerne lesen, aber in Ihrer momentanen Phase eine Ewigkeit für ein Buch brauchen, besorgen Sie sich Hörbücher. Auch mental sollen Sie auf »hochwertige Nahrung« achten. Schützen Sie sich vor zu viel Medienkonsum und negativen Schlagzeilen.

» Spüren Sie in Ihren Körper hinein. Erforschen Sie, was Sie brauchen und was Ihnen guttut. Frische Luft? Bewegung? Mehr Kontakt zu anderen Menschen? Oder Stille?

Selbstfürsorge ist eine Kompetenz. Wenn Kinder am Vorbild ihrer Eltern sehen, dass diese in wertschätzender Weise mit sich selbst umgehen, ihre Bedürfnisse und ihre Grenzen kennen, lernen sie für ihr Leben, und dies stärkt die Familie von innen (siehe auch Kapitel *Innere Ressourcen*). Krisen, die sich durch Mehrfachbelastungen und Stress anbahnen, haben dann weniger Chancen, sich auszubreiten. Man entwickelt feinere Antennen, achtet eher auf Signale von Überforderung, Unwohlsein, körperlichem oder seelischem Schmerz und ist daher eher in der Lage, etwas dagegen zu tun. Man beugt vor und handelt präventiv für sich selbst und damit auch für die anderen Familienmitglieder.

Vom Schweigen und Reden – was Kinder in familiären Krisen brauchen

Auch wenn wir als Familie viel dafür tun können, ganz immun gegen Krisen werden wir nie sein. Die meisten Familien sind irgendwann auch mit schwierigen Themen konfrontiert wie Krankheit, dem Tod eines Angehörigen, einem Unfall, finanziellen Problemen, Arbeitslosigkeit oder einer Naturkatastrophe. Auch über lange Zeit tabuisierte Familiengeheimnisse können eines Tages aufbrechen, an die Oberfläche gelangen und in der Familie und insbesondere bei den Kindern viel Unsicherheit auslösen. Wie sollen sich Eltern verhalten? Wie damit umgehen, wenn man selber gerade Aufruhr, Angst oder latente Sorge erlebt?

»Eltern versuchen oft, die Probleme von ihren Kindern fernzuhalten, weil sie nicht wollen, dass sie sich Sorgen machen. Wenn Eltern nicht erklären, was sie bedrückt, denken Kinder, dass sie die Schuld daran tragen, weil sie etwas Falsches getan haben. Das kann für sie eine noch größere Belastung sein, als zu wissen, was wirklich passiert ist.«

— Nancy Schlossberg [9]

Wie viel Wahrheit kann man einem Kind zumuten? Was ist seinem Alter angemessen und welche Dosis ist die richtige? Jede Situation ist anders, jede Familie ist anders. Es macht einen Unterschied, ob ein Ereignis von außen in die Familie hereingebrochen ist, wie etwa ein Unfall, ein Todesfall oder ein schwerer Verlust, oder ob es sich um Herausforderungen handelt, die zwar einschneidend, aber in gewisser Weise steuerbar sind. Einem dreijährigen und einem zehnjährigen Kind wird man auf unterschiedliche Weise erklären müssen, dass der Vater an Krebs erkrankt ist und daher immer wieder ins Krankenhaus muss.

Die Veränderungen, die damit auf die Familie zukommen, bedürfen der Auseinandersetzung auch gemeinsam mit den Kindern. Denn Kinder spüren die Atmosphäre der Angst, der Sorge und der Unsicherheit. Sie nehmen wahr, was um sie geschieht, auch wenn nicht darüber gesprochen wird. Deshalb ist es so wichtig, belastende Situationen und Umstände zu verbalisieren, Worte zu finden für das, was ist, und die Gefühle zu benennen. Wenn es für dieses vorherrschende Gefühl einen Namen gibt, macht das die Situation für das Kind bereits erträglicher. Es erfährt, dass Mama und Papa Angst haben, traurig sind, sich Sorgen machen, wütend auf etwas sind oder sich ohnmächtig fühlen und dass sie das auch sein dürfen. Sie fühlen sich nicht durch Unwissenheit von ihren wichtigsten Bezugspersonen abgeschnitten, auch wenn sie nicht alle Informationen haben und noch nicht in der Lage sind, die Zusammenhänge

---

9 Nancy Schlossberg ist Professorin an der Universität Maryland. Das Zitat stammt aus ihrem Buch »Going to Plan B«.

zu erfassen. Angst kann man besiegen, gegen Verzweiflung kann man angehen, mit Wut kann man kämpfen. Gegen Schweigen aber ist man machtlos.

Die Generation jener Kinder, die im oder kurz nach dem Zweiten Weltkrieg geboren wurden, hat das Schweigen der Eltern über die Erfahrungen des Krieges und der damit verbundenen Leiden im Kollektiv miterlebt. Die meisten dieser Kinder haben dieses Schweigen an ihre eigenen Kinder weitergegeben. Im Zuge der geschichtlichen Aufarbeitung hat sich viel getan und Familien reden mittlerweile darüber, was zum Beispiel der Großvater an der Front erlebt hat und warum die Mutter damals nicht bei den leiblichen Eltern aufwachsen durfte, was zur Folge hatte, dass sie später, als sie selber Mutter war, auch ihr Kind nicht behalten konnte usw. Häufig ist es Familien nicht bewusst, dass sie von einer Generation zur nächsten weitergeben, dass es besser sei, über unangenehme Dinge oder schlimme Ereignisse nicht zu reden. Die Auswirkungen eines solchen Verhaltens sind für Kinder jedoch sehr gravierend.

Eva war zehn Jahre alt, als ihre Mutter an den Folgen einer Operation starb. Im selben Jahr verunglückte Caros Vater bei einem Unfall. Sie war damals 12. Caros Mutter und Evas Vater, beide verwitwet, gingen noch im selben Jahr eine Beziehung ein, zogen mit den Kindern zusammen und verhielten sich so, als ob die verstorbenen Elternteile nie existiert hätten. Der Tod von Evas Mutter und Caros Vater wurde buchstäblich totgeschwiegen. Die Eltern dachten damals, es wäre leichter für die Kinder, die verstorbenen Eltern nicht zu erwähnen. In Wirklichkeit trug dieses Verhalten dazu bei, dass die Kinder nicht trauern konnten, ihren Schmerz nicht teilen konnten und auch keinen Trost erfuhren, denn der Verlust wurde tabuisiert. Stattdessen ging man zur neuen Tagesordnung über, einer Tagesordnung, die jeden mit seinen Gefühlen alleine ließ und das seelische Leid zementierte.

Der Tod eines geliebten Menschen ist eine besonders einschneidende Erfahrung (siehe auch *Verluste, Abschied und Tod*). Aber auch dann, wenn es um nicht so dramatische Ereignisse geht, ist Schweigen in der Familie gegenüber den Kindern die schlechtere Wahl:

Frank erfährt es am Schulhof: »Dein Vater ist doch gekündigt worden.« Das hört er von Max, der ihm gerade den Ball zuspielt. Frank stolpert über seine eigenen Füße. »Mein Vater, gekündigt?« Franks Vater hatte eine gute Stellung in einer Bank und er hat seinem Sohn stets mit auf den Weg gegeben, wie wichtig ein ordentlicher Beruf sei und dass man etwas leisten müsse, wenn man es im Leben zu etwas bringen wolle.

Die Gründe, warum es Eltern schwerfällt, über das, was geschehen ist, zu reden, sind unterschiedlich. Bei Franks Vater war es vielleicht Scham. Es passiert nicht selten, dass Kinder das, was Eltern vor dem Rest der Familie verstecken wollen, auf Umwegen doch erfahren. Dabei hätte Frank durchaus damit umgehen können. Er weiß mit seinen 14 Jahren schon, dass es keine Schande ist, den Job zu verlieren, und er hätte es gebraucht, dass der Vater ehrlich gewesen wäre.

Krisen, die die Familie betreffen, anzusprechen, ist nicht leicht. Kinder spüren, wenn Eltern miteinander Probleme haben. Sie kennen auch Krisengeschichten von anderen Familien, haben Freunde, deren Eltern sich getrennt haben. Vielleicht wissen die Kinder bereits, dass der Opa krank ist, das Haus der großen Schwester überschwemmt worden ist oder der Onkel einen schweren Verkehrsunfall hatte. Sie bekommen die sorgenvollen Telefonate mit, spüren Angst und Verzweiflung und fühlen sich ohnmächtig. Kinder brauchen ein Ventil, um ihre Gefühle und Gedanken ausdrücken zu können. Wenn sie die Gewissheit haben, damit nicht alleine gelassen zu werden, ist schon viel getan. »Ich weiß, du machst dir Sorgen um Onkel Herbert, wir machen uns auch große Sorgen. Die Ärzte werden alles für ihn tun und wir werden ihm viele gute Gedanken schicken.« Durch Sätze wie diesen bekommt das Kind das Gefühl, die Eltern haben einen Plan. Es schwebt mit seinen Ängsten dann nicht mehr im luftleeren Raum.

Was Sie als Eltern tun können, wenn Sie schlechte Nachrichten haben oder schwierige Situationen anstehen:

» Sprechen Sie über die Dinge, die vorgefallen sind oder die in nächster Zeit kommen werden. Es ist wichtig, Kinder wissen zu lassen, was Sie belastet oder worüber Sie sich Sorgen machen.

» Überfordern Sie Ihre Kinder nicht mit zu viel Information. Kinder verdauen kleine Happen besser und brauchen Zeit, die Dinge zu verarbeiten. Gehen Sie auf ihre Fragen ein, finden Sie Worte für Ihre eigenen Gefühle, aber seien Sie sensibel in Bezug auf die Menge an Information.

» Versichern Sie Ihrem Kind, dass die Familie zusammenhalten wird, auch wenn schwere Zeiten nicht einfach zu bewältigen sind. Gemeinsam werden Sie Hindernisse überwinden und es schaffen, diese Krise zu meistern.

» Zeigen Sie dem Kind, dass Sie als Familie nicht alleine mit dieser Situation sind und dass es auch andere Betroffene gibt. Wenn möglich, tauschen Sie sich aus, bringen Sie Beispiele. Ihr Kind bekommt so ein Modell dafür, wie andere diese Krise bewältigen.

» Vermitteln Sie Hoffnung. Zeigen Sie Ihrem Kind, dass Sie einen Weg sehen und eine Strategie verfolgen, selbst wenn es nur winzige Schritte in Richtung Besserung der Lage sind.

» Binden Sie Ihre Kinder in die Problemlösung mit ein, soweit dies möglich ist. In einer Familiensitzung darüber zu diskutieren, wer welche Vorschläge hat oder welche Form der Unterstützung jetzt dringend nötig ist, schweißt zusammen.

» Holen Sie sich, wenn nötig, Hilfe von außen. Scheuen Sie sich nicht, professionelle Beratung in Anspruch zu nehmen. In Krisenzeiten ist die Familie verwundbar. Als Eltern für die Kinder und vor ihnen stark zu sein, während der Alltag gemeistert werden muss, ist manchmal zu belastend. Profis im Bereich Lebensberatung, Psychologie und Psychotherapie können helfen, durch die Krise zu navigieren. Das, was wie ein riesiger Berg vor einem steht, kann mit externer Hilfe leichter überschaubar und in kleinen Schritten zugänglich gemacht werden.

» Vergessen Sie nicht: Eine Krise ist eine Herausforderung und gleichzeitig eine Chance!

Patchwork-Herausforderungen

Immer mehr Familien setzen sich aus getrennt lebenden Elternteilen neu zusammen. Patchwork-Konstellationen sind eine Lebensform für Fortgeschrittene und der Weg zum neuen, glücklichen Familienleben birgt einige Krisenherde. Es braucht eine stabile Paarbeziehung als tragfähiges Fundament.

Kennen Sie Textilien, die in Patchwork-Technik gemacht sind? Meistens sind es Decken oder Taschen, die durch die Einmaligkeit ihrer Zusammensetzung bestechen. Hier ein Stoffteil aus Filz, der aussieht wie ein grüner Baum, dort die bunten Dreiecke aus Jersey und da das zarte Blumenmuster auf Seide. Kein Teil gleicht dem anderen und doch haben sie sich zu einem großen Ganzen verwoben. So ähnlich verhält es sich mit Patchwork-Familien: Zumindest ein Teil der Kernfamilie (Vater, Mutter oder Kind) lebt nun in einer anderen familiären Konstellation. Die Gründe dafür sind so individuell wie die persönlichen Geschichten, die dazu geführt haben, dass sich die ursprüngliche Kernfamilie aufgelöst und eine neue sich gefunden hat. In dieser neuen Zusammensetzung kommt es demnach zu einem bunten Mix an Personen, Rollen, Aufgaben, Beziehungen und Verantwortungen:

Tom und Anne sind die Eltern von Christoph und Marie. Sie waren eine klassische Kernfamilie: Vater, Mutter und leibliche Kinder. Nach etlichen guten und einigen weniger guten Jahren trennten sich die beiden im Einvernehmen. Nun haben die Kinder ihren Lebensmittelpunkt bei Anne. Tom ist ausgezogen und holt seine Kinder vierzehntägig über das Wochenende zu sich und besucht sie auch zwischendurch. In den Ferien übernimmt er die Hälfte der Betreuungszeit. Das klappt gut, denn er wohnt in derselben Stadt wie sie.
Tom hat inzwischen Susanne kennengelernt. Susanne hat eine Tochter aus erster Beziehung, Lisa. Tom, Susanne und Lisa ziehen zusammen. Eine Patchwork-Familie ist entstanden. Wenn Toms leibliche Kinder am Wochenende zu ihm kommen, sind sie mit ihrer neuen Stiefschwester Lisa zusammen und gewöhnen sich an Susanne als neue Partnerin des Papas. Lisa ihrerseits hat zwar ihren eigenen Papa, den sieht sie aber nicht regelmäßig, denn

er lebt aus beruflichen Gründen im Ausland. Dafür verbringt sie einen Groß-teil der Ferien mit ihm. Sie lebt jetzt mit dem neuen Freund ihrer Mutter, Tom, zusammen.

Für Christoph und Marie gibt es jetzt eine Omi und einen Opi mehr, nämlich Susannes Eltern, die sich auch in die neue Familie einbringen und Christoph und Marie sehr gerne haben. Da Tom und Susanne jetzt gemeinsam ein Baby erwarten, wird der neue Erdenbürger mit drei Halbgeschwistern aufwachsen: Christoph, Marie und Lisa, die sich darüber freuen, aber auch mit Eifersucht zu kämpfen haben. Dafür gibt es noch einen anderen Grund: Anne, Christophs und Maries leibliche Mutter, hat vor kurzem auch jemanden kennengelernt. Er heißt Robert und hat schon öfter zu Hause bei Mama übernachtet. Kommen-des Wochenende will er ihnen seine Söhne Markus und Leon vorstellen.

Etwa jede sechste Familie lebt heute in einer Patchwork-Konstellation. Um bei dem Bild des zusammengemixten Textiles als Gesamtkunstwerk zu bleiben: Bis es gelungen ist, braucht es viel Zeit, Geduld und jede Menge Kenntnis über die Beschaffenheit der einzelnen Teile. Man muss wissen, wie man sie miteinander so verbindet, dass jedes für sich den optimalen Platz einnimmt, sodass alle zusammen ein einzigartiges, unverwechselbares und gut funktionierendes Ganzes ergeben. Die pädagogische und psychologische Fachwelt spricht von etwa fünf Jahren, die die Bildung einer funktionieren-den Patchwork-Konstellation dauert. Ein neues Familiensystem lässt sich also nicht über Nacht zusammenstoppeln. Aber beginnen wir der Reihe nach:

... Was vorher geschah

Es ist wichtig, sich die Tatsache vor Augen zu halten, dass jeder neuen Patch-work-Beziehung eine zerbrochene Liebe und eine meist schmerzvolle Tren-nung vorausging. Auch in der heutigen Zeit treten Paare vor den Traualtar, weil sie ihre Liebe durch ein Ritual besiegeln oder bekräftigen möchten, und wünschen sich sehnlichst, dass das Band der Ehe halten möge. Auch bei Paa-ren ohne Trauschein ist dieser Wunsch da, besonders dann, wenn sie sich auf ein gemeinsames Kind oder mehrere Kinder einlassen, ein Nest bauen und ihr ganzes Leben auf die Familie ausrichten. Die Gründe, warum es dann zur Trennung kommt, sind ganz verschieden, aber sie sind insofern wichtig, als sie in die neue Beziehung hineinwirken werden. Viele Menschen trennen sich und meinen, damit sei Altes abgeschlossen. Wenn aber Kinder mit im Spiel sind, zeigt sich, dass das nicht einfach geht, denn dieses »Alte« hat immer auch mit dem Ex-Partner, also mit der Mutter oder dem Vater des Kindes, zu tun. Die Beziehung spielt also auch dann noch eine Rolle, wenn sie offiziell bereits zu Ende ist.

Mit einer Trennung sind immer auch Verletzungen verbunden sowie Kränkung, Enttäuschung, Wut, Verzweiflung und Ohnmacht. Alle Beteiligten haben gelitten, jeder Erwachsene und jedes Kind auf seine eigene Weise. Vielleicht wurde schon lange vor der Trennung gelitten und die Trennung als solche war wie eine Erlösung. Vielleicht aber vollzog sie sich rasch oder gar überstürzt. Die Trennung selbst, die Scheidung, sie sind einschneidende Erlebnisse, die für alle Familienmitglieder spürbar sind und meist ein Leben lang verbunden mit seelischem Leid und Verletzung in Erinnerung bleiben. Auch wenn ein Elternteil gestorben ist und die Kernfamilie auf diese Weise gebrochen ist – Schmerz und Verlust sind die prägenden und einschneidenden Erfahrungen dieser Lebensperiode.

Der Lebensabschnitt dazwischen

Der räumlichen und emotionalen Trennung eines Elternpaares und der ganzen Familie folgt eine Phase der Neuorientierung und Konsolidierung. Alles muss sich erst einspielen. Das Alleinerzieher-Dasein bringt nicht nur Freiheiten, es ist auch verbunden mit vielen Mehrbelastungen. Haushalt und Kindererziehung sind nun alleine zu bewältigen. Die eigene Berufsausübung und alle organisatorischen Dinge müssen logistisch gut durchdacht werden, damit man alles unter einen Hut bekommt. Das finanzielle Auskommen zu finden, ist oft ein Hauptthema, der Zustand der Erschöpfung häufig an der Tagesordnung.

Für den nun getrennt lebenden Elternteil heißt es ebenso, sich vollkommen neu zu orientieren. Die Kinder nicht mehr täglich um sich zu haben, nur mehr wenig Einfluss auf sie nehmen zu können und sich mit einer Wochen-end-Beziehung zufriedengeben zu müssen, kann sehr wehtun. Schwer wiegen auch die finanziellen Verpflichtungen, die nun zu leisten sind. Viele einst gut situiert lebende Paare erfahren nach einer Trennung eine deutliche Einbuße ihres Lebensstandards.

Wenn es um die Kinder geht, muss man mit der Ex-Partnerin, dem Ex-Partner kommunizieren, ob man will oder nicht, gerade mit jener Person also, mit der man zu dieser Zeit am allerwenigsten auskommt. Manchmal helfen Freunde, manchmal hilft Mediation und nicht selten braucht es auch Gerichtsbeschlüsse, damit diese Kommunikation möglich wird. Doch mit der Zeit wird auch der neue Ausnahmezustand normal, man arrangiert sich, lebt sich ein und findet sich mehr oder weniger gut zurecht.

Kinder trauern anders

Kinder verarbeiten eine Trennung ihrer Eltern auf ihre eigene Weise. Sie trauern anders. Oft ziehen sie sich zurück oder sie regredieren und zeigen ein Verhalten, das gar nicht ihrem Alter entspricht. Sie brauchen vielleicht wieder einen Schnuller, der schon lange passé war, nässen nachts wieder ins Bett, entwickeln Ängste und Zwänge oder bekommen plötzlich Schwierigkeiten in der Schule. Viele reißen sich zusammen, weil sie Mama oder Papa nicht noch mehr Kummer bescheren wollen, und nehmen die Rolle der Starken ein oder werden zu einer Art Koalitionspartner für den Elternteil, mit dem sie überwiegend leben. Die meisten Kinder, vor allem jüngere, leiden unter Schuldgefühlen, weil sie sich mitverantwortlich für die Trennung fühlen. Feinfühlig, wie sie sind, achten sie genau darauf, wie ein Elternteil über den anderen spricht, und hoffen vielleicht noch, wenn die Scheidung schon längst vollzogen ist. Atmosphärisch nehmen sie jede Schwingung auf, auch wenn die Erwachsenen versuchen, Konflikte vor ihnen zu vermeiden.

Sie müssen mit der Umstellung zurechtkommen, dass die jeweiligen Kinderübergaben bei Papa- oder Mama-Wochenenden nicht selten wortkarg, manchmal im Streit, oft vor dem Haus auf der Straße ſtattfinden, weil ein normaler Umgang zwischen dem Elternpaar einfach noch nicht möglich iſt. Kinder werden zu Pendlern. Viele von ihnen haben ſtets einen Koffer voll persönlichen Dingen und Spielzeug bei sich, weil es z. B. in Papas neuer Wohnung kein Kinderzimmer gibt und nicht alles doppelt angeschafft werden kann oder weil man erſt lernen muss, was man an einem Nachmittag mit dem getrennt lebenden Elternteil so mit der Zeit anfangen soll. Organisation spielt in ihrem Leben plötzlich eine zusätzliche Rolle: Wer holt mich morgen von der Schule ab? Ah, Tante Erika, und die bringt mich abends zu Papa, und der bringt mich übermorgen dann wieder zu dir? Muss ich dann heute schon die Turnsachen für Mittwoch mitnehmen?« Das iſt enorm viel an Veränderung im Leben eines Kindes.

Alle müssen sich also komplett umſtellen und mit den neuen Herausforderungen leben. Bei vielen klappt das mit der Zeit sehr gut. Irgendwann pendelt sich alles ein und irgendwann iſt man als Erwachsener wieder ein wenig offener und traut sich selbſt wieder mehr zu. Und irgendwann lernt man dann ganz plötzlich oder auch ganz langsam jemanden Neuen kennen.

Neues Land in Sicht

Es kann wie Wasser in der Wüſte sein oder wie Sonnenſtrahlen nach einer langen Zeit des triſten Grau. Sie tut unendlich gut, die Hoffnung auf einen Neubeginn. Mit ihm oder ihr kann man sich vorſtellen, noch einmal ganz von vorne zu beginnen. Die Person, mit der man nun konfrontiert iſt, holt das Beſte aus einem heraus und lässt das Beſte für die Zukunft erahnen. Man hat ja schon viel erlebt, iſt kein Anfänger mehr. Das Herz hüpft für den neuen Menschen, man geſteht sich ein: So fühlt sich Liebe an.

Starten wir nun von hier aus die gedankliche Reise. Ab diesem vielversprechenden Punkt iſt vieles möglich. Wer sich der Herausforderungen bewusst iſt und die Hürden eine nach der anderen nimmt, legt den Grundſtein für ein Fundament.

Marianne und Mark ließen sich lange Zeit, bevor sie einander ihre Kinder vorstellten. Sie wollten anfangs niemanden überfordern und nichts überstürzen. Das war zwar eine organisatorische Herausforderung, aber es hat sich gelohnt. Sie begannen mit gemeinsamen Ausflügen und gegenseitigen Besuchen. Dabei lernten sie einander und ihre Kinder immer besser kennen, bekamen Einblick in die jeweilige Lebenssituation und konnten mehr und mehr Vertrauen aufbauen. Der Wunsch, zusammenzubleiben, wuchs in beiden.

Nun verbringen sie den Großteil der gemeinsamen Zeit in Mariannes Wohnung. Mark hat seine eigene Wohnung behalten. Wenn sein Sohn aus erster Beziehung bei ihm ist, verbringt er die Zeit mit ihm gemeinsam dort. Meistens aber wohnt Mark bei Marianne und ihren beiden Kindern. Nur wenn Marianne ganz kinderfrei ist, ziehen sie sich gerne in Marks »Junggesellenwohnung« zurück.

Liebe nach Terminkalender, Paarbeziehung als Fundament

Sich selber Zeit zu lassen und dem Anderen Zeit zu geben, ist eine weise Entscheidung. In der Praxis bedeutet es einen großen logistischen Aufwand, wenn Paare alleine Zeit verbringen möchten, um sich ausgiebig kennenzulernen, oder später immer wieder Kinder-Auszeit nehmen, um exklusiv füreinander da zu sein. In der Regel müssen zwei komplexe Familiensysteme aneinander angeglichen werden, inklusive der regulären Arbeitszeiten sowie etwaiger fixer Freizeitbeschäftigungen, Weiterbildungen und Ähnlichem. Diese raren Stunden gut zu nutzen und kreativ und effektiv mit der Zeit umzugehen, ist die gefragte neue Fertigkeit.

Petra beschreibt ihr neues Leben so: Mein Freund und ich sind »MoMiSo«. Wir führen eine Montag-Mittwoch-Sonntags-Beziehung. Sonntag plus Montag sind wunderbar, der Himmel auf Erden, zwei Tage am Stück nur er und ich. An den anderen Tagen fährt einer von uns nachmittags, nach einem anstrengenden Vollzeitjob, eine gute Stunde lang quer durch die Stadt. Wenn er zu mir kommt, essen wir zusammen zu Abend, spielen noch etwas mit den Kindern und bringen sie dann zu Bett. Unsere Exklusivzeit beginnt gegen 21 Uhr, wenn keines der Kleinen krank ist oder uns einen Strich durch die Rechnung macht. Die Kinder stehen im Mittelpunkt. Auch wenn ich zu ihm komme und seine Kinder da sind, ist das so. Wir verstehen das. Er oder ich muss dann warten. Manchmal sind wir in der Zwischenzeit schon auf der Couch eingeschlafen.

Dennoch: Die Liebe kann schön sein. Voraussetzung ist, dass man sich mit den jeweiligen Erwartungen und Wünschen auseinandersetzt und lernt, realistisch abzuschätzen, was möglich ist. Wie in allen Paarbeziehungen ist die Basis Respekt, Vertrauen und gute Kommunikation (siehe auch *Wenn die Liebe in die Krise kommt*). Paare, die schon Beziehungen hinter sich haben, wissen in der Regel aus eigener Erfahrung, wo ihre sensiblen Punkte sind, wo es gilt, aufzupassen und besonders behutsam mit sich selbst, aber auch miteinander umzugehen. Auch wenn die Beziehung über die Anfangszeit hinausgewachsen ist, sich bewährt hat und man später unter ein gemeinsames Dach gezogen ist, wird die Pflege der Liebesbeziehung einen zentralen Platz in der Patchwork-Familie einnehmen. Geben Paare dieser Pflege nicht genug Raum, können sie leicht von der Realität des Alltags samt ihren logistischen Herausforderungen und den unterschiedlichen emotionalen Bedürfnissen überrollt werden. Dann ist das Fundament kaum stark genug um eine ganze Familie langfristig tragen zu können. Deshalb ist es wichtig, von Anfang an die Bande der Liebe und Verbundenheit zu stärken. Hier ein paar Anregungen:

» **Halten Sie an den kleinen Ritualen fest, die Sie sich in der Anfangszeit erworben haben:**
   ○ **Vielleicht haben Sie sich zu Beginn Ihrer Beziehung täglich mit einem Guten-Morgen-Gruß per SMS geweckt oder Sie haben einander zwischendurch eine kurze Nachricht mit liebevollem Inhalt geschickt, der weder mit den Kindern noch mit organisatorischen Dingen zu tun hatte. Behalten Sie diese Gewohnheit bei, sie ist ein Zeichen anhaltender Verbundenheit.**

- Wenn Sie sich beim Joggen, im Tanzkurs, im Museum oder beim Spazieren kennengelernt haben, machen Sie diese Tätigkeiten gemeinsam, die Sie von Anfang an verbunden hat und die Ihnen Spaß macht.
- Der gemeinsame Drink in einem bestimmten Lokal war das anfängliche Highlight? Dann behalten Sie ihn als Tradition bei, um an die damit verbundenen guten Gefühle anzuknüpfen.

» Lassen Sie jedem das Seine

- Ihr neuer Partner spielt im Basketballverein? Ihre Freundin macht eine Weiterbildung? Das ehrenamtliche Engagement im Verein ist Ihrem Partner wichtig? Auch wenn das Zeitfenster füreinander sehr klein ist, versuchen Sie nicht, diese Gewohnheiten zu ändern oder gar zu fordern, dass er oder sie diese Tätigkeiten lassen soll. Die Freiheit, tun zu können, was einen interessiert, ist eine wichtige Ressource im persönlichen Leben – und damit auch für die Beziehung. Jeder braucht Zeit und Freiraum, eigene Dinge zu tun.
- »Man muss mit sich selbst gut können, damit man mit einem anderen Menschen gut kann.« Wer ein Patchwork-Familienleben anstrebt, für den gilt das besonders. Es ist bedeutsam zu wissen, wo man auftanken und neue Kraft schöpfen kann (siehe auch Kapitel *Über das gute Leben und warum wir positive Gefühle brauchen*).

» Investieren Sie in Ihre Zweisamkeit

- Eine Patchwork-Familie besteht aus verschiedenen Menschen mit vielen verschiedenen Bedürfnissen. Sie, Ihr Partner, Ihre Partnerin und jedes einzelne Kind, jeder hat ganz individuelle Bedürfnisse. Werden Sie sich bewusst, dass Sie als Paar auch Bedürfnisse haben und dass das »Wir« beachtet, genährt, gepflegt und lebendig gehalten werden will.
- Fragen Sie sich zwischendurch: Was braucht unsere Beziehung? Mehr Kommunikation? Mußestunden? Abwechslung? Ruhe? Was können wir tun, damit wir im Alltag lernen, jene Zeit-Nischen für uns zu nutzen, die unsere Beziehung stärken? Wo können wir gemeinsam die Prioritäten neu setzen?

Gregor ist selbstständig und hat in seiner Singlezeit seine Kundentermine auch abends wahrgenommen. Seine Freundin Christa ist als Lehrerin an fixe Zeiten gebunden. Frei von beruflichen und familiären Verpflichtungen ist sie ab den frühen Abendstunden. Bis dahin hat sie ihren Teenagersohn versorgt und den Haushalt erledigt. Anfangs, wenn Gregor nach seinen Terminen um 22 Uhr zu ihr kam, war sie bereits zu müde für ausgiebige Gespräche und Unternehmungen. Ihr Tag beginnt um 6 Uhr morgens, seiner um 9. Dieser Umstand führte zu Unzufriedenheit, weil das »Wir« keinen Platz bekam. Gregor legt nun seine Termine so, dass er früher bei Christa sein kann. Jetzt ist Zeit, um gemeinsam zu kochen, zu reden, eine Runde spazieren zu gehen oder Freunde zu besuchen. Die Qualität der gemeinsamen Beziehungszeit ist eine ganz andere geworden.

Das Bedürfnis nach Zweisamkeit ist etwas, das zunächst bewusst wahrgenommen werden will. Es ist mehr als das individuelle Bedürfnis jedes Einzelnen. Es geht über das »Ich« hinaus und es lohnt sich, darin zu investieren. Ist das »Wir« stark, kann es vieles tragen und ist den Herausforderungen des Alltags gewachsen.

Deine Kinder, meine Kinder, unsere Kinder – Probleme mit der/dem Neuen an Papas oder Mamas Seite

Kinder können die anfängliche Verliebtheit des Vaters oder der Mutter oft nicht nachvollziehen. Es ist ihnen suspekt, wenn er oder sie plötzlich starkes Interesse an einer fremden Person zeigt. Sie trauern noch um den Elternteil, der nicht mehr täglich bei ihnen ist. Deswegen können sie misstrauisch und auch eifersüchtig auf die neue Person reagieren. Bis dahin lebte das Kind seit der Trennung alleine mit seinem Elternteil. In dieser Phase nahm es vielleicht sogar ein Stück weit den Platz des abwesenden Partners ein oder es erfuhr durch die Trennung einen bestimmten Status, weil man ihm bereits besonders viel zutraute oder es schlicht mehr Verantwortung zu tragen hatte. Es kann sein, dass Kinder um ihre Position fürchten. Schließlich ahnen sie, dass da jemand sehr viel Zeit, Energie und Aufmerksamkeit, aber auch Zuwendung der Mama oder des Papas in Anspruch nehmen wird. Das ist auf den ersten Blick alles andere als verlockend. Deshalb kann es auch sein, dass Kinder mit starker Abwehr oder auch stillem Desinteresse reagieren, wenn der neue Partner, die neue Partnerin immer häufiger Gast zu Hause ist oder irgendwann einzieht.

Was für Kinder in dieser Phase wichtig ist und was Sie als Erwachsene tun können:

» Gehen Sie als neuer Partner, als neue Partnerin behutsam auf die Kinder zu. Zeigen Sie Interesse an dem, was sie tun und was sie gerade beschäftigt.

» Halten Sie sich vor Augen, dass die Kinder viel erlebt haben und Sie aus ihrer Sicht wahrscheinlich in Konkurrenz zum leiblichen Vater, zur leiblichen Mutter stehen.

» Machen Sie den getrennt lebenden Elternteil nicht zum Tabuthema, versuchen Sie, ihm gegenüber eine wertschätzende oder zumindest neutrale Haltung einzunehmen.

» Gehen Sie nicht in Konkurrenz: Es geht nicht darum, der besserer Papa, die bessere Mama zu werden.

Alle Beteiligten müssen erst in ihre Rollen und Aufgaben hineinwachsen, das braucht Zeit. Wenn Kinder nicht um den »verlorenen« Elternteil trauern dürfen, werden sie große Schwierigkeiten haben, den neuen Elternteil zu akzeptieren. Kinder werden sich erst dann wirklich auf den neuen Partner, die neue Partnerin einlassen, wenn sie sicher sein können, dass die wachsende Zuneigung auf beiden Seiten keinen Verrat am getrennt lebenden Elternteil darstellt und ihnen auch nichts »weggenommen« wird.

Egon erzählt: Das Eis zwischen Niclas (7) und mir ist gebrochen, als ich ihm neulich sagte: »Schau, Niclas, ich bin nun mit deiner Mama zusammen, weil wir uns sehr gerne haben, aber du wirst in Mamas Herzen immer an erster

Stelle stehen. Und deinen Papa darfst und sollst du weiterhin genauso lieb haben, er ist und bleibt dein Papa.«

» Erkennen Sie die Bedeutung des leiblichen Vaters, der leiblichen Mutter an. Wenn Ihnen das schwerfällt oder Sie aufgrund schwerwiegender Probleme, die es in der Vergangenheit gab, unsicher sind, dann suchen Sie professionelle Hilfe in Form von Erziehungs- oder Familienberatung auf. Gerade in den Anfängen legt man die Basis dafür, wie sich die angehende Patchwork-Familie entwickelt. Ein guter Start bedeutet in diesem Fall mit ziemlicher Sicherheit auch ein erfolgreiches Weiterkommen.

» Machen Sie sich bewusst, dass es anfangs zu Rollenunsicherheiten kommen wird, weil noch nicht klar ist, inwieweit Sie sich in Entscheidungen bezüglich der Familie oder in Erziehungsangelegenheiten einbringen sollen oder möchten. Sprechen Sie über Erwartungen, die Sie an Ihren Partner oder Ihre Partnerin haben. Es macht einen Unterschied, ob Sie die Vorstellung eines rein freundschaftlichen Verhältnisses zu den Kindern haben oder ob Sie konkrete Unterstützung und Erziehungsarbeit einbringen wollen. Wer wünscht sich was von wem? Ist das realistisch? Ist es noch zu früh? Welche Schritte sind jetzt angebracht?

» Achten Sie darauf, welche Bedürfnisse Ihre Kinder haben, was sie derzeit beschäftigt, was ihnen Freude bereitet, was ihnen Sorgen macht. Jedes Kind ist anders, doch bei allen gibt es das Bedürfnis nach Stabilität, Sicherheit, Geborgenheit und Anerkennung. Die gerechte Verteilung an alle ist keine leichte Aufgabe, aber ein Ziel.

Gabi berichtet: Aus organisatorischen Gründen haben wir die Kinder-Wochenenden einmal monatlich zusammengelegt, was bedeutet, dass wir fünf Kinder unter einem Dach haben, drei von ihm und zwei von mir. Während sich die Jungs einigermaßen gut verstehen, herrschen zwischen den beiden Mädchen oft Spannung und Missgunst. Wir müssen sehr aufpassen und dürfen keinen

Fehler machen, sonst hängt der Haussegen schief: »Warum hat sie und ich nicht?«, »Immer bevorzugt ihr sie.« » Sie schon wieder.« Wir haben schon Familienkonferenzen deshalb abgehalten.

Bedenken Sie, dass sich die Kinder im Gegensatz zu Ihnen weder den Partner, die Partnerin ausgesucht haben, noch die neuen Kinder, mit denen sie nun konfrontiert sind. Alle müssen lernen, miteinander zurechtzukommen. Das braucht Zeit. Auch Kinder haben Phasen, in denen sie robuster oder sensibler sind, in denen sie andere barsch behandeln oder sich besonders leicht kränken. Wenn Sie als Erwachsene darauf achten, wie es jedem Kind geht und was es gerade braucht, haben Sie den Überblick und können für die Kinder auch spürbar gerechter agieren. Gerade wenn mehrere Kinder aus den Teilfamilien zusammenkommen und lernen müssen, miteinander auszukommen, will trotzdem jedes Kind auch individuell mit Aufmerksamkeit und Zuwendung bedacht werden. Es ist anfangs ein vorsichtiges Herantasten: Wo setze ich Grenzen? Wo gebe ich nach? Was ist mir unabdingbar wichtig und was empfinde ich nicht als meine Aufgabe?

Bis sich alle aneinander gewöhnt haben, die organisatorischen und logistischen Herausforderungen gemeistert sind und das Vertrauen zueinander so weit gewachsen ist, dass langsam richtiges Familienleben möglich ist, vergeht Zeit. Zeit, in der viel diskutiert, durchdacht, ausprobiert, verworfen und neu erfunden wird. Zeit, in der Augenblicke des tiefen Glücks und der Freude sich abwechseln mit Momenten von Überforderung, Stress und Chaos. Irgendwann, vorausgesetzt die Liebe ist stark und der tägliche Wille vorhanden, greift ein Rädchen ins andere, funktioniert das familiäre Getriebe und Patchwork ist gelungen. Es ist ein Unikat, ein offener Organismus, kein geschlossenes System, jedoch mit allem, was Familie ausmacht: einem Zuhause für Elternteile, Neupartner, leibliche und Stiefkinder samt Dritt- und Viertgroßeltern und manchmal weiterer Verwandte.

Unfreiwillig Single sein

Das Singleleben hat viele Vorteile. Doch wer nicht freiwillig alleine lebt, für den kann die Suche nach einem Partner zum großen Krisengebiet werden. Ein Schritt in Richtung einer glücklichen Partnerschaft ist, herauszufinden, welche Beziehungsmuster man als Kind erlebt hat und welchen Mythen über Beziehungen man vielleicht aufsitzt.

Statistiken belegen, dass in den letzten 40 Jahren die Zahl der Singlehaushalte in Österreich, Deutschland und der Schweiz signifikant gestiegen ist. Der Trend zum alleine Wohnen ist vor allem ein Phänomen großer Städte. Dort nämlich gibt es mit 46,3 % deutlich mehr Einpersonenhaushalte als im sonstigen Durchschnitt. 1971 waren es nur 34,3 %. Typischerweise sind Einpersonenhaushalte die Wohnform von älteren und alten Menschen. Hier wiederum sind es in erster Linie Frauen, die alleine leben, meist unfreiwillig, bedingt durch den Tod des Partners. Einpersonenhaushalte von Männern sind typischerweise Ledigenhaushalte, erst an zweiter Stelle folgt die Scheidung als Grund für das alleine Wohnen.

Durch die höhere Anzahl an Singles in unserer Gesellschaft boomen Singleurlaube, Singlewohnformen und Singlekurse. Partnervermittlungsbörsen schießen wie Pilze aus dem Boden. Dahinter lässt sich unschwer die menschliche Sehnsucht nach Beziehung, Nähe und Verbundenheit erkennen. Unzählige Menschen suchen im Internet tagtäglich nach dem passenden Gegenüber für eine Langzeitbeziehung oder andere Beziehungsformen. Das Singledasein ist heute akzeptierter als noch vor 50 Jahren, dennoch leiden viele Menschen darunter, sich alleine durch das Leben schlagen zu müssen.

Die Gründe, warum jemand Single ist, sind vielfältig. Hauptsächlich handelt es sich um Menschen, die entweder eine Beziehung hatten und nun in keiner Beziehung mehr leben (freiwillig oder unfreiwillig), oder um Menschen, die einfach noch kein passendes Gegenüber gefunden haben. Ein Teil der Singles leidet stark unter dem Alleinsein und fürchtet deshalb die Wochenenden, ein anderer Teil ist mit dem Singleleben glücklich.

Freiwillig oder unfreiwillig Single

Single zu sein kann eine Lebensphilosophie sein. Sein Leben ohne fixen Partner zu führen, muss ganz und gar nicht bedeuten, dass man unter Einsamkeit leidet. Freundschaften haben häufig einen sehr hohen Stellenwert, alternative Lebensformen, soziales Engagement, Sport, Weiterbildung, spirituelle Gemeinschaften oder Reisen können wichtige Säulen im Leben glücklicher Singles sein. Entscheidend ist beim Leben ohne wie beim Leben mit Partner die innere Einstellung und was man aktiv daraus macht, denn unglücklich und unzufrieden kann man da wie dort sein.

Doch es gibt auch jene Singles, die leiden, weil sie jeden Tag nach der Arbeit eine leere Wohnung vorfinden, jedes Wochenende alleine verbringen müssen und ihnen scheinbar überall glückliche Paare und Familien begegnen. Solche Menschen spüren oft einen sehr großen Schmerz darüber, dass es gerade bei ihnen noch nicht »geklappt« hat. Sie suchen die vermeintlichen Fehler häufig bei sich oder verschließen sich und kapseln sich ab. Häufig rutschen sie auch in eine Opferrolle hinein und versinken in destruktiven Gedanken. Dieser Zustand kann sehr leidvoll sein.

Andreas, 36, lebt alleine in einer kleinen Wohnung in einer Großstadt. In der Wohnung nebenan wohnt seine verwitwete Mutter, die er beinahe täglich besucht. Andreas arbeitet in einem großen Konzern als Techniker. In seiner Freizeit betreibt er viel Sport, fährt mit dem Rad und ist in einem Tischtennisverein. Außerdem hat er viele Freunde, weil er ein geselliger und humorvoller Mensch ist. In der Firma ist er sehr beliebt, er ist hilfsbereit und offen. Andreas ist prinzipiell ein positiver, zufriedener Mensch und dankbar für seinen Lebensstandard. Es gibt nur einen Haken: Er ist unfreiwillig Single.
Bis zum Ende seines Studiums war eine Beziehung kein Thema für ihn, denn er war sehr ehrgeizig und konzentrierte sich vollkommen auf seine Ausbildung. Danach begann er in seiner jetzigen Firma zu arbeiten, was ihn sehr forderte und wenig Freizeit übrig ließ. Es gab immer wieder Phasen der großen Sehnsucht nach einer Beziehung, die sich abwechselten mit Phasen

von Erleichterung, nicht auch eine solch mühevolle Beziehung zu haben wie etliche seiner Freunde. Immer wieder lernte er interessante Frauen kennen. Man kam sich kurz näher, doch dann passte irgendetwas nicht und es endete häufig in einer großen Enttäuschung. Andreas ist sehr vorsichtig geworden, er will sein Herz nicht »verschleudern«, sondern auf »die Richtige« warten. In dieser Sache ist er altmodisch – er glaubt an die große Liebe. Schließlich meldet er sich bei einer Singlebörse an. Einer seiner Freunde drängt ihn dazu, denn: »So kann es ja nicht weitergehen.« Es ist ein großer Schritt für Andreas, sich dem Risiko auszusetzen, verletzt und enttäuscht zu werden. Außerdem hat er lange damit gehadert, warum es denn bei ihm nicht auf »normalem« Weg geklappt hat, eine Frau kennenzulernen. Viele innere Prozesse waren nötig, bevor er ein persönliches Profil entworfen und ins Netz gestellt hat. Er ist sehr aufgeregt, weil er keine Fehler machen möchte. Rasch melden sich zwei sympathische Frauen, er nimmt zaghaft Kontakt auf und beginnt zu schreiben. Andreas hat die einsamen Wochenenden satt, wenn seine Freunde etwas mit ihren Partnerinnen unternehmen. Er will auch nicht mehr alleine auf Urlaub fahren. Überall sieht man Pärchen und Familien mit Kindern, er will auch ein Stück von der »Beziehungstorte« abbekommen. Daher ist er jetzt sehr aktiv im Internet, mit all den Ängsten und Ungewissheiten, die solch ein Schritt mit sich bringt. Jeden Tag, wenn er von der Arbeit kommt, stürzt er sich auf seinen PC, um zu sehen, ob er eine Nachricht bekommen hat. Er schreibt den beiden Frauen regelmäßig. Zu Nora spürt er eine tiefe Anziehung, der er noch nicht so ganz traut. Er hinterfragt sich und sein Handeln ständig. Will er denn wirklich sein altes Leben aufgeben? Ist er überhaupt beziehungsfähig? Was tun, wenn er Nora im persönlichen Gespräch gar nicht mehr anziehend findet? An einem warmen Frühlingstag trifft Andreas Nora zum ersten Mal in einem netten Café. Er ist anfangs sehr aufgeregt, das legt sich aber im Laufe des Gesprächs. Andreas findet Nora sehr sympathisch, doch etwas fehlt. Beim Verabschieden meint er, dass er sich vielleicht wieder melden werde, mal zum Wandern oder so. Nora versteht den Wink, meldet sich nicht mehr und Andreas schreibt ihr kurz, dass es nett war, doch »der Funke nicht übergesprungen ist«. Andreas trifft in den nächsten Wochen noch einige Frauen und wird dabei immer mutiger.

Nach einer größeren Enttäuschung mit Viktoria – sie trafen sich bereits mehrere Male, Andreas war verliebt und dann brach sie den Kontakt von heute auf morgen ohne Begründung ab – macht er nun eine Pause von der aktiven Suche und kämpft sich wieder alleine durch das Leben – bis die nächste Sehnsuchtswelle heranrollt. Er will es noch einmal versuchen, diesmal mit einer offeneren Einstellung und mit einer weniger hohen Erwartung.

Wie Andreas geht es unzähligen Menschen. Sie sind auf der Suche nach dem »richtigen Deckel«, hin- und hergerissen zwischen Hoffnung und Hoffnungslosigkeit sowie Angst vor Enttäuschung und Verletzung. Jeden Tag chatten und mailen tausende Singles in den Partnerbörsen, machen sich Dates aus und versuchen ihr Glück. Viele empfinden es immer noch als Versagen, wenn sie potenzielle Partner über den Weg des Internets suchen. Allzu romantische Vorstellungen stehen hier häufig im Weg. Oft gab es bereits mehrere Fehlversuche, mehr oder weniger lange Beziehungen oder kurze Geschichten, die allesamt nicht zum erwünschten Happy End führten. Viel Enttäuschung ist hier mit an Bord, viele verzerrte Sichtweisen und unrealistische Erwartungen.

Obwohl es so viele Trennungen, Rosenkriege und Verletzungen in Beziehungen gibt, sehnen sich laut Umfragen mehr als 90 % der Menschen nach einer liebevollen Zweierbeziehung mit Werten wie Treue, Freundschaft, Zusammenhalt und gemeinsamem Wachstum. Diese Sehnsucht scheinen wir Menschen von Geburt an mitzubringen und meist ist einiges schiefgegangen, wenn jemand sagt, dass er absolut keine feste Bindung mehr eingehen möchte. Sie oder er möchte sich nicht mehr öffnen und hat das Gefühl, niemanden mehr ganz nah an sich heranlassen zu können oder zu wollen. Diese Sicht ist sehr verständlich, wenn man »Beziehungsnarben« mit sich trägt. Doch verbauen sich die Betroffenen so den Weg zu neuen Erfahrungen und verharren in ihrer »Opferrolle« und Angst. Sie sagen sich: »Besser wenig spüren und eine Mauer um sich bauen, anstatt aufs Neue enttäuscht zu werden.« Angst ist jedoch kein guter Berater. Sie lässt uns in alten, meist negativen Erfahrungen verharren. Wir wagen dann keine neuen Schritte oder sehen nur die Fehler bei den anderen und nicht unsere eigenen Schwächen.

Arbeit am Beziehungs-Ich

Wichtig für einen Wechsel vom Single- ins Beziehungsleben ist eine ehrliche Bestandsaufnahme der eigenen »Beziehungsbiografie«. Natürlich kann man sich auch Hals über Kopf der Verliebtheit hingeben, ohne viel nachzudenken, doch sind dann meist herbe Enttäuschungen vorprogrammiert. Effektiver ist es, sich vor der Partnersuche selbst unter die Lupe zu nehmen und besser kennenzulernen: Welche Erfahrungen waren bisher in Beziehungen prägend? Wenn man sich dieser Dinge nicht bewusst ist, wiederholen sich häufig schmerzvolle Beziehungsmuster. Bewusste Selbstreflexion und das Kennenlernen des eigenen Beziehungs-Ichs helfen, dysfunktionale Muster zu durchbrechen und Neues zu etablieren. Diese Reflexion benötigt jedoch Zeit. Eine gute Beziehung braucht Selbsterkenntnis, denn sonst projiziert man alle Sehnsüchte und später auch alle Mängel auf das Gegenüber und gibt jegliche Schuld dem Anderen. Eine gelungene Beziehung fällt nicht vom Himmel, sie benötigt ein reifes Ich und die Bereitschaft, sich einzusetzen und an sich zu arbeiten, manchmal auch gegen das Lustprinzip, einfach nur aus Liebe und Zuwendung und weil man »Ja« gesagt hat. Diese Reflexion über das eigene Ich und die eigenen Erfahrungen hilft bereits bei der Partnersuche. Wenn wir unsere Verletzungen kennen, können wir besser auf uns schauen und früher »Stopp« sagen, wenn wir kein gutes Gefühl haben. Wir bekommen so auch einen Blick für Menschen, die besser zu uns passen.

Fragen, die Sie sich stellen können:

Hier finden Sie einige Fragen zur persönlichen Beziehungsgeschichte, die einer Vertiefung der Selbsterkenntnis dienen. Es lohnt sich, diese Fragen durchzugehen und sich Zeit für deren Beantwortung zu nehmen.

» Wie war das Beziehungsklima in meinem Elternhaus? Wenn ich eine Überschrift über mein Elternhaus schreiben würde, wie würde sie lauten? Welche Vorbilder und Rollenmodelle gab es für mich? Mit wem habe ich mich besonders identifiziert?

» Wie sind meine Eltern, meine Bezugspersonen miteinander umgegangen?

» Wie habe ich meine Pubertät erlebt? Wie war es, eine junge Frau, ein junger Mann zu sein? Habe ich mich in meinem Körper wohlgefühlt? Was weckte Schamgefühle? Wie ging es mir mit dem anderen Geschlecht? Fühlte ich mich zum eigenen Geschlecht hingezogen?

» Was haben mir meine Eltern, meine Bezugspersonen über Männlichkeit bzw. Weiblichkeit vermittelt? Gab es typische Aussagen, die mich geprägt haben?

» War ich schon einmal richtig verliebt? Wie habe ich das erlebt?

» Wann gab es meine erste ernst zu nehmende Beziehungserfahrung? Wie hat sie begonnen und wie ging es weiter? Oder gab es nur unerwiderte Verliebtheitsgefühle und wie habe ich mich damals dabei gefühlt? Wie habe ich mich verhalten?

» Schreiben Sie all Ihre bisherigen partnerschaftlichen Beziehungen auf und notieren Sie deren Verlauf. Was war schwierig, was positiv? Was habe ich aus diesen Beziehungen gelernt? Eine wichtige Frage lautet: Sehe ich ein Beziehungsmuster, das sich wiederholt? Was war mein Beitrag, dass es nicht geklappt hat?

» Und nun der Blick in die Zukunft: Was ist mir heute in einer Beziehung wichtig? Was geht gar nicht und wo bin ich zu Kompromissen bereit? Was sind meine tragenden Werte für eine Beziehung?

Diese Fragen können Ihnen einen ersten Einblick in Ihr »Beziehungs-Ich« geben, und das ist von großer Bedeutung, wenn Sie sich auf die Suche nach einem Partner, einer Partnerin machen. Je besser wir uns und unsere Geschichte kennen, desto reflektierter können wir handeln.

Mythen der Beziehung

Ein weiterer wesentlicher Schritt ist, die eigenen »Beziehungsmythen« zu hinterfragen. Je mehr die Sichtweisen über Beziehungen von der Realität abweichen, desto größer ist meist die Enttäuschung und man zieht sich daraufhin noch mehr zurück. Viele Menschen gehen mit sehr verzerrten Ideen und Bildern an die Partnersuche heran. Eine Ursache dafür sind die unzähligen

Bilder aus Film, Radio und anderen Medien, die täglich auf uns einprasseln – Hollywood lässt grüßen!

Da treffen zwei attraktive Menschen aufeinander und sind ewig incinander verliebt, fallen immer und überall übereinander her und schieben alle Probleme zur Seite. Sie erraten die Gedanken des anderen per Telepathie und brauchen auch keine Streitkultur, weil sie sowieso nie streiten. Ihre Liebe überwindet alle Probleme, immer! Außerdem sind die Männer meistens stark und heldenhaft, die Frauen hübsch und anlehnungsbedürftig.

Solche und folgende Klischees beeinflussen unser Denken und unsere Erwartungen, ob wir uns dessen bewusst sind oder nicht:

- **Wenn man zusammengehört, muss man das sofort spüren.**
  Tatsächlich aber ist es wichtig, sich Zeit zu lassen. Es kann sich gleich beim ersten Treffen toll anfühlen, doch es kann auch einfach »nur« eine angenehme Zeit sein, ohne viel Hormonausschüttung. Jeder Mensch hat hier ein anderes Tempo und wie wir sonst durch das Leben gehen, spiegelt sich häufig auch in unserer Art wider, Beziehungen einzugehen. Im Zweifelsfall ist es günstig, das Tempo zu verlangsamen und sich Zeit zu nehmen, bevor man sich Hals über Kopf in eine neue Beziehung stürzt. Oft stellen sich Gefühle der Zuneigung erst nach und nach ein.

- **Männer wollen nur das Eine!**
  Manche Männer geraten unter Druck, weil sie glauben, diesem Bild entsprechen zu müssen. In der Realität sind Männer wie Frauen auf Zärtlichkeit und innere Verbundenheit angewiesen, um eine Beziehung als erfüllend zu erleben – nicht nur auf sexueller Ebene.

- **Wenn die Verliebtheit nachlässt, dann ist er oder sie nicht der oder die Richtige.**
  Die Realität ist, dass die Verliebtheit eine Starthilfe für den Beziehungsbeginn ist, doch diese Phase irgendwann zu Ende geht, weil der Überschuss an Hormonen weniger wird und dann eine neue Phase in der Beziehung

beginnt. Viele Menschen geben dann auf und trennen sich, um sich auf die Suche nach dem nächsten »Kick« zu begeben. Nur wer sich wirklich auf sein Gegenüber einlässt, reift und kann in der Partnerschaft tiefe Erfüllung erfahren.

- **In einer Partnerschaft ist man ständig glücklich und zufrieden.**
Wer diesem Mythos aufsitzt, wird scheitern, denn es ist schlichtweg unmöglich, immer glücklich zu sein. In jeder Partnerschaft gibt es schwierige Themen, manche sind lösbar und manche bleiben bestehen. Man kann lernen, besser mit Konfliktthemen umzugehen und sich an den Stärken der Beziehung zu orientieren. Paare sind am zufriedensten, wenn die Beziehung von Freundschaft getragen ist, wenn man sich gegenseitig unterstützt, sich Sicherheit gibt und respektvoll miteinander umgeht. Diese Fähigkeiten, die man miteinander entwickeln und erlernen kann, legen auch die Basis für eine zufriedenstellende Sexualität, die genauso einer Entwicklung unterworfen ist und teilweise großen Schwankungen unterliegt.

Diese und andere Mythen geistern in vielen Köpfen herum und vermehren unser Unglück, weil sie schlichtweg nicht mit der Realität übereinstimmen. Daher ist es wichtig, dass wir diese unrealistischen Erwartungen an eine Partnerschaft aufdecken und hinterfragen. Unglück oder Zufriedenheit fallen nicht vom Himmel, sondern wir sind maßgeblich daran beteiligt durch unsere Sicht der Dinge.

Eine Frage des Hinsehens

Wir können gelingende Partnerschaften als etwas »völlig Unerreichbares« hinstellen und die Schuld daran bei allen anderen, den Umständen, der Politik oder der gesellschaftlichen Entwicklung suchen. Konstruktiv ist es aber, die eigene Geschichte anzuschauen und zu überlegen, wie man in der »Beziehungsreife« wachsen kann, ob mit oder ohne Partner.

Ein Leben als Single hat mehrere Seiten, einerseits das Gefühl des Mangels, kein Gegenüber zu haben, und andererseits die vielen Möglichkeiten, die in diesem Freiraum erwachsen können. Beides ist zugleich vorhanden, in jedem Augenblick. Doch sind nicht immer beide Aspekte spürbar, einmal befindet man sich mehr auf der einen, dann wieder mehr auf der anderen Seite. Leidet man unter dem Singleleben, kann man aktiv Schritte setzen. Niemand ist dazu verdammt, im »Opferstatus« zu verharren. Es gibt immer gewisse Handlungs- und Spielräume, in denen man agieren kann. Eine Möglichkeit, gemeinschaftlich zu leben, sind neue Wohnformen: Menschen tun sich zusammen unabhängig vom Beziehungsstatus. Wohngemeinschaften und andere alternative Lebensformen bieten die Chance, einander zu treffen, zu unterstützen und etwas in die Gemeinschaft einzubringen. Statt in den eigenen vier Wänden zu vereinsamen, kann man so für andere wichtig sein.

Wenn die Liebe in die Krise kommt

oder was es mit Hagelsturm und Schildkröte auf sich hat ...

Es ist nicht leicht, im Alltag als Paar stabil und krisensicher zu bleiben, denn schnell können sich Probleme einschleichen und groß werden – und plötzlich ist die Liebe verschwunden. Doch jeder der beiden Partner kann gezielt und aktiv einiges dafür tun, dass die Liebe lebendig bleibt und wächst.

Helga und Peter lieben sich, prinzipiell. Sie sind seit sieben Jahren zusammen, hatten einen fulminanten Start und landeten wie so viele Paare nach einiger Zeit in einer Falle, weil sie sich statt liebevollen Worten nun in erster Linie Kritik, Nörgeleien und Frustrationen mitteilen. Die anfängliche Verliebtheit wich allmählich einem enttäuschten Bild von einem Gegenüber mit Ecken und Kanten. Der Alltag tat dann das Seine dazu und heute leben sie mehr neben- als miteinander. Die stundenlangen Gespräche vom Beginn ihrer Beziehung gibt es schon lange nicht mehr, stattdessen Smalltalk und kurze informative Gespräche über das Tagesgeschäft. Die Sexualität ist abgekühlt und manchmal schon zu einem Pflichtakt verkommen.

Was ist passiert mit den beiden und wohin ist die Liebe gegangen? Die Liebe ist noch da, doch sie ist zugedeckt von unrealistischen Erwartungen und einem lieblosen Miteinander.

In der ersten Verliebtheitsphase müssen wir uns nicht anstrengen, alles läuft wie von selbst, die Hormone helfen dabei stark mit. Wir wähnen uns im vermeintlichen Paradies und glauben, nun endlich den Menschen gefunden zu haben, der optimal zu uns passt und der uns alle Wünsche von den Lippen ablesen wird. Unbewusst suchen wir jemanden, der uns genau auf unsere alten »Wunden« hinstößt, nicht um uns zu quälen, sondern um uns letztendlich zu innerem Wachstum zu verhelfen. Die Beziehung stellt uns vor die Aufgabe, von der Verliebtheit zur ganz bewussten Entscheidung für diese Beziehung zu gelangen und auch »Ja« zu sagen zu allen Herausforderungen. Das geht allerdings nicht von selbst, denn wenn man keine Energie hineinsteckt, verfällt eine Liebesbeziehung wie ein Haus, das niemand bewohnt. Die Liebe fordert uns, sie will unser Wachstum und unsere tagtägliche Entscheidung.

Helga und Peter haben ihr »Beziehungshaus« verfallen lassen, sie sind in die Krise geraten, unmerklich und schleichend. Helga ist zu einem Hagelsturm mutiert und Peter zu einer Schildkröte.

Was genau heißt das? Wenn Menschen sich bedroht fühlen in ihrer intimen Beziehung, dann reagieren sie aus ihren Überlebensmustern heraus, sie spüren Stress und versuchen, sich zu verteidigen.

Helga beginnt, zu kritisieren und manchmal lauter zu werden, wenn sie sich nicht mit Peter verbunden fühlt. Dabei hofft sie insgeheim, dass Peter dann mehr hört und sich ihr zuwendet. Das Gegenteil ist jedoch der Fall: Peter zieht sich innerlich zurück wie eine Schildkröte, weil er sich durch Helgas Kritik nicht mehr geliebt fühlt. Je mehr er sich zurückzieht, desto mehr bedroht und alleingelassen fühlt sich Helga, weshalb sie noch lauter wird, getrieben von ihrer Angst, Peter zu verlieren und nicht geliebt zu werden. Beide können ihre wahren Bedürfnisse nicht ausdrücken, beide fühlen sich allein und sind unglücklich.

Eine Beziehung in der Krise fordert Aufmerksamkeit, fordert eine ehrliche Analyse, wo beide Partner stehen und wie sie zueinander stehen. Der erste Schritt ist dieses ehrliche Hinschauen und Sichfragen, was man denn (noch) möchte. Jede Beziehungskrise fordert letztlich eine Entscheidung, nämlich ein klares Ja zu mehr Bewusstheit, Lernbereitschaft, einer ehrlichen Auseinandersetzung mit dem eigenen Fehlverhalten und die Hinwendung zum Partner, zur Partnerin. Auf lange Sicht wird die Beziehung wenig Chance haben, wenn man nicht bereit ist, dies einzubringen. Denn eine Liebesbeziehung ist sehr verletzlich. Jeder der beiden Partner muss sich laufend um die Beziehung bemühen, sonst verkümmert sie.

Die Phasen einer Partnerschaft

Hilfreich für eine konstruktive Beziehung ist das Wissen, dass es verschiedene Phasen in einer Partnerschaft gibt, wobei nicht jede dieser Phasen zwingend durchlebt wird. Sie zu kennen, kann einem Paar helfen, klarer zu sehen, wo es sich gerade befindet, und dann auch entsprechend zu handeln.

- **Die Verliebtheitsphase**
  In dieser Phase erleben viele Paare emotionale Höhenflüge mit Schmetterlingen im Bauch und der Himmel hängt voller Geigen. Man meint, nun endlich den richtigen Deckel für seinen Topf gefunden zu haben und durch die Venen schießt ein Cocktail an unterschiedlichen Hormonen, allen voran das PEA (Phenyläthylamid), auch *Verliebtheitshormon* genannt. Diese Phase hilft dem Paar, sich aufeinander einzulassen, das Abenteuer »Liebe« überhaupt zu wagen und einen gemeinsamen Weg zu starten. Mit der Zeit stellt sich eine gewisse Ernüchterung ein, denn die Hormone werden weniger, und im besten Fall tritt anstelle der Verliebtheit ein realistischer, liebevoller Blick auf das Gegenüber. Die Verliebt-

heitsphase dauert durchschnittlich zwischen wenigen Tagen, Wochen oder Monaten bis zu 2,5 Jahren.

● Die Machtkampf-Phase

Das Paar hat die erste Verliebtheit hinter sich und segelt nun in ruhigeren Liebesgewässern. Vieles hat sich eingespielt, vielleicht lebt das Paar bereits zusammen oder es meldet sich ein Kind an. Häufig treten nun auch die ersten gröberen Konflikte auf, Enttäuschungen über die »wahren« Seiten der geliebten Person sind vorprogrammiert. In der Machtkampf-Phase beginnt man, auf seiner Sicht zu beharren. Die anfänglich meist recht liebevolle Kommunikation wird tendenziell weniger. Diese Phase ist von Paar zu Paar sehr unterschiedlich in ihrer Intensität und reicht von nachlassender Innigkeit und mehreren kleinen Querelen bis zu handfesten, lauten Streits. Es kommt hier sehr auf das Temperament und die persönliche Geschichte in der jeweiligen Herkunftsfamilie an. In dieser Phase – die auch jahrelang dauern kann – kommt es häufig zu Trennungen, wenn das Paar es nicht schafft, einen inneren Neuanfang zu machen. Dann wird der Partner als »Feind« gesehen, der »bekämpft« werden muss und dessen Meinung weniger zählt als die eigene.

● Der Neubeginn

Hat das Paar diese Machtkampf-Phase überwunden und erkennt es, dass es besser ist, sich anders zu verhalten, kann es bewusst einen neuen Anfang setzen, sich eventuell professionelle Hilfe von außen holen und neue, liebevolle Kommunikation und Verhaltensweisen einüben. Doch das benötigt viel Geduld mit sich selbst und mit dem Gegenüber. Man muss mit Rückschlägen rechnen. Wichtig dabei sind ein offenes, lernbereites Herz und die Bereitschaft, ehrlich an sich zu arbeiten und »dranzubleiben«. Meister und Meisterinnen sind in Sachen Liebe noch nicht vom Himmel gefallen. Doch die Anstrengungen lohnen sich, weil die Verbindung allmählich besser wird, das Vertrauen wächst und die Liebe wieder spürbar wird. Für diesen Neubeginn und das bewusste Ja gibt es viele motivierende Ratgeber.

Wiederverlieben und bewusste Beziehung

Im optimalen Fall lernt das Paar, die heiklen Themen konstruktiver anzu-
gehen und auf Abwertungen, destruktive Kritik und negative Bemerkungen zu verzichten. Wenn das gelingt und die Beziehung aktiv gepflegt wird,
kann die Liebe wieder neu wachsen. Das bedeutet nicht, dass es keine Probleme mehr gibt, denn das wäre nicht realistisch. John Gottman[10], ein
amerikanischer Paarforscher, unterscheidet sogar zwischen lösbaren und
ewigen Problemen in einer Paarbeziehung. Die lösbaren belasten das Paar
nicht weiter, doch die ewigen können sich als riesige Stolpersteine heraus-
stellen, vor allem, wenn das Paar meint, dass man alles lösen können muss.
Es gibt in beinahe jeder Beziehung solche ewigen Probleme, in Bezug auf
die man einfach vollkommen unterschiedlich tickt und es keinen Kompro-
miss gibt. Hier kann das Ziel lediglich sein, dass das Paar lernt, auf eine
neue Art und Weise darüber zu reden und destruktive Verhaltensweisen
zu unterlassen. Es ist bereits ein Erfolg, wenn beide aus vollem Herzen
sagen können: »Wir sind hier grundverschieden und unsere beiden Sichtweisen können nebeneinander bestehen.« Gelingt es also dem Paar, sich zu
arrangieren, die Beziehung aktiv zu pflegen und die Kommunikation auf
ein gutes Niveau zu bringen, dann kann sich wieder Verliebtheit einstellen
und die Beziehung kann wachsen und reifen.

All diese Phasen wechseln sich ab, greifen ineinander und kehren immer
wieder. Eine Beziehung ist etwas Lebendiges und ständig in Entwicklung.

---

10 *John Gottman (*1942), US-amerikanischer Psychologe, Professor für Psychologie an der Universität von Washington, wurde bekannt durch seine wissenschaftliche Forschung über Beziehungsstа-
bilität, seine Beziehungsanalysen und die direkte Beobachtung in seinem Love Lab.*

Was ein Paar unbedingt tun sollte, um in eine Krise zu geraten

Jedes Paar weiß, wie man eine Krise provozieren kann. Zäumen wir das Pferd von hinten auf und schauen wir zunächst einmal, welche »Zutaten« es für eine echte Liebeskrise braucht:

- **Finden Sie immer ein Haar in der Suppe**
  Nachdem die Verliebtheitsgefühle abgeflaut sind und der Alltag Einzug gehalten hat, entpuppen sich viele Menschen als meisterhafte Kritiker und Besserwisser was ihren Partner anbelangt. Der Andere wird als Baustelle gesehen, die es umzubauen gilt. Je länger und häufiger der »Kritikhagel« fällt, desto destruktiver wird das Beziehungsklima. Wetterprognose für den Liebeshimmel: Sturm im Anmarsch.

- **Reden Sie in erster Linie von sich selbst und suchen Sie die Schuld immer bei Ihrem Gegenüber**
  Wahrscheinlich ist es kein Zufall, dass wir nur einen Mund, jedoch zwei Ohren haben. Leider handeln viele Menschen nicht danach. Sie haben Mühe, sich in einem Gespräch ganz auf das Gegenüber einzulassen und interessiert und offen zuzuhören. Zuhören erfordert Disziplin und ehrliches Interesse am Anderen. Paare, die in krisenhaften Prozessen gefangen sind, hören sich immer schlechter zu, lassen einander nicht ausreden und unterstellen dem Partner, der Partnerin schlechte Absichten. Die Dialoge werden immer kürzer. Prognose: Massive Abkühlung am Liebeshimmel.

- **Nehmen Sie alles für selbstverständlich**
  In vielen Beziehungen verschwindet langsam die Achtsamkeit: Man nimmt das Gegenüber für selbstverständlich und sagt auch immer seltener, was man liebt, schätzt und als wohltuend empfindet. Diese Tendenz ist weitverbreitet und zerstört allmählich die Liebesgefühle, denn jeder Mensch will für seinen Partner etwas Besonderes sein. Langzeitwetterprognose: Quellwolken und dichte Wolken mit Regenwahrscheinlichkeit.

- **Verbringen Sie Ihre verfügbare Zeit lieber mit Hobbys, PC und anderen Ablenkungen**

  Beinahe jedes verliebte Paar kann es gar nicht abwarten, bis endlich wieder Zeit für ein Rendezvous ist und man den Geliebten, die Geliebte wiedersieht. In einer Phase der Ernüchterung oder eines beginnenden Machtkampfes wird die Zeitinvestition in die Beziehung weniger und anstatt sich den oft mühevollen Konflikten zu stellen, lenkt man sich mit Hobbys und Medien ab. Das scheint zumindest kurzfristig der bequemere Weg zu sein. Langfristig hat die Sache einen hohen Preis: »Wenn ich heimkomme, schaut er nicht mal mehr vom PC auf!«, »Er verbringt jede freie Minute auf dem Fußballplatz – für uns bleibt keine Zeit mehr!«, »Meine Frau sieht nur die Bedürfnisse der Kinder, jeden Abend fällt sie todmüde ins Bett!« Eine Beziehung ist wie eine Pflanze, sie benötigt Pflege. Bekommt sie diese nicht, dann stirbt sie allmählich ab. Wetterprognose: Sturmböen am Liebeshimmel.

Wenn Sie es noch schlimmer machen wollen, nutzen Sie, was der Paarforscher John Gottman als die »vier apokalyptischen Reiter« bezeichnet:

- ständige Kritik
- Rechtfertigung
- Mauern (zumachen)
- Verachtung

All diese »Zutaten« führen unweigerlich früher oder später zu einer echten Krise, dem Verlust des Verbundenheitsgefühls und tiefen Zweifeln an der Beziehung selbst. Paare, die hier keinen tiefgreifenden Kurswechsel vornehmen, haben die besten Chancen, sich früher oder später zu trennen oder eine Außenbeziehung zu beginnen aus Hoffnungslosigkeit und Unwissen.

Vom leisen Abhandenkommen der Liebe

Sachliche Romanze

Als sie einander acht Jahre kannten
und man darf sagen sie kannten sich gut,
kam ihre Liebe plötzlich abhanden.
Wie andern Leuten ein Stock oder Hut.

Sie waren traurig, betrugen sich heiter,
versuchten Küsse, als ob nichts sei,
und sahen sich an und wussten nicht weiter.
Da weinte sie schließlich. Und er stand dabei.

Vom Fenster aus konnte man Schiffen winken.
Er sagt, es wäre schon Viertel nach vier
und Zeit, irgendwo Kaffee zu trinken.
Nebenan übte ein Mensch Klavier.

Sie gingen ins kleinste Café am Ort
und rührten in ihren Tassen.
Am Abend saßen sie immer noch dort.
Sie saßen allein, und sie sprachen kein Wort
und konnten es einfach nicht fassen.

— *Erich Kästner*

... so kann es einem auch ergehen, so kann Krise auch aussehen: leise und ohne großes Aufsehen zu erregen. Etwas hat sich eingeschlichen, unmerklich am Anfang und dann mehr und mehr. Was ist da geschehen? Sicher war auch Kästners Paar am Anfang verliebt. Es kreiste das Denken um die geliebte Person und das eigene Handeln war darauf ausgerichtet, ihm oder ihr zu gefallen und Freude zu bereiten. Bestimmt waren die beiden einst ohne Anstrengung freundlich und zuvorkommend, nahmen sich füreinander Zeit, machten einander Geschenke und Aufmerksamkeiten, verbrachten Stunden im Gespräch und tauschten aus, was sie für einander empfanden. Auch sie erlebten die verschiedenen Phasen ihrer Partnerschaft, vielleicht leiser und weniger spektakulär. Und irgendwann – atmosphärisch spürten sie es schon lange – war das, was Beziehung ausmacht, das Lebendige, Verbindende, die Neugierige, das Schöne, abhandengekommen. Die Liebe hat sich verflüchtigt.

Was Paare glücklich zusammenhält

Beobachtet man glückliche Paare, die seit vielen Jahren beständig eine gute Beziehung führen, so kann man feststellen, dass sie sich einen guten Teil ihres Zaubers vom Anfang bewahren konnten. Wie? Indem sie ihre wertschätzende Haltung dem Partner gegenüber verinnerlicht haben. Diese Paare machen es sich mehr oder weniger bewusst zur Gewohnheit, den Gefühlen Taten folgen zu lassen und ihrer Verliebtheit immer wieder aufs Neue Ausdruck zu verleihen. Sie hören nicht damit auf, nur weil »das ganz normale Leben« letztendlich auch bei ihnen Einzug gehalten hat. Auch wenn sich die starken Gefühle nach einiger Zeit legen und die jeweiligen persönlichen Muster, Charakterzüge und Eigenheiten stärker zum Vorschein kommen, halten sie an dieser Gewohnheit fest. Sie lassen nicht zu, dass die Anforderungen des Alltags so überhandnehmen, dass sie keine bewusste Zeit mehr füreinander haben. Sie sind wachsam und bereit für eine Kurskorrektur, wenn sie merken, dass eine Schieflage entsteht. Paare, die die Verliebtheit in eine tiefe Liebe verwandelt haben, pflegen die guten Gedanken, Gefühle und Taten der Anfangszeit. Sie integrieren die kleinen Rituale, die entstanden sind, als alles noch ganz frisch und neu war. Und sie entwickeln mit den Jahren noch schönere, bessere, wertvollere Rituale und feiern ihre Partnerschaft immer wieder.

Sarah nach 14 Ehejahren mit Jan: »Wir sind durch gute und schlechte Zeiten gegangen, aber in all den Jahren haben wir nicht aufgehört, einander unsere Liebe zu sagen und zu zeigen. Es gibt immer noch zärtliche oder humorvolle SMS oder Notizen am Tisch, Kühlschrank, Badezimmerspiegel oder hinter der Windschutzscheibe, die von nichts anderem handeln als von der

Liebe. Wir gehen immer noch in Abständen miteinander essen, ins Theater oder Kino und zelebrieren ganz bewusst unsere Zweisamkeit. Nach wie vor bekomme ich bunte Blumen und immer wieder erfreuen wir uns gegenseitig durch kleine Aufmerksamkeiten.«

Ideen-Koffer für eine gute Beziehung

Die folgenden Ideen und Hinweise sind nicht nur für krisenhafte Zeiten gedacht, sie helfen, die Partnerschaft im Alltag lebendig zu halten.

» **Reden Sie respektvoll und freundlich miteinander**
Vielleicht denken Sie jetzt: Das ist doch selbstverständlich, dass wir zueinander freundlich sind. Doch in vielen Beziehungen wird mit der Zeit der Umgangston rauer und unfreundlicher. Für ein gutes Klima ist es unbedingt nötig, sich an die schlichte Wahrheit zu erinnern, dass Freundlichkeit und Respekt das Herz öffnen und dass gerade jener Mensch, der uns am nächsten steht, das besonders verdient.

» **Nutzen Sie die 5:1-Regel**
Langjährige Untersuchungen zeigen, dass jede kleine Kränkung und Verletzung etwas vom »Beziehungskonto« abbucht und ausgeglichen werden muss, und zwar im Verhältnis von 5:1. Das bedeutet, dass auf jede Kränkung mindestens fünf positive Zeichen kommen müssen, wie etwa ein Lob, ein nettes Wort oder eine Umarmung, damit das Konto wieder ausgeglichen ist. Stehen Negativität, Zynismus und Kränkungen im Vordergrund, versiegt der Liebesstrom und Kälte kehrt ein. Das Paar lebt sich auseinander, beide Partner sind frustriert und ziehen sich zurück. Man sucht Ablenkung außerhalb der Beziehung und die Kritik am anderen nimmt überhand. Die gute Nachricht ist: Bereits das bewusste Bemühen um aktive »Einzahlungen« auf das Liebeskonto stärkt die emotionale Verbundenheit des Paares und bereits wenige positive Rückmeldungen an den Partner, die Partnerin verändern die Atmosphäre: »Danke, dass du das heute für mich besorgt hast!«, »Es ist toll, wie du das mit den Kindern meisterst!«, »Ich

bin so froh, dass ich dich habe!«, »Immer wenn du mich anrufst, freue ich mich so, deine Stimme zu hören«. Fangen Sie gleich damit an, sich zu überlegen, was Sie heute aktiv tun können, um den »Liebestank« aufzufüllen.

» **Kommunizieren Sie konstruktiv**
Gut miteinander zu kommunizieren, ist eine hohe Kunst, die man bewusst erlernen kann, wenn man sich darum bemüht. Hier ist noch nie ein Meister, eine Meisterin vom Himmel gefallen. Das kleine Kommunikations-ABC bildet die Basis für ein gelungenes Gespräch:

○ **Ich-Aussagen statt Du-Aussagen**
Um gut zu kommunizieren, sprechen Sie in der Ich-Form. Oft werden Bedürfnisse in einen Vorwurf verpackt und mit einer bewertenden Aussage über den Anderen vorgebracht.

Helga sagt zu Peter: »Du hörst mir einfach nie zu und hast nie Zeit für mich!« Diese »Du-Aussage« drängt Peter in eine Ecke, sodass er sich verteidigen möchte oder resigniert nach dem Motto: »Es hat sowieso keinen Sinn, wenn ich mich um die Beziehung bemühe.« Wesentlich effektiver ist es, wenn Helga kurz innehält, sich fragt, was sie wirklich möchte, und dann formuliert: »Peter, ich brauche es sehr, dass du mir zuhörst und dir Zeit für unsere Beziehung nimmst. In letzter Zeit vermisse ich das sehr. Wann können wir uns wieder Zeit für ein Gespräch nehmen?« Hier sagt Helga klar und ohne Vorwürfe, was sie von Peter braucht. Sie kommuniziert ganz offen, was ihr wichtig ist, und spricht von sich. Diese Aussage, beginnend mit dem Wörtchen »ich«, bringt Klarheit in die Situation und der Sender übernimmt Verantwortung für die eigenen Gefühle.

○ **Wertschätzung statt Killerwörtern**

Bereits kleine Worte können eine große Wirkung haben, Verteidigungs-Mechanismen aktivieren und Ärger und Wut schüren.

Folgende Worte sollte man in Auseinandersetzungen vermeiden:

immer: »Du kommst immer zu spät!«

nie: »Du hörst mir nie zu!«

dauernd: »Du bist dauernd genervt und schlecht gelaunt!«

aber: »Der Abend war schön, aber du hast mich kaum beachtet auf der Party!«

○ **Auch sogenannte Killersätze können die Beziehung vergiften**

Häufig hängen sie mit der individuellen Geschichte zusammen und verletzen daher besonders:

»Du bist wie dein Vater, wie deine Mutter!«

»Jaaa, jaaa, eh klar ...!«

»Kannst du endlich einmal vernünftig sein?«

»Schalt bitte dein Hirn ein, ok?«

»Du immer mit deinen Gefühlen ...«

Derartige Sätze sind kränkend und führen meist zu Angriff oder Rückzug. Unsere Sprache kann heilen oder verletzen.

○ **Hören Sie aktiv zu**

Das gute Gespräch ist die Basis, ja der Herzschlag, jeder Beziehung. Es geht darum, sich ganz auf die Welt des Anderen einzulassen und nichts verbessern oder anders haben zu wollen, sondern die Sichtweise des Partners, der Partnerin einfach stehen zu lassen. Das widerspricht dem in uns wohnenden Wunsch, Recht zu haben. Daher ist es gerade in einer intimen Beziehung so wichtig, die Kunst des Zuhörens zu üben. Dazu gehört, dass wir den Anderen aussprechen lassen und nicht schon reagieren, während er oder sie spricht, etwa mit Rechtfertigungen, Du-Botschaften, Belehrungen oder Bemerkungen. Wenn ein Gespräch in diese Sackgasse gerät, ist es besser, eine Pause zu vereinbaren, sich selbst zu beruhigen und erst später mit dem Gespräch fortzufahren. Es kann daher hilfreich sein, ein schwieriges Gespräch bewusst zu strukturieren: Der eine spricht, der andere hört zu und fasst dann am Ende zusammen, was er oder sie verstanden hat. Dadurch kann der Sender der Botschaft sicher sein, dass der Inhalt beim Empfänger wirklich angekommen ist. Dann erst kommt der andere zu Wort und macht es umgekehrt genauso.

Diese Werkzeuge brauchen Übung und Willen, bis sie zum Standardrepertoire einer Beziehung werden. Doch es lohnt sich, hier zu investieren, denn gute Kommunikation schützt Paare davor, sich zu verlieren und auseinanderzuleben.

Verluste, Abschiede und Tod

Abschied nehmen von Gewohntem und Vertrautem

Abschiede und Verluste gehören zu unserem Leben. Wir müssen lernen, damit zurechtzukommen. Abschied zu nehmen, ist ein Prozess und Trauer ein Weg zum wieder heil werden – gerade dann, wenn wir einen geliebten Menschen verloren haben.

»Alles verändert sich, aber dahinter ruht ein Ewiges.«

— *Johann Wolfgang Goethe*

Kleine und große Verluste und Abschiede sowie der Tod von nahestehenden Menschen und auch Tieren sind Teil des Marschgepäcks, mit dem wir im Leben unterwegs sind. Manchmal werden aus Verlusten und Abschieden krisenhafte Zustände, weil uns innere und äußere Ressourcen und Fähigkeiten fehlen, mit ihnen zurechtzukommen. Leben ist ohne Abschiede nicht vorstellbar, und obwohl das so ist und wir es nicht ändern können, liegt uns ein konstruktiver Umgang mit Abschieden nicht im Blut. Manchmal fällt es uns schon schwer, wenn wir einen Gegenstand verlieren, der uns viel bedeutet, wenn wir manch liebgewonnene Tradition ziehen lassen müssen, weil beispielsweise unsere Kinder aus dem jeweiligen Lebensabschnitt herausgewachsen sind. Auch dass der schöne, alte Nussbaum vorm Fenster weg muss, kann wehtun. Wir können viel verlieren, wie unsere Heimat, die Gesundheit, unser Hab und Gut, unsere psychische Integrität, einen Arbeitsplatz und natürlich einen nahestehenden Menschen.

Es ist ein herrlicher Wintertag, die Sonne strahlt und Pulverschnee lockt die Skifahrer auf die Pisten. Nina und ihre Freundin haben sich ein paar Tage freigenommen, um ein wenig aufzutanken und ihrem Hobby, dem Skifahren, zu frönen. Schon frühmorgens wedeln die beiden die steilen Pisten hinunter – ein Hochgenuss. Nina ist passionierte Sportlerin, seit Kindesbeinen fährt sie Ski, ist Mitglied in einer Volleyballmannschaft und läuft jedes Jahr einen Marathon. Sport ist ihr Leben. Nina und ihre Freundin wollen in der Berghütte einkehren, um sich für die nächste Abfahrt zu stärken. Als sie gerade ihre Ski vor der Hütte abschnallen, kommt von oben ein junger Mann auf sie zugeschossen. Er hat seine Ski nicht unter Kontrolle und prallt beinahe ungebremst auf Nina. Nina fliegt durch die Luft und bleibt mit großen Schmerzen in den Beinen im Schnee liegen. Sie wird per Hubschrauber ins Spital geflogen. Nach einigen Untersuchungen eröffnet ihr ein Arzt, dass sie einen komplizierten Bruch hat und beide Kreuzbänder gerissen sind. Ninas Welt steht Kopf, denn das bedeutet für sie eine monatelange Sportpause. Sie muss nach der Operation eine Rehabilitation durchlaufen, hat Schmerzen, braucht regelmäßige Physiotherapie und kann für lange Zeit nicht mehr laufen und Ski fahren. Eine ganz wichtige Stütze in ihrem Leben, der Sport, ist von einem Moment auf den anderen weggebrochen und sie weiß auch nicht, ob sie jemals wieder im gleichen Ausmaß sportlich aktiv sein kann.

Viele Menschen erleiden schwere Sport-, Verkehrs- oder Arbeitsunfälle, die ihr Leben auf den Kopf stellen. Der Körper, auf den man sich jahrelang selbstverständlich verlassen hat, funktioniert dann oft nicht mehr in gewohnter Weise. Die körperliche Integrität ist verletzt und der Betroffene muss verstehen und akzeptieren lernen, dass nun ein neuer Lebensabschnitt beginnt. Vieles ist anders als zuvor, manchmal muss man Zukunftspläne loslassen und betrauern. Dafür braucht die Seele Zeit.

Nina durchläuft viele unterschiedliche emotionale Phasen, von Verzweiflung bis zum aktiven Annehmen der Situation. Nach Monaten kann sie endlich sagen, dass es ihr spürbar besser geht, doch muss sie sich damit abfinden, auf gewisse Sportarten verzichten zu müssen. Viele kleine und große Abschiede sind zu bewältigen.

Abschied und Leid

Auch körperliche und psychische Krankheiten lösen Verluste aus und rufen in uns leidvolle Zustände hervor. Leiderfahrungen sind meist eng gekoppelt an Abschiede und Veränderungen, die den betroffenen Menschen überfordern, weil er oder sie die nötigen Ressourcen, um damit umgehen zu können, gerade nicht zur Verfügung hat.

Das Wort *Leid* leitet sich vom althochdeutschen *lidan* ab, was *fahren* heißt und auf einen dynamischen Prozess hinweist, der im Leiden stattfinden kann: Leiden ist etwas, was in Bewegung ist und in Bewegung bringt. Das heißt auch, dass es veränderbar ist. Indem wir leiden, begeben wir uns auf eine Art Pilgerreise und verändern damit unsere Situation. Wir entwickeln uns dabei weiter. Um das Leiden an einem unbefriedigenden Ist-Zustand zu verändern, weil zum Beispiel ein Abschied zu bewältigen ist, müssen wir aktiv werden und uns von A nach B bewegen. Es gibt Möglichkeiten, solche dynamischen Prozesse zu erleichtern:

- **Das Denken beobachten und verändern**
  Wenn jemand zum Beispiel nach einer Kündigung leidet und im Leiden feststeckt, so steckt er möglicherweise auch in seinem Denken fest. Vielleicht kreisen seine oder ihre Gedanken folgendermaßen um das Thema: »Warum geht es allen anderen so gut und nur mir nicht?«, »Wieso wurde gerade ich gekündigt und nicht mein Kollege?«, »Was habe ich falsch gemacht?«, »Es wird nie besser werden, alles ist sinnlos.« Das subjektive Leidensgefühl entsteht hier dadurch, dass die Gedanken letztlich negativ, einseitig und selbstanklagend sind. Es gilt, sie aktiv zu hinterfragen und

zu verändern. Das kann ein langer Prozess sein, weil es um die Veränderung des Selbst- und Weltbildes geht.

- **Emotionen wahrnehmen, die im Prozess des Leidens auftauchen**
Der Prozess des Leidens ist ein heilsamer, in dem es darum geht, in Beziehung zu sich selbst zu treten. Um mit Abschieden und Leid besser umgehen zu lernen, ist es wichtig, die eigenen Emotionen wahrzunehmen, zu benennen und schließlich zu bejahen. Warum ist das so schwierig? Weil wir im Laufe unserer Sozialisation mit destruktiven Aussagen konfrontiert wurden und man unsere Gefühle in der Kindheit häufig nicht goutierte: »Komm, sei doch wieder fröhlich!«, »Reiß dich zusammen!«, »Sei nicht so böse!«, »Du bist launisch.«, »Das Leben ist nun mal kein Zuckerschlecken.«, »Mit deinem Zorn bringst du mich noch ins Grab!« Derartigen Aussagen ist gemein, dass damit unsere Gefühle negiert, abgewertet und verurteilt werden. Kinder schließen daraus: »Ich bin nicht ok, meine Gefühle sind schlecht und übertrieben.« Um die eigenen Emotionen annehmen zu können, muss dieser »innere Richter« zum Schweigen gebracht werden, der alles z. B. folgendermaßen kommentiert und abwertet: »So zornig zu sein ist einfach falsch.«, »Ich muss fröhlich sein und darf andere nicht so sehr belasten mit meiner Trauer.«, »Was werden die anderen von mir denken?« Zunächst geht es darum, die tatsächlichen Emotionen wahrzunehmen und körperlich zu spüren, ohne sie zu sanktionieren und als gut oder falsch zu bewerten. Schließlich geht es um das Annehmen dessen, was ist, »Ja« zu sagen zu diesem jetzigen Zustand, der zum Beispiel nach einem schmerzvollen Abschied von etwas Bedeutendem entstanden ist. »Ja, ich bin traurig.« oder »Ja, ich bin zornig, sehr zornig!« oder »Ja, ich spüre sehr großen Schmerz, mein Herz tut mir weh.« So kann man sich mit seinem verletzten, ungeliebten Teil verbinden. »Es ist so, wie es ist, und so nehme ich es an.« Dadurch verändert und löst sich etwas in dem Prozess, in dem wir uns befinden.

- **Sich aktiv etwas Gutes tun**
Gerade wenn man in einem leidvollen Zustand ist, die Seele am Boden

liegt und die Welt um einen herum nur noch aus Grau- und Schwarz-
tönen zu bestehen scheint, haben wir es besonders nötig, die schöneren
Seiten des Lebens wahrzunehmen. Wir sollten uns in diesen Situationen
kleine, gute Dinge gönnen, auch wenn wir meinen, dass wir sie vielleicht
gar nicht verdienen oder »es sowieso nichts bringt«. Erinnern Sie sich an
Dinge, die Ihnen gut getan haben oder in schwierigen Zeiten unterstützend waren (siehe auch Kapitel *Innere Ressourcen*).

Sich anderen Menschen anvertrauen und zumuten

Viele Menschen kapseln sich ab, wenn es ihnen nicht gut geht. Sie meinen,
sich anderen nicht zumuten zu können und sich mit den intensiven Gefühlen des Leidens nicht zeigen zu dürfen. Wir leben in einer Kultur der
Stärke, das heißt, es ist uns unangenehm und peinlich, wenn wir in Tränen ausbrechen, Unterstützung brauchen und uns schwach zeigen. Wenn
wir es jedoch schaffen, uns so authentisch wie möglich zu zeigen und
Hilfe zuzulassen, gerade auch in unseren schwächsten Stunden, dann
gewinnen wir an Kraft und befreien uns von dem Dogma: »Ich muss alles
alleine schaffen.« Wir geben dadurch anderen die Chance, etwas für uns
zu tun und so eine echte, tiefe Verbindung herzustellen. Sich anderen auf
diese Weise zuzumuten, erfordert – wie das Wort bereits verrät – eine
große Portion Mut. Wenn wir uns ehrlich eingestehen, dass wir ein Defi-
zit erleben, weil wir einen Abschied oder einen Verlust hinnehmen müssen, dann können wir einen anderen Menschen über eine Brücke zu uns
kommen lassen. Denn gerade dann brauchen wir liebevolle Zuwendung
am meisten und es ist für uns notwendig, dass unsere Grundbedürfnisse
erfüllt werden:

- gesehen zu werden
- gehört zu werden
- verstanden zu werden
- berührt zu werden

Wir können Verluste und Abschiede besser ertragen, wenn wir nicht alleine
sind, sondern wenn wir eine liebevolle Person an unserer Seite wissen.

Die Erfahrung des Todes als Realität

Seit der Mensch bewusst denken kann, begleitet ihn das Wissen um den Tod, was sich in Dichtung, Malerei und Musik der Jahrtausende widerspiegelt. Der Tod lässt uns erzittern oder voller Ehrfurcht sein, wir können ihn erwarten oder sogar ersehnen, kalt kann er uns aber nicht lassen. Letztlich besteht unser Leben aus vielen kleinen und größeren Abschieden. Der Tod – der von geliebten Menschen oder der eigene – ist letztendlich der ganz große, unverrückbare Abschied. Er stellt uns infrage, er erschüttert uns und bringt Gewohntes durcheinander. Durch ihn ist nichts mehr, wie es war – und wird es auch nie mehr sein.

Karl kommt von einem anstrengenden Arbeitstag nach Hause. Er wundert sich, warum die Wohnungstür versperrt ist, seine Frau ist am Montag normalerweise vor ihm zu Hause. Sie wird sich wahrscheinlich nach dem Gymnastikkurs verplaudert haben. Typisch Linda! Er nimmt sich zu essen, setzt sich an den PC, erledigt etwas für die Arbeit und schaut immer wieder auf sein Handy. Vielleicht schickt Linda eine Nachricht. Doch das ist nicht der Fall. Schließlich versucht er, sie anzurufen, doch er erreicht nur die Mailbox. Später läutet es an der Tür. Zwei Wachebeamte stehen vor ihm mit ernster Miene. »Ihre Frau hat einen Unfall gehabt, für sie kam jede Hilfe zu spät. Es tut uns sehr leid!«

Der Tod ist in diesem Beispiel plötzlich und auf brutale Weise ins Leben getreten, ohne Ankündigung, ohne Vorwarnung, an einem Tag, der bis dahin genauso verlaufen ist, wie die Tage zuvor.

Karl wird in den nächsten Wochen und Monaten viele schmerzvolle Prozesse durchschreiten. Er muss erst verstehen, was wirklich geschehen ist. Er muss neben allen organisatorischen Dingen, wie Verwandte und Freunde zu informieren, alle Ämter zu verständigen und das Begräbnis zu organisieren, auch jeden einzelnen Tag bewältigen. Er wird Linda schrecklich vermissen, sehr oft an sie denken und schmerzvoll feststellen, dass sie nie mehr an seiner Seite sein wird und es keine gemeinsame Zukunft mehr gibt. Alle Pläne sind mit ihr gestorben. Das, was jetzt da ist, ist Trauer. Und Trauer braucht Zeit.

Trauer nach dem Tod eines geliebten Menschen ist eine lebenswichtige Reaktion. Sie ist keine Krankheit, sie gehört zum Leben und zum Abschiednehmen. Beinahe jeder Mensch erfährt im Laufe seines Lebens vom Tod eines nahen Menschen und Trauer ist die normale Reaktion auf solch einen schmerzvollen Lebenseinschnitt. Trauer ist ein Prozess, der in verschiedenen Phasen verläuft. Nach Verena Kast[11] sind die Trauerphasen nach einem schweren Verlust folgende:

- **Nicht wahrhaben wollen**
  Der Tod eines Menschen schockiert immer, selbst wenn er absehbar war und eine jahrelange Krankheit dem Tod vorausging. Denn auf einmal ist alles anders. Der Hinterbliebene kann das Geschehen nicht fassen. Viele Menschen erstarren, sind von ihren Emotionen abgeschnitten, verstört oder apathisch. Andere verlieren die Kontrolle über sich und brechen zusammen. Der seelische Schock sitzt tief. Dass man das Geschehene nicht wahrhaben will, ist nachvollziehbar, denn der Schmerz kann überwältigend sein. Körperliche Reaktionen reichen von Herzrasen, Schwitzen, Übelkeit, Erbrechen, motorischer Unruhe bis zu Gedächtnisverlust. Diese erste Phase kann wenige Stunden bis einige Wochen andauern.

- **Aufbrechende Emotionen**
  Allmählich bahnen sich die Gefühle ihren Weg und lassen sich nicht wegdrängen: Schmerz, Wut, Zorn, Ohnmacht, Hilflosigkeit, Angst, Traurigkeit und Depression können dann an die Oberfläche kommen. »Warum

---

11 *Verena Kast (*1943), Professorin für Psychologie an der Universität Zürich, Dozentin und Lehranalytikerin am C.G. Jung Institut, Psychotherapeutin.*

musste es ausgerechnet ihn treffen?«, »Warum musste sie schon so früh sterben?« Der Schmerz wird manchmal hinausgeschrien, häufig auch als Vorwurf dem Toten gegenüber: »Wie konntest du mich nur alleine zurücklassen?« Diese starken Gefühle können sich jedoch auch gegen einen selbst richten, zum Beispiel in Form einer Selbstanklage: »Hätte ich nicht besser aufpassen müssen?«, »Vielleicht hätte ich diesen Unfall verhindern können, wenn ich …« In der Folge kämpft der Betroffene mit Schuldgefühlen, die sehr qualvoll sein können. Diese Gefühle sollten aber keinesfalls unterdrückt werden, denn sie helfen der trauernden Person, den Schmerz besser zu verarbeiten. Diese zweite Phase dauert durchschnittlich mehrere Monate.

• Suchen und sich trennen

Wenn wir etwas verlieren, dann suchen wir üblicherweise danach. Und wie ist das im Trauerprozess? Was suchen wir da? Der trauernde Mensch sucht den Verstorbenen, das gemeinsame Leben, gemeinsame Orte mit Erinnerungswert. Oft wird auch in Gesichtszügen unbekannter Menschen nach den geliebten Gesichtszügen gesucht oder Gewohnheiten des Verstorbenen werden übernommen. Gemeinsame Erlebnisse werden gesammelt und als kostbare »Schätze« behütet. Das alles erleichtert die Trauer. Der Trauernde setzt sich intensiv mit der Person des Verstorbenen auseinander und dadurch entsteht oft ein starkes Begegnungsgefühl, das sehr schmerzvoll und zugleich sehr schön sein kann. Im Verlauf dieses Prozesses, der durch intensives Suchen, Finden und erneutes Trennen gekennzeichnet ist, kommt es irgendwann zu dem Augenblick, wo der Trauernde die innere Entscheidung trifft, doch wieder in das Leben zurückzukehren, »Ja« zum Weiterleben zu sagen und nicht in der Trauer zu verharren.

• Neuer Selbst- und Weltbezug

Die Beziehung zu der verstorbenen Person hat sich verändert. Sie hat einen neuen Platz bekommen. Langsam ist erkenn- und spürbar, dass das Leben doch weitergeht, dass es sich doch lohnt, und man übernimmt wieder Verantwortung dafür. Der Trauerprozess hat seine merkbaren Spuren hinterlassen, denn die Einstellung der trauernden Person zum Leben hat sich gewandelt. Die verstorbene Person lebt nun weiter in den Erinnerungen und im Gedenken. Das eigene Leben richtet sich neu aus, man entwickelt wieder Perspektiven für sich selbst und findet langsam wieder Sinn und Freude.

Diese vier Phasen geben Hinweise für den Umgang mit trauernden Menschen. Auch für die betroffene Person selbst kann es hilfreich sein, zu wissen, welche Emotionen und Herausforderungen im Trauerprozess durchlebt werden können. Jeder Mensch hat seinen eigenen Weg, mit schweren Verlusten umzugehen. Daher macht es wenig Sinn und kann auch verletzend sein, wenn man Menschen Tipps gibt, wie sie »richtig« zu trauern haben – nicht zu kurz, nicht zu lang, nicht zu laut und nicht zu leise. Manche Trauerprozesse können Jahre dauern, andere nur Wochen oder Monate. Frauen trauern tendenziell anders als Männer. Männer stürzen sich häufiger in Aktivitäten, Frauen ziehen sich eher zurück und suchen Hilfe. Kinder haben ihre ganz spezielle Art zu trauern und verarbeiten den Verlust anders als Erwachsene. Sie sind dabei aber auf die Hilfe von Erwachsenen angewiesen.

Den Trauerprozess kann man als Heilungsvorgang betrachten. Für die trauernde Person ist es zunächst meist so, als wäre ein Teil von ihr verloren gegangen. So wie der Körper Zeit benötigt, um mit größeren Wunden zurechtzukommen und den Heilungsprozess in die Wege zu leiten, so benötigt eine trauernde Seele ebenfalls viel Zeit und Schonung, um durch Trauer zu heilen.

Was brauchen Trauernde? Ein Leitfaden.

- **Den Prozess verstehen und akzeptieren**
  Ein wichtiger Schritt in der Zeit der Trauer ist es, die verschiedenen Trauerphasen zu akzeptieren und das eigene Weltbild der neuen Situation anzupassen. Es gibt Menschen, die zum Beispiel monatelang den Tisch für den Verstorbenen mit decken. Für andere kommt sehr bald der Zeitpunkt, an dem sie alle Gegenstände, die sie an den Verstorbenen erinnern, weg-

geben. All das ist ganz normal. Es sind Phasen, die der trauernde Mensch durchläuft, um das Geschehene verarbeiten zu können. Nach und nach gelangt man in eine andere Phase, in der andere Verhaltensmuster gelebt werden. Irgendwann kommt der Tag, an dem es leichter wird, an dem der Schmerz in den Hintergrund tritt, an dem sich wieder eine Lebensperspektive auftut.

Sich Unterstützung holen

Auch wenn jeder Mensch individuell trauert, so durchleben alle Trauernden ähnliche Emotionen. Es kann hilfreich sein, sich Literatur zu dem Thema zu beschaffen, eine Trauergruppe zu besuchen oder sich seelsorgerliche oder psychotherapeutische Hilfe zu holen. Wichtig ist, der Tendenz entgegenzuwirken, in dieser schweren Zeit niemanden an sich heranzulassen und zu meinen, man müsse alles alleine schaffen und dürfe niemanden belasten. Dazu gehört auch, seine sozialen Kontakte weiterhin aufrechtzuerhalten und zu pflegen. Denn nur so ist es auch möglich, dass liebe Menschen aus dem Umfeld vermehrt auf die schwierige Situation achten und z.B. etwas zum Essen vorbeibringen, zu einem Spaziergang einladen oder einfach nur da sind. Trauer darf nicht ausgesperrt werden aus unserem Leben, sie verlangt nach Integration in das Leben, so wie jedes andere Gefühl auch.

Gut mit sich umgehen

Studien zeigen, dass allein lebende Personen, die den Partner, die Partnerin verloren haben, besonders gesundheitsgefährdet sind. Ihr Immunsystem ist oft geschwächt, weil sie sich schlecht und mangelhaft versorgen. Sie neigen dazu, sich weniger gut zu ernähren, leiden oftmals an Schlafstörungen, bewegen sich weniger und geraten leichter in soziale Isolation. Gerade in solch einer schweren Zeit sollte man ganz bewusst darauf achten, sich Gutes zu tun, auch wenn man emotional zum genauen Gegenteil tendiert.

Aus Trauer lernen

Trauer weist uns auf die Vergänglichkeit unseres Lebens und der Dinge dieser Welt hin. Sie verdeutlicht uns, dass leben immer auch Abschied nehmen und sich trennen heißt. Damit fördert sie eine Haltung, die uns dabei hilft, den Augenblick zu schätzen und das Leben mit seinen Wundern als etwas Besonderes wahrzunehmen. Trauer lässt uns »abschiedlich leben« und uns Fragen wie die folgende zur Änderung unserer täglichen Routinen stellen: »Was würdest du anders machen in deinem Leben, wenn du nur noch ein paar Wochen zu leben hättest?« Wir machen uns durch solche Fragen unsere Vergänglichkeit bewusst und dass alles irgendwann ein Ende hat, zumindest in dieser uns bekannten Form. Dadurch sind wir aufgerufen, so gegenwärtig wie möglich zu leben, zu staunen über das Leben in all seinen Facetten und unser Leben immer wieder mit dem Wissen um seine Endlichkeit zu betrachten.

Was unser Identitätsempfinden ausmacht und wie wir uns selber besser vertsehen können

Das Gefühl vom »Ich« und die tragenden Lebensbereiche als Fundament · Alles hängt zusammen · Ein Koffer voller Ideen

Was unser Identitätsempfinden ausmacht und wie wir uns selber besser verstehen können

Wie nehme ich mich selber wahr? Bin ich in meinem Körper zu Hause? Wie gestalte ich meine sozialen Beziehungen? Wie stehe ich zu meiner Arbeit? Wie sieht es mit meiner finanziellen, meiner materiellen Sicherheit aus? Und welche Werte und Überzeugungen trage ich in mir, welche prägen mein Leben?

Birgit, 45, ist groß, schlank, rothaarig, zweifache Mutter und Bankangestellte, liebt ihren Garten und neigt dazu, schnell enttäuscht zu sein.

Manuel, 36, ist zierlich, hat braunes, gewelltes Haar, immer Schulden, ein umwerfendes Lächeln und einen Faible für Freejazz.

Norbert, 67, hat ein paar Kilos zu viel auf den Hüften, geht regelmäßig in den katholischen Gottesdienst und engagiert sich mit ganzem Elan für seine Enkelkinder, die davon sehr profitieren.

Jana, 26, ist kräftig und kurvig gebaut, hat dunkelbraune Haut und krause Locken, ist ein echtes Energiebündel, studiert Soziologie, liebt die blonde, zierliche Maria und reist regelmäßig nach Nordeuropa, weil sie die dortige Mentalität unglaublich anzieht.

Niko, 42, ist athletisch gebaut und fast 1,90 groß, jedes Wochenende auf einem anderen Berg unterwegs, Computerspezialist, engagiert sich bei Global 2000 und wünscht sich sehnlichst eine Freundin und Kinder, weil das für ihn zu einem gelungenen Leben gehört.

Und Sie? Wie sind Sie in dieser Welt verkörpert? Was macht Sie zu dem, was Sie sind? Was erwarten Sie sich von Ihrem Leben? Und was ist für Sie ein geglücktes Leben?

Was aus den Launen der Natur und den Genen unserer Vorfahren entstanden ist, sind wir. Wir sind von klein auf gewachsen in diesem Körper, mit diesem Gesicht, mit diesem unverwechselbaren Habitus – eben wir. Wir sind einzigartig. Obwohl wir alle einer ständigen Veränderung unterworfen sind, neue Erfahrungen machen, älter werden, vergessen und Neues dazulernen, fühlen wir uns als ein und derselbe Mensch. In einzigartiger Weise unterscheiden wir uns demnach auch von allen anderen Menschen. Unsere Identität zeigt sich in unserem Auftreten, in unserer Mimik und Körpersprache, in der Art, wie wir reden und kommunizieren ebenso, wie in der Art, wie wir denken, was wir glauben und wie wir handeln. Unsere individuelle Prägung wird mit beeinflusst von der Kultur, der Landschaft, der Gesellschaft und der Umwelt, in die wir hineingeboren sind und in der wir leben.

Fragen Sie sich: Wer bin ich? Worüber definiere ich mich? Auf wen beziehe ich mich? Und wer bezieht sich auf mich? Welches Selbstbild habe ich von mir und welches Bild haben andere von mir?

Im Laufe unserer Entwicklung verändert sich unser Identitätsgefühl. Vielleicht erinnern Sie sich an die Bedeutung Ihrer Peergroup, Ihres Freundeskreises, als Sie in der Pubertät waren, und wie wichtig es damals war, dazuzugehören. Das hat damals Ihr Identitätsgefühl gestärkt. Oder vielleicht gehören Sie zu denen, deren erste große Liebe eine regelrechte Identitätskrise ausgelöst hat. Dieser Ausnahmezustand hat damals alles bisher Erlebte und Gewohnte in eine andere Relation gesetzt. Ihre Eigenwahrnehmung geriet dadurch ins Wanken und nichts war mehr wie vorher. Heute identifizieren Sie sich mit ganz anderen Dingen, Menschen und Werten. Andere Bereiche im Leben sind für Sie bedeutend. Wir können also sagen, dass Identität ein Kontinuum ist und sich lebenslang in Veränderung und Entwicklung befindet.

Das Gefühl vom »Ich« und die tragenden Lebensbereiche als Fundament

Es ist für die Stabilität im Alltag hilfreich, jene Lebensbereiche im Blick zu haben, die Teil unseres Identitätsempfindens sind. So können wir unser Ich, das uns manchmal nebulös und unklar erscheint, besser erfassen. Denn was meinen wir genau, wenn wir sagen: »Es geht mir nicht gut.«, »Ich bin unglücklich.« oder »Mein Leben ist so kompliziert.« Ist es nicht so, dass uns in diesem Fall meist ein bestimmter Lebensbereich Sorgen und Kummer bereitet und dieser oftmals unser ganzes Leben überschattet?

Simone trägt einen partnerschaftlichen Konflikt mit sich herum, der sich auf ihre Konzentration in der Arbeit auswirkt und zu Hause ihre Essproblematik verstärkt.

Erik hat sich verschuldet und seinen Job verloren. Er ist im Moment arbeitslos und kann seinen Sohn diesmal nicht zum Sportcamp fahren lassen.

Gerda ist an kreisrundem Haarausfall erkrankt. Ihr Selbstwertgefühl leidet massiv darunter und sie zieht sich immer mehr vom sozialen Leben zurück.

- Wir sind anfällig und verwundbar, was unseren Körper und unsere Gesundheit betrifft.
- Wir leiden, wenn unsere Beziehungen zu anderen Menschen nicht gut sind.
- Wir brauchen Arbeit bzw. das Gefühl, selbsttätig zu sein in einem Beruf oder in einer selbstgewählten Aufgabe. Haben wir das nicht, vermissen wir etwas Grundlegendes.
- Mit unseren finanziellen Mitteln schaffen wir unsere Lebensgrundlage. Mangel und Einbußen in diesem Bereich schwächen uns sehr.
- Wir leben nach bestimmten Werten und inneren Überzeugungen. Diese können so erschüttert werden, dass wir am Sinn des Lebens zweifeln. Glücklicherweise können wir unsere Werte aber auch verändern.

Es sind also fünf Lebensbereiche, die unser Identitätsgefühl beeinflussen und bilden. Auf philosophischer und spiritueller Ebene lässt sich freilich noch viel weiter in die Tiefe gehen auf der Suche nach unserem Sein und unserer Identität. Im Kontext von Krisenbewältigung, Prävention und gesunder Lebensbalance helfen uns aber genau diese fünf Bereiche, die das Fundament unseres Ichs bilden. Es lohnt sich für Sie, Ihre persönlichen Lebensbereiche genauer zu betrachten. Finden Sie heraus, wie stabil jeder Bereich derzeit ist, ob Sie zufrieden sind oder ob Sie etwas verändern wollen und wo es Verbesserungspotenzial gibt. Zu wissen, wie »gut aufgestellt« Sie in den fünf Lebensbereichen sind, bedeutet, über die eigenen Ressourcen Bescheid zu wissen und im Krisenfall darauf zurückgreifen zu können.

Leiblichkeit

Der Begriff Leiblichkeit, geprägt von H. Petzold,[12] meint mehr als Körper und Aussehen. Sie ist »das Gefäß, in dem wir sind«. Unsere Leiblichkeit umfasst unsere Vitalität, Lebenskraft und Gesundheit, unser Wohlbefinden auf körperlicher, psychischer und mentaler Ebene. In uns bewegen sich Gefühle, Gedanken, Überzeugungen, Träume und Visionen. All das gehört zu uns. Wir sind Körper, Seele und Geist in einer Einheit. Wenn wir seelisch leiden, haben wir traurige Gedanken und möglicherweise körperliche Symptome von Schmerz und Unwohlsein. Umgekehrt beeinflusst auch eine rein körperliche Erfahrung, wie beispielsweise eine Sportverletzung, die Psyche. Zur Leiblichkeit gehört auch die Art und Weise, wie wir uns ernähren, ob und wie viel wir uns bewegen oder welchen körperlichen Ausgleich wir für uns finden.

Wenn wir ein positives Selbstbild von uns entwickeln konnten, haben wir Vertrauen in uns selbst. Wir sind zufrieden, wenn wir in den Spiegel schauen, und möchten nicht lieber jemand anderer sein. Wir mögen und akzeptieren uns so, wie wir sind. Manchmal braucht es viele Jahre, um ein positives Bild von sich selbst entwickeln zu können. In Zeiten der omnipräsenten medialen Vorbilder, die meist computergeschönten Bildern entstammen, verlangt es uns außerdem einiges ab, uns nicht ständig in einer Art Vergleichsmodus zu beurteilen und dadurch mit uns selber unzufrieden zu sein. Uns in unserer Haut wohlzufühlen, mit unserem Körper und unserem Aussehen zufrieden zu sein, uns als Frau oder Mann in unserer sexuellen Identität positiv wahrzunehmen, auch das sind Qualitäten, die den Bereich der Leiblichkeit ausmachen.

---

12   *Hilarion Petzold (*1944), deutscher Psychologe und Begründer der Integrativen Therapie, war Professor an der Freien Universität Amsterdam.*

Mein Körper und ich – ein gutes Team?

Folgende Fragen können Ihnen in Bezug auf Ihr körperliches Wohlbefinden helfen, klarer zu sehen, wie gut es Ihnen geht und wo Sie ansetzen können:

» Mag ich mich, wenn ich in den Spiegel schaue?

» Nörgle ich an mir herum oder habe ich vorwiegend freundliche Gedanken mir selbst gegenüber?

» Bin ich mit meinem Essverhalten zufrieden? Koche ich für mich selbst und ernähre ich mich von gesunden, frischen Lebensmitteln?

» Habe ich das Gefühl, in meinem Körper »zu Hause« zu sein?

» Mache ich regelmäßig Sport? Verbringe ich Zeit in der Natur? Was bedeutet mir Bewegung?

» Fühle ich mich gesund oder bin ich oft energielos? Kann ich mit meinen Kräften gut haushalten? Gibt es in meinem Alltag Zeiten der Ruhe und Entspannung?

» Kann ich meine Sexualität so leben, wie ich es möchte?

» Welche Aktivität macht mir besonders viel Freude? Wann und wobei fühle ich mich richtig lebendig?

» Was brauche ich, um mich dauerhaft gesund und wohlzufühlen und was kann ich selbst dafür tun?

Soziale Beziehungen – mein Netzwerk, meine Lebensmenschen

Jeder Mensch, so er kein Eremit ist, lebt in einem Netzwerk von Beziehungen. Dieses Beziehungsgeflecht kann sehr stark sein, z. B. wenn man eine intakte Großfamilie hat oder einen großen Freundeskreis. Es kann aber auch klein und trotzdem tragfähig sein. Manche Menschen haben neben der Familie vielleicht nur ein, zwei enge Bezugspersonen und ein paar Bekannte. In der Regel besteht ein soziales Netzwerk aus Partner, Kindern, Herkunftsfamilie, Arbeitskollegen, Freunden und Menschen, mit denen wir unsere Interessen teilen, beispielsweise in einem Verein oder einer Organisation. Wir sind soziale Wesen, wir brauchen das »Du«, wir brauchen Beziehungen. Wir sind geradezu auf sie ausgerichtet. Glückliche Beziehungen sind tragend und ein steter Quell der Freude, Kraft und Inspiration. Unglückliche Beziehungen trüben unser Leben und können krank machen. Menschen, die aus unterschiedlichsten Gründen isoliert leben und keine sozialen Beziehungen pflegen oder kaum Kontakt zu anderen haben, sind anfälliger für Krankheiten und Armut.

Wir identifizieren uns stark mit jenen Menschen, mit denen wir zusammen sind. Sie stiften Identität, denn sie sind Teil unserer Kultur, unseres sozialen Status, unseres Bildungsstandes und unserer Lebensweise. Umgekehrt tragen auch wir zu ihrer Identität bei. Auch wir sind für sie bedeutsam und wichtig. Unsere engen Beziehungen haben sehr starken Einfluss auf unser Wohlbefinden, auf unser Selbstwertgefühl und auch auf unsere Gesundheit. Wie und wo wir aufwachsen, welche familiären Wurzeln und Bindungen wir haben, welche Menschen heute an unserer Seite sind und auf wen wir uns in Zeiten der Not verlassen können, trägt zu unserer Identität bei. Seilschaften sind nicht nur im Berufsleben wichtig. Wer zieht mit mir an einem Strang? Wer sind die Menschen, die zu meinem realen Netzwerk gehören? Virtuelle Freundschaften haben gewiss auch ihren Wert, aber der Begriff Netz meint hier, dass es eine engmaschige Seilschaft gibt, die uns bei Bedarf im realen Leben auffangen kann, wenn wir Hilfe brauchen. Zu wissen, wer uns im Krisenfall eine Schulter zum Ausweinen bietet, uns zuhört oder uns praktisch unterstützt, ist von unschätzbarem Wert. Gute, tragfähige Beziehungen stellen eine wesentliche Ressource im Leben dar.

Die Menschen in meiner Nähe, was bedeuten sie mir?

Die folgenden Fragen helfen Ihnen herauszufinden, wie stark Ihre sozialen Beziehungen sind und ob Sie sich auf Menschen in Ihrem Umfeld verlassen können.

» Gibt es jemanden in meinem Leben, dem ich alles anvertrauen kann? Wen rufe ich zuallererst an, wenn ich in Not bin?

» Was bedeutet mir mein Partner, meine Partnerin?

» Habe ich eine Familie, die mir Rückhalt gibt? Fühle ich mich von ihr wertgeschätzt?

» Wen zähle ich zu meinem Freundeskreis? Gibt es einen Freund, eine Freundin, mit dem oder der ich die wichtigen Stationen meines Lebens teile? Fühle ich mich durch das Zusammensein mit Freunden und Bekannten verstanden, bereichert und gestärkt?

» Bin ich am Arbeitsplatz gerne mit meinen Kollegen zusammen? Fühle ich mich von den Menschen an meinem Arbeitsplatz als Person wertgeschätzt?

» Fällt es mir leicht, Kontakt zu anderen Menschen zu knüpfen? Möchte ich mir neue Beziehungen aufbauen?

» Engagiere ich mich gemeinsam mit anderen für eine bestimmte Sache?

» Was kann ich konkret tun, um meine guten Beziehungen weiterhin zu pflegen und andere zu verbessern?

Beruf, Hobby, Aufgabe – was ich leiste, tue und kann

Für viele Menschen sind der Beruf und die Arbeit gleichbedeutend mit Identität. Besonders im westlichen Kulturkreis wird der Wert der Erwerbsarbeit von vielen Menschen so hoch eingestuft, dass sich alle anderen Lebensbereiche den Anforderungen, die der Beruf an sie stellt, unterordnen.

In den letzten Jahrzehnten ging der Trend, auch bedingt durch die Entwicklung der neuen Kommunikations- und Informationstechnologien, deutlich in Richtung immer höherer Effizienz und Wirtschaftlichkeit. Das hat viele Bereiche in unserem Leben verändert, auch das Bildungswesen. Es ist nicht darauf ausgerichtet, das Individuum für die Bewältigung seines Lebens möglichst gut vorzubereiten, sondern es produziert immer zielgerichteter für den Bedarf der Wirtschaft. Das Ergebnis sind spezialisierte, auf bestimmte Arbeitsplätze vorbereitete Dienstnehmer. Bereits die Kleinsten sollen darauf vorbereiten werden, leistungsstark und kompetent mit den immer schnelleren Veränderungen und Anforderungen der modernen Arbeitswelt zurechtzukommen.

Unsere Eltern- und Großelterngeneration hat einen einzigen Beruf erlernt und ihn meist an einem einzigen Arbeitsplatz während ihrer gesamten Erwerbstätigkeit ausgeübt. Heute müssen sich viele Menschen verschiedene Standbeine zulegen und sich in den unterschiedlichsten Bereichen weiterbilden, um einen halbwegs sicheren Arbeitsplatz zu ergattern. Jobwechsel sind normal geworden. Viele Menschen leben als freie Dienstnehmer, viele müssen sogar mehrere Jobs gleichzeitig ausüben, um ihren Lebensunterhalt zu verdienen. Unsicherheit ist auf dem freien Markt das Hauptkennzeichen der heutigen Arbeitswelt.

Doch für viele Menschen ist immer noch das, was sie tun und leisten, auch das, womit sie sich identifizieren: Ein Arzt, der seine Arbeit liebt, identifiziert sich mit seinem Beruf. Eine Mutter, ob sie nun ganz zu Hause bei den Kindern bleibt oder zusätzlich einer Erwerbsarbeit nachgeht, tut dies ebenso. Sie gehen in ihrer Tätigkeit auf und beziehen daraus Sinn und Selbstwirksamkeit.

Manche Menschen hingegen sehen ihre Erwerbsarbeit lediglich als »Brotjob«, als eine Arbeit, die weder besonders sinnstiftend ist, noch eine Herausforderung darstellt, aber Einkommen bringt. Vielleicht engagieren sich diese Personen in der Freizeit aber beispielsweise ehrenamtlich bei der Feuerwehr oder im Rettungseinsatz, und diese für sie sinnstiftende Aufgabe gibt ihnen ein positives Identitätsgefühl. Denn auch die Freizeit ist ein weites Feld, aus dem wir Sinn für unser Leben ziehen können:

Sonja hat einen grünen Daumen. In ihrem Garten wächst und gedeiht einfach alles und sie kann damit viel zur gesunden Ernährung der Familie beitragen.

Martin liebt seinen Brotjob nicht wirklich, aber er restauriert mit großer Leidenschaft und Sachkenntnis alte Autos und trägt so auch ein Stück zum Erhalt von Geschichte bei. Wenn er mit den Oldtimern unterwegs ist, wird er oft auf sie angesprochen.

Gregor verbringt jeden Urlaub als Freiwilliger in einem Umweltschutz-Projekt, zuletzt etwa als Helfer für Meeresschildkröten auf Zakynthos.

Nelly betreut eine Flüchtlingsfamilie in ihrer Gemeinde, lernt mit ihr Deutsch, unterstützt die Kinder bei den Hausaufgaben und kann mittlerweile schon einige arabische Spezialitäten kochen.

Hermann hat Prostatakrebs, ist aber derzeit stabil. Er hat eine Selbsthilfegruppe ins Leben gerufen, mittlerweile gehören ihr 18 Betroffene und ihre

Angehörigen an. Hermann berät Erkrankte, hält den Kontakt in schwierigen Behandlungsphasen und kennt mittlerweile einige sehr gute Experten, die oft ehrenamtlich Vorträge halten.

Marianne leitet den Chor in ihrem Dorf und sucht stundenlang passende Musikstücke für dieses Ensemble aus dem Internet oder in Musikalienhandlungen. Oft schreibt sie Stücke um und komponiert Zwischenspiele. Jede Woche probt sie mit ihrem Chor, zweimal pro Jahr geben sie ein Konzert.

Was auch immer wir beruflich, nebenberuflich oder in unserer Freizeit tun, auf welche Art und Weise wir unsere Zeit verbringen und womit wir uns beschäftigen – es trägt zu unserer Identität bei. Wir können Chef eines großen Konzerns sein, Politiker oder Astronaut. Wir können Musik machen, im Garten arbeiten, ein Segelboot bauen, rare Dinge sammeln, studieren, malen, handwerkeln oder einen nahen Angehörigen pflegen, mit Hunden spazieren gehen, uns sozial oder sportlich engagieren – stets beziehen wir daraus Sinn und Wert für uns selbst. Wenn wir sehen, dass das, was wir tun, wirksam ist, verleiht uns dies Identität und macht uns zufrieden.

Menschen, die für sich keine sinnstiftende Aufgabe haben, sind eher gefährdet, bei Problemen in ein emotionales Vakuum zu fallen. Es fehlt ihnen die Möglichkeit, sich mit etwas zu beschäftigen, das sie ablenkt, ihnen guttut, sinnstiftend ist und letztlich zu ihrer Gesundheit beiträgt. Deshalb wirkt es in Krisenzeiten stabilisierend, einer befriedigenden Tätigkeit nachzugehen. Wenn wir beispielsweise privat gerade Schwierigkeiten haben und wir unsere Arbeit oder unseren Beruf lieben, dann hilft uns dies über das Tief hinweg. Haben wir Sorgen oder Nöte, kann die Vertiefung und Ausübung unseres Hobbys uns über diese Zeit »hinüberretten«.

Meine Tätigkeit – eine sinnstiftende, befriedigende Aufgabe?

Folgende Fragen helfen Ihnen zu sehen, welche persönlichen Ressourcen der Bereich Arbeit, Leistung und Freizeit für Sie bereitstellt.

» Übe ich einen Beruf aus, der mir gefällt? Kann ich meine Fähigkeiten einbringen und beziehe ich Anerkennung und Freude aus dem, was ich leiste? Bin ich mit dem Leistungspensum, das ich auferlegt bekomme oder mir selber auferlege, zufrieden oder fühle ich mich über- bzw. unterfordert?

» Was bedeutet mir meine derzeitige Arbeit? Kann ich mich damit identifizieren? Empfinde ich meine Tätigkeit als eine befriedigende, sinnstiftende Aufgabe?

» Welche Ziele möchte ich noch erreichen? Bin ich offen für Neues? Habe ich Interesse an Weiterbildung? Worüber könnte ich etwas lesen und mich informieren? Was gibt es Neues zu entdecken?

» Worauf bin ich besonders stolz in meinem Leben?

» Finde ich das rechte Maß und den notwendigen Ausgleich zu dem, was ich leiste? (Stichwort: Freizeitstress)

» In welche Tätigkeitsbereiche könnte ich mehr Lebensfreude bringen und was kann ich konkret dafür tun?

Einkommens-, Wohn- und Lebensverhältnisse – materielle Sicherheit

In Krisensituationen ist die Frage nach der materiellen Sicherheit und den finanziellen Möglichkeiten oft eine entscheidende. Werden wir krank und haben keine ausreichende Krankenversicherung, kann eine notwendige Behandlung teuer und sogar unfinanzierbar werden. Eine Operation, ein Medikament oder eine Therapie, die helfen würden, aber nicht bezahlt werden können, sind für die betroffene Person möglicherweise ein weiterer Schritt in eine Abwärtsspirale.

Auch wenn viele Menschen ihr persönliches Identitätsempfinden nicht an materielle Dinge knüpfen, so beeinflusst der Faktor Geld dennoch unser ganzes Leben. Es macht einen Unterschied, ob wir nachts gut schlafen können, weil wir wissen, dass unser Eigenheim finanzierbar ist und auch morgen noch genug für die Familie da sein wird, oder ob wir ständig in existenzieller Angst und Sorge um die Dinge des täglichen Lebens sind und jeden Cent umdrehen müssen. Die Art und Weise, wie wir leben, wo wir wohnen, was wir arbeiten, wie viel wir verdienen, welche Ausbildung wir genossen haben oder unseren Kindern ermöglichen können, trägt zu unserem Identitätsempfinden bei. Welchen Handlungsspielraum wir zur Verfügung haben und was wir uns generell im Leben ermöglichen und verwirklichen können, hat großen Einfluss auf unsere Befindlichkeit. Deshalb ist es wichtig, die Frage nach der finanziellen Sicherheit zu stellen. Ressourcen im finanziellen und materiellen Bereich schaffen Handlungsspielraum: Wir sind in der Lage, ein interessantes Buch zu kaufen, wenn es uns anlacht. Wir können bei einem Rendezvous einen Freund, eine Freundin zum Essen einladen. Wir können unsere Rechnungen pünktlich bezahlen und eine Urlaubsreise machen. Wir können unsere Grundbedürfnisse erfüllen und wenn wir wollen, können wir auch noch viel mehr.

Dabei ist das Gefühl der materiellen Sicherheit ein sehr subjektives: Nicht jeder braucht ein dickes Plus am Konto und das Wissen darum, dass er oder sie im Alter gut abgesichert sein wird. Viele von uns schlafen nachts auch dann wunderbar, wenn der Kredit noch 20 Jahre lang läuft oder der Job alles andere als fix ist. Es gibt reiche Menschen, die wahre Paläste bewohnen und sich dennoch finanziell und existenziell unsicher fühlen. Und es gibt Menschen, die in ihrer Einzimmerwohnung residieren wie ein König mit der ganz persönlichen Sicherheit, alles zu haben, was sie für ihr Leben brauchen. Manche Menschen brauchen stets das Gefühl, groß einkaufen zu können, sich neue Kleidung leisten zu können oder einen glamourösen Urlaub. Andere lieben vor allem Dinge, die nicht viel kosten, weil ihnen unsere Konsumwelt mit ihrer dauernden Orientierung am Geldausgeben zuwider ist. Entscheidend ist, wie wir selbst für uns bewerten, was wertvoll ist, und was Sicherheit und Wohlstand für uns ausmacht.

Wohlstand und Sicherheit – wie wohl stehen die Dinge?

Stellen Sie sich die folgenden Fragen im Hinblick auf Ihre finanzielle und materielle Sicherheit. Wenn Sie Ihren persönlichen Handlungsspielraum kennen und wissen, worauf Sie zurückgreifen können, sind Sie in Krisenzeiten gut gewappnet. Wenn Sie feststellen, dass dieser Bereich nicht so ist, wie Sie es gerne hätten, können Sie sich überlegen, welche Schritte Sie konkret setzen können, um ihn zu verbessern.

» Verfüge ich über ausreichende Mittel, um mich selbst und meine Familie gut versorgen zu können?

» Bin ich mit meinem derzeitigen Lebensstandard zufrieden? Möchte ich ihn verbessern? Kann ich diesen Standard auch längerfristig, beispielsweise über das Ende der Erwerbstätigkeit hinaus, beibehalten?

» Habe ich finanzielle Ressourcen, auf die ich zurückgreifen kann (Eigenheim, Ererbtes, Gespartes, Sachwerte, Geldwerte)? Schaue ich beruhigt in die Zukunft? Habe ich das Vertrauen, dass immer genug für mich da sein wird?

» Kann ich unabhängige Entscheidungen treffen und reicht mein finanzieller Handlungsspielraum aus, um mich frei zu fühlen? Was brauche ich (noch), um mich materiell sicher zu fühlen?

» Wie ist mein Selbstwertgefühl in Bezug auf meine Lebensverhältnisse? Leide ich unter dem Gefühl des Mangels oder der Unzulänglichkeit?

» Was brauche ich wirklich? Wo kann ich reduzieren (z. B. Kosten, Besitztümer)?

» Wie wohl stehen die Dinge in meinem Leben? Sehe ich Verbesserungspotenzial?

Werte und innere Überzeugungen

Der fünfte Bereich betrifft unser Innenleben: unsere Lebenseinstellung und Weltanschauung, unseren Glauben, unsere Hoffnung, Liebe und Spiritualität, das, was uns gleich einem inneren Kompass Halt und Kraft, Sinn und Orientierung gibt, aber auch das, was uns vorwärtstreibt und wonach wir uns bewusst oder unbewusst richten. Unsere Überzeugungen oder Ideologien haben einen starken Identifikationsfaktor. Als Vegetarier und Umweltschützer werden wir uns in der Gemeinschaft der Jäger und Wildschweinesser nicht wohlfühlen, und umgekehrt. Da Gleiches Gleiches anzieht, umgeben wir uns auch mit jenen Menschen, die ähnliche Werte und Überzeugungen haben wie wir. Wir fühlen uns zugehörig zu Gruppen und Menschen, die uns unsere Werte vermitteln. Glaubensgemeinschaften, politische und soziale Organisationen, Arbeits- und Interessensgemeinschaften stellen oft den Rahmen für Werte und Normen bereit, die Sicherheit und Orientierung geben, aber auch Inspiration und Wissenstransfer ermöglichen. Nicht alle Werte, die wir heute leben und vertreten, sind aus reiflicher Überlegung, aus uns selbst heraus, entstanden. Vieles haben wir als Kinder unbewusst aufgenommen, vieles wurde verinnerlicht und läuft heute noch als eine Art inneres Programm in uns ab. Dabei spielt unsere familiäre Prägung, Erziehung und Sozialisation eine ebenso große Rolle wie die Kultur, Religion, Weltanschauung und Wertehaltung unserer Gesellschaft.

So manchen Glaubenssatz – dessen wir uns möglicherweise gar nicht bewusst sind – sollten wir reflektieren und, wenn er für uns hinderlich ist, durch einen förderlichen ersetzen. Kennen Sie Sprüche wie »Das schaffst du nie, versuch's erst nicht!« oder »Dafür bist du zu groß, klein, dick, dünn, dumm usw.«? Derartige Sätze tragen wir oft unbewusst so lange mit uns herum, bis sie an die Oberfläche unseres Bewusstseins treten und wir uns definitiv und bewusst von ihnen verabschieden können. Sie hindern uns daran, uns zu entwickeln, unser Potenzial auszuschöpfen und an uns selbst und unsere Fähigkeiten zu glauben (siehe auch Kapitel *Innere Glaubenssätze und ihre Wirkung*). So manche Krise entsteht deshalb, weil unsere innere Überzeugung uns daran hindert, in bestimmten Situationen eine andere, bessere Wahl zu treffen, eine Wahl zu unserem Vorteil und unserem Wohl, eine Wahl, mit der wir uns nicht selbst boykottieren.

Werte im Wandel – was zu glauben gibt mir Halt?

Stellen Sie sich folgende Fragen und spüren Sie nach, welche Werte und Überzeugungen in Ihrem Leben tragend sind. Vielleicht ist es an der Zeit, sich von bestimmten Überzeugungen zu lösen, vielleicht wollen Sie sich bewusster dafür entscheiden, eine bestimmte Wertehaltung einzunehmen.

» Welche Werte hat mir meine Herkunftsfamilie vermittelt? Habe ich sie als Kind als Sicherheit gebend oder einengend empfunden?

» Welche dieser Werte sind mir heute wichtig und welche stellen eine Kraftquelle für mich dar?

» War meine Erziehung religiös, traditionell geprägt oder wurde zu Hause eine bestimmte Ideologie gelebt? Was kann es für mein Leben bedeuten, diese Muster abzulegen?

» Gab es in meiner Entwicklung positive Vorbilder, deren Wertehaltung mich beeinflusst hat?

» Habe ich den Glauben, dass sich alles in meinem Leben zum Guten wenden wird? Bin ich grundsätzlich optimistisch oder denke ich mir oft Worst-Case-Szenarien aus?

» Gibt es etwas, wofür ich mich engagiere oder mich engagieren möchte, mich einsetze oder wofür ich kämpfe, und warum?

» Woran glaube ich? Was gibt meinem Leben Sinn? Was zu glauben gibt mir Halt? Wie kann ich diesen Glauben stärken?

» Wie kann meine Überzeugung eine gelebte, nach außen sichtbare Handlung und Haltung werden?

Alles hängt zusammen

Hilarion Petzold, der Begründer der Integrativen Therapie, nennt diese fünf Lebensbereiche »Die 5 Säulen der Identität«. Unser Ich steht demnach, bildlich gesprochen, auf diesen tragenden Säulen. Es sind gleichzeitig auch jene inneren und äußeren Ressourcen, auf die wir bewusst zurückgreifen können – in guten, aber vor allem auch in schwierigen oder unsicheren Zeiten. Sie für uns selbst gut im Überblick wahrzunehmen, ist von unschätzbarem Wert, denn es wird der Komplexität unseres Seins einfach nicht gerecht, wenn wir bei Schwierigkeiten ausschließlich den jeweils betroffenen Bereich, die jeweilige Säule im Fokus haben. Dazu tendieren wir jedoch zwangsläufig, weil jedes krisenhafte Ereignis unsere Wahrnehmung einschränkt. Wir starren auf das Problem und nehmen durch diesen verengten Fokus vieles, das gut ist, schlicht und einfach nicht wahr. Wenn wir zum Beispiel nur unsere Schulden, Beziehungskonflikte, Gewichtsprobleme, unseren Arbeitsstress oder unsere momentanen Schmerzen zu »behandeln« versuchen, sind wir so auf das jeweilige Problem fokussiert, dass wir nicht sehen, wie wunderbar unsere Kinder derzeit geraten, dass uns im Beruf gerade etwas gelungen ist, was wir schon lange erreichen wollten, oder dass wir eigentlich gesund sind und der Blutdruck sich ganz und gar im grünen Bereich befindet. Wer Motorrad fährt, kennt dieses Phänomen: Liegt ein Stein oder ein totes Tier auf der Fahrbahn, neigt man dazu, genau auf diese Stelle zuzufahren, weil man sie fokussiert. Doch wer gut fahren will, muss immer weit vorausschauen und gelegentlich per Pendelblick die Strecke vor sich überprüfen. Nur dann kommt man gut durch die nächste Kurve und sicher ans Ziel.

Wenn in einer der fünf Säulen Probleme bestehen, haben wir immer noch vier andere, die im besten Fall so stabil sind, dass sie die fünfte eine Zeit lang mittragen können, was uns Ressourcen verschafft, auch im problembehafteten Bereich wieder an Ordnung und Stabilität zu arbeiten. Immer wird einer dieser fünf Lebensbereiche eng mit zumindest einem anderen zusammenhängen. Ein Stuhl, dem ein Bein fehlt, ist instabil. Es sich darauf gemütlich zu machen, wird nicht möglich sein. Ähnlich ist es auch mit unseren tragenden Lebensbereichen oder Identitätssäulen: Je ausgewogener das »Gewicht« unseres Ichs auf alle fünf verteilt ist, umso fester können wir stehen, sitzen und uns sogar darauf ausruhen.

Ein Koffer voller Ideen

Dazu, dass unser Leben ein harmonisches Gesamtkunstwerk wird und uns Krisen nicht so leicht aus der Bahn werfen, können wir schon in guten Zeiten viel beitragen: Wir sind gefordert, gerade dann, wenn es nicht brennt, bewusst nach Verbesserungsmöglichkeiten Ausschau zu halten und konsequent daran zu arbeiten, dem Leben mehr Qualität zu geben.

Befassen Sie sich beispielsweise mit den verschiedenen Fragen, die Sie im Kapitel bisher gefunden haben. Suchen Sie sich gezielt Inhalte, mit denen Sie sich auseinandersetzen wollen. Oder fangen Sie einfach mit den folgenden Anregungen an, mit ganz konkreten Ideen, die die fünf unterschiedlichen Lebensbereiche stärken und fördern können.

» Versuchen Sie mit kleinen Veränderungsschritten, mehr Bewegung in Ihren Alltag zu bringen, indem Sie statt den Lift zu nehmen konsequent Treppe steigen.

» Mehr Bewegung bekommen Sie auch durch folgende Veränderung: Steigen Sie ab und zu eine Station früher aus der U-Bahn oder der Straßenbahn aus und gehen Sie die Strecke zu Fuß nach Hause oder lassen Sie das Auto bewusst ein Stück von der Haustüre entfernt stehen.

» Kombinieren Sie soziale Kontakte und Bewegung miteinander, indem Sie mit einer Freundin oder einem Freund beim Plaudern walken oder Rad fahren gehen.

» Auch manche Meetings lassen sich durch einen kurzen Spaziergang ersetzen, zum Beispiel in der kalten Jahreszeit zu Mittag, um ein paar Sonnenstrahlen zu tanken.

» Nehmen Sie sich bewusst Zeit, täglich zumindest 20 Minuten in Bewegung zu kommen. Wenn es Ihnen hilft, schreiben Sie sich die Zeit fix in den Kalender ein. Laut Weltgesundheitsorganisation reicht als Minimum zum Gesundbleiben, wenn man zwei- bis dreimal pro Woche 45 Minuten flott marschiert oder diese Bewegungsmenge auf mehrere Tage verteilt.

» Schreiben Sie sich eine Liste, was die Vorteile sind, wenn Sie mehr Bewegung in Ihr Leben bringen. Das steigert die Motivation zur Veränderung.

» Überprüfen Sie gelegentlich Ihre Ernährungsgewohnheiten: Nehmen Sie genug Obst und Gemüse zu sich sowie ausreichend pflanzliches Eiweiß? Wie sieht es mit gesunden Fetten, etwa aus Nüssen, aus?

» Trinken Sie wirklich genug, und zwar kalorienarm oder -frei? Gerade das Trinken kann einen großen Beitrag zum Wohlbefinden leisten.

» Nützen Sie die Möglichkeit zu regelmäßigen Gesundheitschecks? Sicher zu sein, dass die Zähne okay sind etc., kann auch zur persönlichen Stabilität beitragen.

» Üben Sie das Genießen (siehe auch Kapitel *Über das gute Leben*). Das bewusste Erleben durch Ihre Sinne schafft einen Landeplatz für gute Gefühle sowie Auszeit und Entspannung.

» Beschäftigen Sie sich mit Gesundheitsthemen, informieren Sie sich.

» Probieren Sie eine neue Sportart aus. Vielleicht macht sie Ihnen so viel Spaß, dass Sie so ganz leicht zu mehr Bewegung kommen.

» Prüfen Sie gelegentlich – eventuell unterstützt von einem Freund, einer Freundin – ob Ihr Kleiderschrank noch das enthält, was Ihnen hilft, sich im Alltag wohlzufühlen.

» Pflegen Sie sich. Eine passende Frisur, gepflegte Nägel und ein trainierter Körper unterstützen Sie dabei, sich wohl und leistungsfähig zu fühlen.

Soziale Beziehungen

Vielen Menschen ist nicht bewusst, wie wesentlich gute Beziehungen zu Familie und Freunden für ihre Zufriedenheit sind. Daher macht es Sinn, zunächst einmal das eigene Beziehungsnetz zu analysieren: Schreiben Sie auf ein (großes) Blatt Papier in die Mitte Ihren Namen und rundherum die Namen aller Ihrer wichtigen Bezugspersonen. Meist ist es beeindruckend zu sehen, wie groß dieses Netz ist, wenn man wirklich all jene Menschen aufschreibt, die einem etwas bedeuten. Es tut gut, dieses Netzwerk vor Augen zu haben. Nehmen Sie sich nun ein wenig Zeit, um sich zu jeder Person folgende Fragen zu stellen:

» Wie würde ich die derzeitige Beziehung zu ... beschreiben?

» Gibt es etwas, das zwischen mir und dieser konkreten Person offen ist bzw. ausgesprochen werden sollte? Wenn ja, was ist es genau?

» Wenn die Beziehung derzeit nicht zufriedenstellend ist, welchen ersten kleinen Schritt könnte ich gehen, um sie zu verbessern? Gibt es eine innere Hürde, diese Sache in Angriff zu nehmen?

» Was würde ich gewinnen, wenn diese Beziehung geklärt ist und harmonischer verlaufen würde?

Wenn Sie alle diese Fragen sorgfältig beantwortet haben, haben Sie einen wichtigen Schritt zur konkreten Verbesserung Ihres Beziehungsnetzes getan und können nun zum Handeln übergehen:

» Übernehmen Sie bewusst die Verantwortung für Ihre Beziehungen und beginnen Sie, diese regelmäßig zu pflegen und zu nähren, wie einen Garten.

» Überlegen Sie sich bewusst, welche Menschen in Ihrem Leben wirklich wichtig und von Bedeutung sind. Überlegen Sie, wie Sie diesen Personen eine kleine Freude machen könnten. Schreiben Sie es sich auf, dann hat es mehr Gewicht.

» Statt auf einen Anruf, ein liebes Wort oder ein Geschenk zu warten, machen Sie selbst den ersten Schritt und rufen Sie Ihre Freunde regelmäßig an, um zu fragen, wie es ihnen geht, oder machen Sie ihnen hin und wieder ein kleines Geschenk. Das stärkt die Beziehung und macht dem Gebenden mindestens so viel Freude wie dem Beschenkten.

» Nichts ist selbstverständlich, daher können Sie Ihren wichtigsten Bezugspersonen immer wieder ein Dankeschön aussprechen für Dinge, die sie für Sie getan haben oder für Eigenschaften, die Sie an ihnen schätzen.

» Führen Sie sich vor Augen, dass Beziehungen regelmäßig gepflegt werden müssen, da sie sonst verkümmern. Um der eigenen Vergesslichkeit vorzubeugen, schreiben Sie sich in den Kalender, wen von Ihren Freunden Sie regelmäßig anrufen bzw. treffen möchten. Wir leben in einer hektischen und schnelllebigen Zeit, daher gehen oft die wesentlichen Dinge im Alltag unter bzw. werden vom Alltagsstress zugeschüttet. Wenn Sie die Namen Ihrer Freunde im Kalender stehen haben, kann das nicht so schnell passieren.

Beruf, Hobby und Aufgabe

» Wenn Sie Arbeit haben, schreiben Sie sich eine Liste mit allen positiven Aspekten dieser Arbeit. Bei genauerer Betrachtung lässt sich immer etwas finden.

» Wenn Sie unzufrieden sind mit Ihrer Arbeitsstelle, fragen Sie sich gründlich und in Ruhe, welche anderen Optionen Sie haben.

» Fragen Sie sich, wenn es aus unterschiedlichsten Gründen nicht möglich sein sollte, eine bessere Arbeit zu finden, was Ihnen in der Freizeit Erfüllung und Zufriedenheit geben könnte. Diese Zeit können Sie nämlich selbst planen und gestalten – es liegt bei Ihnen.

» Entschließen Sie sich aktiv, dem Selbstmitleid keinen Raum zu geben und stattdessen konkret zu überlegen, welche Tätigkeiten Ihnen zutiefst Freude und Befriedigung verschaffen.

» Machen Sie sich eine Liste von Dingen, die Sie gerne tun und die Ihnen Erfüllung geben. Planen Sie solche Aktivitäten bewusst in Ihre Woche ein.

» Gehen Sie neue Wege, indem Sie sich für einen Kurs anmelden, einem Verein beitreten, etwas Ehrenamtliches tun oder eine Gruppe Gleichgesinnter suchen. Das Internet ist voll von solchen Möglichkeiten und es gibt mittlerweile eine Fülle von Netzwerken, die aktive Menschen suchen.

» Engagieren Sie sich ehrenamtlich. Tun Sie etwas für die Allgemeinheit, für die Gesellschaft. Das ist sinnvoll und befriedigend. Suchen Sie sich etwas, was Sie wirklich befriedigt.

Einkommens-, Wohn- und Lebensverhältnisse

» Fragen Sie sich, wie zufrieden Sie mit Ihren momentanen Wohn- und Lebensverhältnissen sind. Was sollte konkret anders werden?

» Überlegen Sie, welche kleinen Veränderungen Sie zum Beispiel in Ihrer Wohnung vornehmen könnten, um sich dort (noch) wohler zu fühlen. Das muss nicht unbedingt viel Geld kosten.

» Wenn Sie finanziell sehr knapp bei Kasse sind, überlegen Sie, ob Sie nicht durch zusätzliche kleine Tätigkeiten ein wenig Geld dazuverdienen könnten, indem Sie etwa babysitten, auf Tiere aufpassen, bei PC-Problemen helfen, jemanden in der Nachbarschaft unterstützen etc.

» Schauen Sie einmal alle Bereiche Ihres Lebens genau durch: Wo können Sie sich Ausgaben und damit Belastungen ersparen? Worauf können Sie verzichten und sich stattdessen vielleicht etwas anderes dafür leisten, das Ihnen mehr Freude bereitet? Überprüfen Sie all Ihre Konsumgewohnheiten.

» Halten Sie im Internet Ausschau nach Netzwerken für Ihre Freizeitgestaltung sowie zum Tauschen von gebrauchten Dingen oder Kompetenzen.

» Schreiben Sie sich auf, was derzeit in Ihrem Leben gut ist und was so bleiben soll, wie es ist. Möglicherweise können Sie dadurch wieder neu erkennen, dass es Dinge gibt, für die Sie dankbar sein können.

Werte und innere Überzeugungen

Ein stabiles inneres Wertesystem zu haben, verleiht uns Sicherheit und Stabilität im Leben, gerade in einer Zeit, in der sehr viel im Um- und Aufbruch ist. Eine optimistische Sicht auf das Leben hilft uns, in schwierigen Zeiten durchzuhalten, und verleiht Hoffnung. Unsere Glaubenssätze können wir aktiv beeinflussen, doch müssen wir ihnen zunächst einmal auf die Spur kommen. Wir müssen sie uns bewusst machen, bevor wir Einfluss auf sie nehmen können. Faktum ist, dass es weniger darauf ankommt, ob wir viel Geld, Gesundheit oder andere äußere Attribute haben, sondern viel mehr, WIE wir das Leben betrachten.

Nehmen Sie sich Stift und Papier zur Hand und vervollständigen Sie folgende Satzanfänge:

- ○ Ich bin ...
- ○ Wie ich die Menschen um mich herum wahrnehme, ist ...
- ○ Die Welt um mich herum ist für mich ...
- ○ Was mir im Leben wirklich wichtig ist ...
- ○ Am Ende meines Lebens möchte ich ...

Nehmen Sie sich für diese Übung genügend Zeit und lassen Sie Ihren Gedanken freien Lauf. Ihre innersten Überzeugungen werden dabei an die Oberfläche kommen und damit kann man dann weiterarbeiten.

» Nehmen Sie dann das Blatt und spüren Sie in sich hinein: Wie geht es Ihnen mit den Antworten? Überprüfen Sie jede Aussage mit der Frage: Ist das wirklich wahr?

» Schreiben Sie sich eine Liste mit allen Werten, die Ihnen wichtig sind. Damit stabilisieren Sie Ihr Ich-Gefühl, weil Sie sich Wesentliches ins Bewusstsein rufen.

» Überlegen Sie, was Ihnen für die nächsten Wochen besonders wichtig für Ihr Leben ist und fokussieren Sie bewusst darauf, indem Sie täglich mehrmals daran denken.

Innere Ressourcen

Unser seelisches Immunsystem stärken · Bedürfnisse erkennen und Grenzen setzen · Raus aus der Opferrolle und Abschied vom Leid · Innere Glaubenssätze und ihre Wirkung · Nachnähren und nachlernen – es ist nie zu spät

Innere Ressourcen

wie wir sie (wieder-) finden und nutzen können

Was macht uns seelisch widerstandsfähig? Warum ist es so wichtig, auf unsere Bedürfnisse zu achten? Was passiert, wenn wir uns nicht genug von den Wünschen und Forderungen anderer abgrenzen, und wie können wir diese Abgrenzung lernen? Warum hindert uns die Rolle des Opfers daran, frei und selbstbestimmt zu leben? Und wie können wir diese Opferrolle hinter uns lassen? Was sind innere Glaubenssätze und warum steuern sie uns, solange wir sie nicht kennen?

Unser seelisches Immunsystem stärken

Was im körperlichen Bereich zutrifft, gilt auch für den seelischen: Haben wir ein starkes Immunsystem, dann sind wir widerstandsfähiger und robuster. Wir können Angriffen von außen besser standhalten oder, wenn wir krank geworden sind, uns schneller wieder regenerieren. Wir haben die Kraft, uns wieder aufzurichten, in uns. Ein seelisch starkes Immunsystem wird auch Resilienz genannt.

Die Resilienz-Forschung ist mittlerweile zu einem bedeutenden Zweig verschiedenster Wissenschaften geworden. Der Begriff stammt vom lateinischen *resilio*, was so viel wie *abprallen*, *zurückspringen* bedeutet, und bezeichnet auch jenen Vorgang in der Physik, bei dem hochelastische Materialien nach Verformungen wieder ihre ursprüngliche Form annehmen.

In den Humanwissenschaften geht man der Frage nach, welche Faktoren es sind, die Menschen dazu befähigen, an Stress, Niederlagen, Veränderungen und Ungewissheiten, aber auch an Krankheiten und Schicksalsschlägen nicht zu zerbrechen, sondern gestärkt daraus hervorzugehen. Was unterscheidet jene Personen, die selbst in widrigen Lebensumständen ausgeglichen und zufrieden wirken, von denen, die an ihrer Lage verzweifeln? Welche Grundhaltung und welche Fähigkeiten bringen jene mit, die durch Leidenserfahrungen und Konflikte beständig wachsen? Warum schaffen es manche Menschen relativ rasch, ihre Perspektive zu wechseln, einem negativen Ereignis sogar etwas Gutes abzugewinnen und recht bald sagen zu können: »Ich habe daraus gelernt, weil ...«? Warum verharren sie nicht so lange in ihrem Schmerz, sondern sind schneller wieder auf den Beinen und machen seltener andere für ihre Lage verantwortlich?

Die 7 Säulen der Resilienz

Die US-Forscher Dr. Karen Reivich und Dr. Andrew Shatté von der University of Pennsylvania haben in ihrem Buch »The Resilience Factor« sieben Eigenschaften beschrieben, die resiliente Menschen auszeichnen. Mittlerweile werden die sieben Faktoren in abgewandelter Form in den meisten wissenschaftlichen Publikationen zum Thema Krisen- und Stressbewältigung verwendet. Sie sind Emotionsteuerung, Impulskontrolle, Kausalanalyse, Selbstwirksamkeits-Überzeugung, Empathie, Realistischer Optimismus und Zielorientierung. Diese Fachausdrücke bezeichnen mentale Eigenschaften resilienter Menschen, die diese nicht nur in Ausnahmesituationen zeigen, sondern die vielmehr Bestandteil ihrer Persönlichkeit sind.

- **Emotionssteuerung** – Ich weiß meine Gefühle zu steuern.

Der Elternteil, der zwischen Arbeitsstress, Haushalt, Kinderbedürfnissen, bellendem Hund und klingelndem Telefon ruhig bleibt, steuert seine Emotionen. Der Kundenbetreuer, der nach einer heftigen Beschwerde freundlich und gelassen bleibt, steuert seine Emotionen.

Emotionssteuerung bedeutet, sich selbst und seine Gefühle regulieren zu können, sich je nach Bedarf und Situation aktivieren oder auch beruhigen zu können. Resiliente Menschen können ihre Gedanken und die daraus resultierenden Gefühle gut analysieren. Dadurch bleiben sie handlungsfähig und erleben hohe Belastungen nicht nur als Stress, sondern auch als Herausforderung.

- **Impulskontrolle** – Ich kann mein Tun kontrollieren.

Sie haben eine Aufgabe vor sich, die in den nächsten Stunden fertig werden soll. Alles, was es dazu an Vorbereitungen braucht, haben Sie getan, nun kann es losgehen. Sie werfen einen Blick auf Ihren PC, da kommt genau die E-Mail, die Sie dringend beantworten sollten. Und gerade jetzt läutet das Telefon.

Unser Alltag ist begleitet von Störungen: Unsere Kinder brauchen etwas, eine Kollegin muss noch dringend einige Aufgaben besprechen, die Nachbarin oder der Postbote klingelt an der Tür … Zusätzlich gibt es noch zig Dinge mehr, die uns ablenken: Fast jeder von uns hat sein Handy ständig griff- oder sichtbereit oder das Mailprogramm am Computer offen. Eingehende Nachrichten machen durch Ton oder Bild auf sich aufmerksam. Welchem Impuls folge ich? Kann ich zugunsten eines höheren Zieles, das ich erreichen möchte, mögliche kurzfristige »Belohnungen« aufschieben? Kann ich eine Sache zu Ende bringen und dadurch für mich selbst zufrieden sein? Impulskontrolle hat auch mit Disziplin zu tun. Kontrolliertes Handeln setzt voraus, dass ich in den unterschiedlichsten Situationen überlegt agieren und reagieren kann.

- **Kausalanalyse** – Ich erforsche die Zusammenhänge.

Geraten Sie immer wieder an einem bestimmten Punkt, in einer bestimmten Situation in Schwierigkeiten? Gibt es zum Beispiel bei Ihnen zu Hause regelmäßig morgens zu den Stoßzeiten familiären Zoff? Hatten Sie heute Morgen eine Auseinandersetzung mit Ihrem Mitarbeiter? Überbrachte Ihnen der Arzt eine schlechte Nachricht über Ihren Gesundheitszustand?

Wenn Sie in der Lage sind, die Ursachen der Ereignisse zu identifizieren, Rückschlüsse auf Ihr eigenes Verhalten zu ziehen und die jeweiligen Standpunkte, Beweggründe und Konsequenzen zu betrachten, dann können Sie für sich auch passende Lösungen entwickeln. Da Ihnen die Zusammenhänge mehr und mehr klar werden, können Sie eingefahrene Denkmuster überwinden und verhindern dadurch, immer wieder dieselben Fehler zu machen. Sie investieren einerseits nicht weiterhin Zeit und Kraft in Dinge, die Ihnen schaden oder die sich auf Dauer nicht verändern lassen, und wissen andererseits, wann es gilt, durchzuhalten und nicht kurz vor dem Ziel aufzugeben.

Nicht immer sind kausale Zusammenhänge klar durchschaubar, vor allem dann nicht, wenn wir emotional sehr stark betroffen sind. Resiliente Menschen haben keine Scheu, sich Hilfe von außen zu holen, und können dadurch bald wieder mit sich selbst auf Kurs kommen.

Selbstwirksamkeits-Überzeugung – Ich weiß, ich kann etwas für mein Leben bewirken.

Menschen, die überzeugt sind, selbstwirksam zu sein, haben eine grundlegend andere Lebenseinstellung als jene Menschen, die ihre Lebensumstände dafür verantwortlich machen, wie es ihnen geht. Schuld sind beispielsweise die Eltern, die sie so und so erzogen haben; die Lehrer, die ihnen nichts beigebracht haben; der Partner, der sie verlassen hat; der Arbeitsmarkt, der ihnen keinen Job bietet; das Wetter, das sie daran hindert, hinauszugehen. Diese Menschen verharren in der Opferrolle, in der sie sich selbst als passiv und reaktiv erleben. Die »Macht« haben dabei die Umstände (siehe auch *Raus aus der Opferrolle und Abschied vom Leid*).

Im Gegensatz dazu glauben Menschen mit der Überzeugung, selbstwirksam zu sein, an die eigene Kompetenz, ihr Leben zu gestalten. Wenn ihnen Unrecht geschieht, geraten sie zwangsläufig auch in eine Opferrolle, aber sie verharren nicht lange darin, sondern sie arbeiten daran, wieder handlungsfähig zu werden. Sie schränken weder sich selbst noch andere mit Schuldzuweisungen ein und gestatten sich, Fehler zu machen. Sie können mit den Widrigkeiten des Lebens gelassener umgehen und glauben daran, sich selbst und ihr Umfeld zum Besseren verändern zu können. Sie brauchen nicht so viel Bestätigung von außen, sondern fühlen sich auch dann wertvoll, wenn sie keine direkte Anerkennung bekommen. Sie sind weitgehend der Überzeugung, ihr Schicksal in der eigenen Hand zu haben.

- **Empathie** – Ich kann mich in dich hineinfühlen.
  Empathie ist die Fähigkeit, die Gefühle anderer Menschen zu lesen und ihre Motive zu verstehen. Dazu gehört auch, mit Mitgefühl und Hilfsbereitschaft zu reagieren. Um empathisch zu sein, braucht man Zugang zu den eigenen Gefühlen. Angst, Freude, Lust, Trauer, Schmerz, Stolz und Zorn sind einem nicht fremd und man kann diese Gefühle bei sich selbst zulassen und einordnen, und dadurch wiederum bei anderen wahrnehmen und verstehen. Empathische Menschen haben in der Regel ein Netzwerk von guten Beziehungen, die von Wertschätzung getragen sind. Sie fühlen sich zugehörig. Sie wissen, dass sie nicht alles alleine schaffen müssen. Sie können auf vielfältige soziale Ressourcen zurückgreifen und sind auch ihrerseits gerne bereit, sich in Gemeinschaften oder in der Gesellschaft allgemein einzubringen. Dies gibt Halt und Stabilität im Leben.

- **Realistischer Optimismus** – Ich sehe die Dinge realistisch und eher positiv.

Sie haben die Aufnahmeprüfung für ein begehrtes Studium nicht geschafft? Das sportliche Ziel, auf das Sie monatelang hintrainiert haben, konnten Sie nicht erfüllen? Die nette Bekanntschaft entpuppte sich leider nicht als der Traumpartner, nicht als die Frau fürs Leben? Dennoch, Sie bleiben optimistisch. Sie werten die Enttäuschung als Erfahrung und sehen in einem neuen Anlauf eine neue Chance. Es wirft Ihr Selbstwertgefühl nicht zu Boden. Sie glauben, dass sich für Sie letztendlich alles zum Guten wenden wird, haben eine positive Sicht auf die Welt und auf Ihre persönlichen Möglichkeiten.

Mit realistischem Optimismus ist auch eine innere Haltung gemeint, die nicht nur »schönfärbt«. Auf der sinkenden Titanic glaubten viele Passagiere unrealistisch bis zum bitteren Ende, dass dieses Schiff nie untergehen könnte. Eine gesunde Portion realistische Einschätzung ist daher wichtig.

- **Zielorientierung** – Ich lenke meine Energie auf erwünschte Ergebnisse. Resiliente Menschen leben in der Gegenwart, im Hier und Jetzt. Sie erkennen die Chancen des Augenblickes und haben oft eine klare Vision für die Zukunft. Die Zukunft bedeutet ihnen neue Chancen und neue Möglichkeiten. Indem sie eine klare Zielvorstellung haben, sind sie weniger anfällig für Störungen, lassen sich nicht so leicht ablenken und finden leichter Lösungen. Die Aufmerksamkeit liegt auf den gewünschten Ergebnissen und nicht darauf, was nicht funktioniert, wo Mangel herrscht oder was Schwierigkeiten verspricht. Es ist eine schöpferische Kraft, die sie antreibt. Der Wunsch, etwas Bestimmtes zu verwirklichen, kann über alle Hindernisse und Rückschläge hinwegtragen.

Wie wir sehen, stehen alle sieben Eigenschaften oder Fertigkeiten in Wechselwirkung zueinander. Dabei ist Resilienz nicht nur eine Fähigkeit, die die jeweilige Person »besitzt«. Günstige Lebensbedingungen, ein intaktes Umfeld, enge Bezugspersonen und gesellschaftliche Rahmenbedingungen, in denen man sich entfalten kann, tragen dazu bei, dass sich diese Fähigkeit entwickeln kann. Unsere Widerstandsfähigkeit kann also wachsen. Krisen sind ein Lernfeld dafür. Es ist, wie wenn ein Baum bei jedem Windstoß seine Wurzeln noch fester ins Erdreich gräbt. Die Natur braucht den Wind, um die Samen in alle Richtungen zu verteilen, damit neue Saat aufgehen kann. Auch wir leben nicht nur für uns selbst, sondern das, was wir sind und tun, hat Auswirkungen. Wie weitreichend diese sind, wissen wir oft gar nicht so genau. Was wir tun können, ist, unsere Wurzeln noch fester zu verankern, indem wir unsere inneren und äußeren Ressourcen besser kennenlernen und auszuschöpfen lernen. Krisen treffen uns dann vielleicht nicht mehr mit voller Wucht oder sie dauern nicht so lange an oder sie ziehen manchmal ganz an uns vorbei, weil wir die eine oder andere Krise gar nicht mehr so dringend »brauchen«.

Bedürfnisse erkennen und Grenzen setzen

Die eigenen Bedürfnisse zu spüren und sie auch zu erfüllen, fällt vielen Menschen nicht leicht. Sie nehmen sich zurück und nehmen sich selbst nicht wichtig. Ebenso verfahren sie mit ihren persönlichen Grenzen: Manche Menschen sagen viel zu spät »Stopp« und reagieren nicht angemessen auf Forderungen, die sie nicht erfüllen können oder wollen. Andere wiederum überschreiten selbst die Grenzen ihrer Mitmenschen. Bedürfnisse zu spüren und sie angemessen zu befriedigen ist eine innere Ressource. Genauso ist es mit dem rechtzeitigen Sichabgrenzen. Beide Fähigkeiten helfen uns, gesund zu bleiben und für Krisenzeiten besser gerüstet zu sein.

Morgens beim Weckerläuten fängt es an: Sie haben das Bedürfnis, weiterzuschlafen, da Sie gestern Abend spät ins Bett gekommen sind. Schon steht Ihr Kleinster vor dem Bett und will mit Ihnen spielen. Sie tun, was Sie jeden Morgen tun: Frühstück für alle machen, Ihrem Partner ein paar organisatorische Dinge mitteilen, Geschirr wegräumen, Schuljausen richten, sich selbst und Ihre Kinder fertig anziehen und in den Tag starten. Auf dem Weg zur Arbeit spüren Sie ein starkes Bedürfnis nach Zeit für sich alleine. Sie würden sich am liebsten im Café gegenüber die Zeitung schnappen und einen Cappuccino schlürfen. Stattdessen eilen Sie zu Ihrem Arbeitsplatz. Während Sie zwei Stufen auf einmal nehmen, begleitet Sie das Bedürfnis, Ihrer Vorgesetzten diesmal richtig die Meinung zu sagen. Schon wieder haben Sie gestern eine Überstunde gemacht, die sie als selbstverständlich erachtet. Leider kommen Sie den ganzen Tag nicht dazu, da Sie für eine krank gewordene Kollegin einspringen müssen und es deshalb heute doppelt so viel für Sie zu tun gibt. Eigentlich haben Sie das Bedürfnis nach einem anständigen Essen. Ihr Magen knurrt und Sie fühlen sich schlapp und verspannt. Zwischen all den Telefonaten mit Kunden ruft auch noch Ihre Mutter an. Es geht um das bevorstehende Fest, an dem Sie tatkräftig mithelfen werden. Die Mayers sollen diesmal auch dabei sein und ob Sie nichts auf der Liste vergessen haben. Sie hören einen Augenblick in sich hinein und verspüren das Bedürfnis, sich abzugrenzen. Stattdessen antworten Sie freundlich: »Klar, geht in Ordnung, mach ich.« Bis Sie heute Abend in aller Ruhe die Füße hochlagern, begleiten Sie noch einige andere Bedürfnisse:

- das Bedürfnis nach Anerkennung, weil Sie den Tag trotz Ausfalls der Kollegin so gut gemeistert haben
- das Bedürfnis, Ihre Freundin anzurufen und ihr von den letzten Neuigkeiten zu erzählen
- das Bedürfnis, an der frischen Luft spazieren zu gehen
- das Bedürfnis, mit Ihren Kindern zu kuscheln und vom Partner im Arm gehalten zu werden
- das Bedürfnis nach Nahrung, Bewegung, Wärme und Freundschaft, Einfluss, Wohlstand, Erfolg, Stille, Feierlichkeit, Sexualität und erholsamem Schlaf

Manche Bedürfnisse, wie Nahrung, Schlaf, Sicherheit, soziale Beziehungen und Wärme, sind existenziell. Werden sie nicht erfüllt, leiden wir und können im schlimmsten Fall daran zerbrechen. Einige Bedürfnisse lassen sich nicht gleich stillen. Auch wenn der Wunsch noch so groß ist, müssen sie aufgeschoben und zu einem späteren Zeitpunkt befriedigt werden. Beispielsweise haben wir während einer stressigen Arbeitsphase keine oder nur geringe Möglichkeiten, uns zu erholen. Das freie Wochenende kann uns dabei helfen, Ausgleich zu schaffen und auf die Bedürfnisse unseres Körpers zu achten – vorausgesetzt, wir nützen es.

Verantwortung für sich selbst übernehmen

Viele Menschen sorgen sich um andere. Dabei vergessen sie, auf sich selbst zu schauen und vernachlässigen ihre eigenen Bedürfnisse. Die Akkus müssen aber regelmäßig aufgeladen werden. Der Körper, die Seele und der Geist brauchen Aufmerksamkeit. Sind unsere Akkus gefüllt, können wir den Überfluss an andere abgegeben, wir können aus dem Vollen schöpfen und andere beschenken. Nur ist es mit dem Erkennen der eigenen Bedürfnisse so eine Sache: Viele Menschen sehen jahrelang über sie hinweg, bis der Körper oder die Psyche nach vielen ausgesendeten und nicht bemerkten Warnsignalen zusammenbricht.

Da ist der Unternehmer mit übervollem Terminkalender: Er schafft es nicht mehr abzuschalten, auch nicht zu Hause bei seiner Familie. Er nimmt die Arbeit mit ins Bett, mit an den Frühstückstisch, mit zur Aufführung ins Schultheater. Eigentlich ist er gar nicht da. Nur sein Körper ist anwesend – für seine Familie auch das viel zu selten. So kann er übersehen, dass seine Frau sich schließlich anderen Interessen zuwendet und seine Kinder keine Beziehung zu ihm haben und längst gegen seine Werte rebellieren, dass sein Familienleben zerbricht und er zusätzlich mit seiner Gesundheit bezahlt.

Oder da ist die pflegende Angehörige, die einen Halbtagsjob hat, sich um die kranke Mutter kümmert, den Haushalt erledigt, die Kinder versorgt, den Garten jätet, Kuchen bäckt, im Kirchenchor singt und gelegentlich auch noch das Nachbarkind betreut. Wer so lebt, kann kaum ein Gefühl für die eigenen Bedürfnisse entwickeln. Er oder sie funktioniert, ohne zu spüren, was der Körper eigentlich braucht.

Stellen Sie sich daher die folgenden Fragen:

» Wie gehe ich mit mir selbst um?

» Wie schütze ich mich vor Überforderungen?

» Wie achte ich auf einen ausgewogenen Energiehaushalt, auf Lebens- und Arbeitszufriedenheit?

» Gibt es Bedürfnisse, die ich missachte?

Wenn wir unsere Bedürfnisse kennen, sind wir achtsam mit uns selbst. Dann sind wir auch in der Lage, jene Grenzen zu setzen, die notwendig sind, um uns zu schützen, um unsere Autonomie zu bewahren und unsere Gesundheit zu behalten.

Warum es wichtig ist, Grenzen zu setzen

Grenzen geben Schutz und Orientierung. Sie markieren einen Bereich: Ein Haus hat Mauern, ein Garten ist durch den Zaun begrenzt. Unsere ureigenen Grenzen nach außen sind unsere Haut und unsere Kleidung. Je nach Persönlichkeit und Situation lassen wir mehr oder weniger Nähe zu anderen Menschen zu. Wie viel Nähe wir zulassen, hängt auch von unserem Gegenüber ab. Wir stellen fest, ab wann uns jemand zu nahe kommt und unsere körperliche Grenze überschreitet. Grenzen zu setzen, heißt, sich gegenseitig zu achten und zu respektieren. Mit Grenzen regeln wir unser Zusammenleben, im Beruf wie zu Hause. Grenzen schützen uns vor Schmerzen, Enttäuschungen und davor, überfordert oder übervorteilt zu werden. Grenzen können aber auch Freiheit verhindern, können als einengend wahrgenommen werden und bedürfen manchmal einer Erweiterung. Ziehen wir eine Mauer um uns herum, so kommt einerseits niemand an uns heran, andererseits können wir dadurch auch einsam werden. Zuneigung und Liebe können dann auch vor den Toren bleiben, anstatt zu uns zu kommen.

Grenzen zu setzen, erfordert Klarheit: Damit ich Grenzen setzen kann, muss ich wissen, was ich eigentlich will, was mir wichtig ist und worauf ich verzichten kann. Oft sind uns unsere eigenen Grenzen gar nicht bewusst. Wenn wir genau hinsehen, können wir sie aber entdecken. Manche sind weit gesteckt, andere wieder eng.

Es kommt auch vor, dass wir gar keine Grenze ziehen:

- »Ich nehme es mit den Rechnungen nicht so genau.«
- »Ich duze prinzipiell jeden.«
- »Ich leihe immer wieder Geld her, weil ich nicht »Nein« sagen kann.«
- »Ich trenne Beruf und Privates nicht so strikt.«
- »Obwohl ich schlecht behandelt werde, bleibe ich.«
- »Ich habe nicht deutlich gesagt, dass ich dafür nicht zur Verfügung stehe.«

Das Grenzenziehen kann man lernen. Vielleicht schrillt Ihre innere Alarmglocke: »Stopp, hier muss ich eine Grenze ziehen. Hier hat jemand meine Grenze überschritten, das will ich ändern.« Oder Sie stellen fest, dass Sie sich selbst grenzüberschreitend verhalten haben und dadurch in Schwierigkeiten geraten sind.

Das Wort »Nein«

Wer Grenzen setzen will, muss »Nein« sagen, auch wenn das manchmal schwierig ist. Manchen von uns wurde durch die Erziehung verinnerlicht, dass es besser ist, nicht »Nein« zu sagen, weil man sich dadurch Probleme einhandeln kann. Vielleicht haben wir auch Angst, jemanden zu verärgern oder vor den Kopf zu stoßen. Oder wir befürchten, durch ein »Nein« weniger geliebt oder gar abgelehnt zu werden. Vielleicht ist es uns auch unangenehm, durch ein »Nein« aufzufallen oder gar anzuecken.

Sind wir uns klar darüber, wie wichtig eine persönliche Grenze für uns ist, fällt es uns leichter, sie anderen gegenüber durchzusetzen. Wer im Leben nicht »Nein« sagen kann, dessen Grenzen werden überschritten. Drastische Beispiele dafür reichen von sexuellen Übergriffen bis zu modernen Formen von Versklavung am Arbeitsplatz. Die persönlichen Grenzen müssen also vor anderen verteidigt und vor allem verständlich kommuniziert werden:

- » »Ich will nicht, dass ...«
- » »Ich bin nicht bereit dazu, dass ...«
- » »Du sollst unterlassen, dass ...«
- » »Ich lehne ab, dass ...«
- » »Bis hierher und nicht weiter!«

Diese Worte klingen nicht gerade sanft und lösen in manchen Menschen das Gefühl aus, sie könnten unhöflich auf andere wirken. Zweifelsohne zeigt ein entschiedenes »Nein« seine Wirkung. Vor allem dann, wenn man es von dieser Person nicht gewohnt ist.

Susi stellte jahrelang ihr Kellerabteil für Bekannte zur Verfügung, die »kurzfristig« nicht wussten, wo sie ihre Sachen lagern sollten. Mit der Zeit hat sich jede Menge dort angesammelt, sodass für ihre eigenen Dinge kein Platz mehr ist. Als sie einen Rundruf macht, weil sie ihr Kellerabteil räumen will, bekommt sie einige negative Reaktionen. Warum jetzt plötzlich, wo es doch immer so war, bekam sie zu hören, und dass sie ganz schön egoistisch sei, die Sachen vor die Tür zu stellen.

Als Heinz und Karin hciraten, ziehen sie in sein Elternhaus. Das obere Stockwerk wird erweitert, die Verbindungstür zur Wohnung der Eltern bleibt bestehen. So kann Heinz' Mutter allerdings auch jederzeit in das Reich der jungen Leute eindringen. Für Karin ist das von Anfang an ein Problem, bei Heinz siegt die Gewohnheit. Nach vielen Auseinandersetzungen besteht Karin darauf, die Tür zuzumauern. Sie weist ihre Schwiegermutter in die Schranken und klärt, wo sie sich nicht mehr einzumischen hat. Das ist keine leichte Sache, Heinz findet, sie sei zu hart und unnachgiebig. Schließlich sei die Mutter ja eine große Stütze.

Für viele Menschen stellt sich die Frage: Wie wichtig darf ich mich selbst nehmen? Die Antwort lautet: Sehr wichtig! Es ist nicht möglich, seine eigenen Grenzen anderen gegenüber durchzusetzen, wenn man sich selbst nicht wichtig nimmt. Wer ständig seine eigenen Bedürfnisse hinter die der anderen zurückstellt, wird sich langfristig selber schaden. Selbstlosigkeit hat nichts damit zu tun, ständig seine eigenen Grenzen übertreten zu lassen. Es ist, wie wenn man die Gartentüre demonstrativ offen lässt, um jeden Vorbeiziehenden aufzufordern, ins Haus zu treten und sich nach Belieben zu bedienen. Wer permanent danach handelt, ist bald sein »Selbst los«.

Sind Sie für sich selbst der wichtigste Mensch in Ihrem Leben, werden Sie auch gut für sich selbst sorgen. Sie werden auf die Signale Ihres Körpers achten und alarmiert sein, wenn Ihnen jemand zu nahe kommt. Weil Sie wissen, dass Sie Ihren persönlichen Energietank immer wieder auffüllen müssen, geraten Sie nicht so leicht in Gefahr, sich zu verausgaben. Sie grenzen sich rechtzeitig ab, wissen, zu welchen Zeiten Sie telefonisch nicht erreichbar sind und bei welcher Tür Sie wann den Schlüssel umdrehen, um ungestört für sich zu sein. Seien Sie sicher: Damit tun Sie Ihrer Familie einen großen Gefallen, denn sie muss sich dadurch im Normalfall nicht um Sie sorgen, weil sie weiß, Sie tun es selbst. Besonders gegenüber Kindern ist das sehr wichtig, denn Eltern sind ihr Vorbild.

Hindernisse auf dem Weg, sich selbst wichtig zu nehmen und klare Grenzen zu ziehen

Nehmen Sie an, Sie wollen eine Beziehung oder ein Arbeitsverhältnis beenden und bekommen als Reaktion: »Von dir hätte ich mir so etwas nie erwartet!«, »Wie kannst du mir das antun, jetzt wo ich dich so sehr brauche.«, »Loyale Mitarbeiter würden so etwas nie tun.« In solchen Momenten können Sie in einen Konflikt geraten. Vielleicht hat der Andere doch Recht? Manchmal gilt es, im Leben ein paar »Ehrenrunden« zu drehen, das bedeutet, dem Entschluss Zeit zu geben, um reifen zu können, und Rückfälle einzukalkulieren.

Nach jeder Runde aber festigt sich Ihr »Nein« und irgendwann ist die Entscheidung klar. Sie entlarven die Einwände der anderen als Versuche, Sie in alten Mustern gefangen zu halten. Dem Partner, der Firma, dem Geschäftsfreund mag es von Vorteil sein, wenn Sie bleiben und nichts verändern. Doch nur Sie alleine wissen, was zu tun ist, denn es geht um Ihr Leben.

Wenn wir kommunizieren, beeinflussen wir uns gegenseitig, ob bewusst oder unbewusst. Der Versuch, auf den Anderen einzuwirken, kann sich auch in folgender Verkleidung zeigen:

- »Wenn du nicht gewesen wärst, hätten wir das alles nicht geschafft, wir brauchen dich.«
- »Niemand kann das besser als du.«
- »Wir sind doch eine Familie!«
- »Du gehörst doch zu uns, oder?«

Hier appelliert man an Ihre Loyalität, an Ihre Zugehörigkeit zu einem bestimmten System, oder man schmeichelt sich mit Lobeshymnen bei Ihnen ein. Auch das kann schwierig sein. Denn wer von uns möchte nicht gerne hören, wie unersetzlich wir sind, wie wichtig unser Beitrag ist und wie notwendig wir für eine Gemeinschaft sind. Man lockt Sie mit einem leuchtenden Köder und Sie hängen wie der Fisch an der Angel.

Je selbstsicherer Sie sind, je besser Sie über Ihre eigenen Bedürfnisse Bescheid wissen, umso leichter und selbstverständlicher können Sie sich anderen gegenüber abgrenzen. Dann klingt das »Nein« nicht mehr holprig, Ihre Grenzsetzung wird akzeptiert und Sie erlangen mehr Respekt.

Bin auch ich grenzüberschreitend?

Vielleicht haben Sie selbst absichtlich oder unabsichtlich Ihre eigenen oder die Grenzen anderer strapaziert oder überschritten: Vielleicht sind Sie neulich mit Fieber in die Arbeit gegangen, haben sich beim Joggen dermaßen überfordert, dass der Knöchel wieder schmerzt, haben den chronischen Schlafmangel der letzten Wochen mit Kaffee und Zigaretten kompensiert, obwohl Ihnen Ihr Körper sagt, dass Sie Ruhe brauchen. Vielleicht sind Sie Tag und Nacht für Ihre Freundin erreichbar, die in einer Krise steckt, obwohl es professionelle Hilfsangebote gibt. Oder Sie haben Ihrer Mitarbeiterin doch zu viel Arbeit aufgebürdet, obwohl sie Ihnen gesagt hat, das wäre in der kurzen Zeit nicht zu schaffen. Vielleicht haben Sie Ihr Auto einfach in der Ausfahrt des Nachbarn geparkt oder haben Ihrem Kind den Lernstoff aufgezwungen, obwohl es vor Müdigkeit nichts mehr aufnehmen konnte ...

Es lohnt sich, darüber nachzudenken, ob auch wir manchmal grenzüberschreitend sind. Denn wenn wir möchten, dass unsere Grenzen anerkannt werden, so müssen wir auch die Grenzen der anderen anerkennen. Grenzen zu setzen heißt auch, verantwortungsbewusst Orientierung zu geben. Grenzen geben Halt und Sicherheit. Grenzen zu setzen meint, sich selbst und andere in ihrer Persönlichkeit und in ihren Bedürfnissen zu achten und zu respektieren.

Raus aus der Opferrolle und Abschied vom Leid

Manche Menschen sehen sich immer als Opfer: Immer sind die anderen, die Umstände oder das Schicksal schuld an allem, was in ihrem Leben nicht gut ist. Sie haben keine Idee davon, wie es anders sein könnte. Oft übernehmen wir eine derartige Grundhaltung unreflektiert von unseren Eltern und Großeltern. Diese Rolle des Opfers aufzugeben, ist ein bedeutender Schritt. Wir übernehmen damit Verantwortung für unser Leben, wir selbst entscheiden dann, wie wir mit den verschiedenen Situationen umgehen. Das können wir deshalb, weil wir fast immer mehrere Möglichkeiten haben, wie wir auf etwas reagieren können. Diese gilt es wahrzunehmen und daraus die richtige Reaktion auszuwählen. Die Rolle des Opfers kostet Kraft und wir verpassen dadurch so viele Chancen, gut mit den Anforderungen des Alltags und vor allem mit schwierigen Situationen zurecht zu kommen, und schließlich, ein gutes Leben zu führen.

Kommt Ihnen das bekannt vor?

Schon wieder passiert mir das! Jemand parkt sich vor mir in meinen Parkplatz; beim Einkaufen reißt mir das Sackerl; bei der Beförderung werde ich übersehen; meine Mutter bringt mich immer dazu, etwas zu tun, was ich

Die Umstände, das Schicksal oder die anderen Menschen spielen uns übel mit – meinen wir. Wir sind die Opfer, die anderen die Täter, die so gemein sind. Wären die anderen anders, so wäre alles besser. Wir fühlen uns ihnen ausgeliefert und sehen keine Möglichkeit, etwas zu ändern.

Was zeigt sich aber bei genauerer Betrachtung? Opfer und Täter bedingen einander gegenseitig. Es geht dabei um Macht und Ohnmacht und dies hat mit Angst, Aggression und der Regulierung des Selbstwertgefühls zu tun. Opfer zu sein, ist nicht angenehm und Täter zu sein, ist es auch nicht. Dennoch finden Opfer wie Täter in ihren Rollen etwas, was sie darin verharren lässt. Manchmal ist es gar nicht so einfach, die beiden Rollen auszumachen. Schließlich ist der Chef überaus höflich, die Mutter stets hilfsbereit, die Kollegin ein herzensguter Mensch und die Nachbarin will doch nur, dass im Haus Ordnung herrscht. Und trotzdem, irgendwie haben sie uns auf die eine oder andere Art im Griff. Wir fühlen uns ohnmächtig.

Harald neigt dazu, die Schuld für alles auf sich zu nehmen. Irgendwie glaubt er, weniger wert als die anderen zu sein. Wenn andere mächtig sind, fühlt er sich sofort in die Opferrolle gedrängt. Er ist sich seiner eigenen Macht nicht bewusst und glaubt sogar, Macht zu haben und sie zu benützen, sei schlecht.

Eva weiß, dass sie leicht in die Rolle des Opfers rutscht. Das äußert sich bei ihr zum Beispiel dadurch, dass sie schnell die Meinungen anderer annimmt, um nicht in einen Konflikt zu geraten. Eva wurde erst vor kurzem bewusst, dass auch Opfer Macht haben und diese auch einsetzen, aber anders: Sie wecken nämlich Schuldgefühle bei zufriedenen, glücklichen Menschen, denn sie selbst sind ja vermeintlich die »unschuldigen, friedlichen, leidenden Märtyrer« und somit die besseren Menschen.

Alice war früher immer das Opfer und fühlte sich entsprechend unschuldig dabei. Dann tauchte in ihrem Job jemand auf, der es noch besser als sie verstand, das Opfer zu sein: »Ich habe mich oft schuldig und unwohl gefühlt, wenn der Kollege sich vor mir klein gemacht hat, und das ist schrecklich.« Sie untersuchte ihre Gefühle und als sie verstanden hat, was in ihr vorging, konnte sie ihre Haltung ändern. Sie sagt: »Es hat seine Zeit gebraucht, bis ich mich verändert habe. Ich war ja schon sehr geübt in der Opferrolle.« Sie liest nun viel zum Thema, lässt sich coachen und arbeitet an ihrem Selbstwertgefühl. »Das war ganz wichtig für mich. Ich bin auch achtsamer geworden. Wenn mich heute Menschen schlecht behandeln, läuten bei mir die Alarmglocken und ich kann mich wehren, oder ich suche nicht mehr ihre Nähe. Früher wäre ich geblieben, hätte mich schlecht gefühlt und mich gewundert, warum das immer mir passiert. Heute kann ich sagen: Ich habe es geschafft, mein Leben in die Hand zu nehmen und die Opferrolle zu verlassen! Auch wenn es Rückfälle gibt.«

Gibt es einen Ausweg oder bin ich gezwungen, mein ganzes Leben lang als Opfer zu verharren? Muss ich unabänderbar Tag für Tag immer die gleiche Rolle einnehmen, oder kann ich auch raus, vielleicht sogar für immer? Im Laufe des Lebens lässt es sich kaum vermeiden, vorübergehend zum Opfer zu werden. Wie sehr und wie lange wir unter den Gegebenheiten leiden, entscheiden wir selbst. Indem wir uns für die Opferrolle entscheiden, geben wir anderen die Macht über unser Leben.

Die Frau hinter Ihnen am Schalter schnauzt Sie an, weil Sie für das Ausfüllen eines Formulars ihrer Meinung nach zu lange brauchen. Ihr Tag ist dadurch verdorben.
Sie haben eine Auseinandersetzung im Büro, nehmen den Ärger mit nach Hause und streiten dann mit Ihrem Lebenspartner.

Wer hat Macht über Sie? Sie, die Situation oder andere Menschen? Die Frage nach Macht und Ohnmacht ist in unserem Leben permanent gegenwärtig. Wir können Macht und Ohnmacht nicht einfach übersehen oder gar an andere Menschen abgeben: »Ich will damit nichts zu tun haben.«, »Macht ist etwas Bedrohliches, darauf lasse ich mich nicht ein.« Dies ist Verweigern der Macht. Ein machtfreies Leben existiert aber nicht. Die Erkenntnis, dass es keine machtfreie Welt gibt, und das gleichzeitige Erschließen der eigenen Machtquellen, verbessert die individuelle Lebensqualität. Welchen Part spielen wir? Wann sind wir Täter? Wann sind wir Opfer?

Der 37-jährige, noch immer zu Hause lebende Sohn wirft seiner Mutter vor, schuld an seinem unerfüllten Leben zu sein. Sie hätte ihn nicht losgelassen. Jetzt traue er sich nichts mehr zu. Er sei ein Verlierer und dazu verdammt, Junggeselle zu bleiben. Ist er ein Opfer?

Von Anfang ihrer Ehe an hatte er das Sagen. Mit der Zeit unterließ seine Ehefrau selbst die kleinsten Autonomie-Bestrebungen und ordnete sich stets unter. Nach 25 Ehejahren ist sie krank, verbittert und voller Vorwürfe. Ist sie ein Opfer?

Seit acht Jahren sitzt er nun schon am selben Schreibtisch. Obwohl er die Abteilung mit aufgebaut hat, haben ihn drei seiner Mitarbeiter bereits überholt und ihren Kompetenzraum erweitert. Er schuftet und die anderen fahren die Ernte ein. Ist er ein Opfer?

Das Festhalten an der eigenen Opferrolle kann zur Passion werden. Viele Menschen gewöhnen sich an diese Lebensweise. Sie kommen häufig gar nicht auf die Idee, eine andere Rolle als die des oder der Ohnmächtigen einzunehmen. Verändern Betroffene aber ihre Haltung und nehmen sie ihr Leben aktiv in die Hand, dann finden sie aus der Opferrolle hinaus. Ihre Gedanken, Gefühle und Perspektiven werden von Grund auf umgekrempelt. Sie machen, handeln und agieren, anstatt passiv zu verharren und mit sich machen zu lassen.

In den Beispielen könnte das Verlassen der Opferrolle folgendermaßen aussehen:

Der 37-jährige Junggeselle entscheidet, dass es nie zu spät ist, umzulernen. Er erkennt, dass es für ihn sehr bequem war, sich von der Mutter versorgen zu lassen. Er macht ihr keine Vorhaltungen mehr. Er sucht sich eine eigene Wohnung und erlaubt der Mutter nicht mehr, seine Wäsche zu waschen und für ihn aufzuräumen. Er geht aus und lernt andere Menschen kennen. Es ist der Beginn eines selbstbestimmten Lebens, weg von der inneren Einstellung, ein Opfer zu sein.

Die krank gewordene Ehefrau entscheidet sich dafür, ihrer Verbitterung den Kampf anzusagen. Mithilfe einer Psychotherapie begreift sie die alten Muster, die jahrelang in ihr aktiv waren. Sie lernt, auf ihre Bedürfnisse und Gefühle zu achten und verzichtet darauf, Eigenes hintanzustellen. Sie weicht Konfrontationen mit ihrem Ehemann nicht mehr aus. Sie trifft sich mit anderen betroffenen Frauen und arbeitet daran, unabhängiger zu werden. Nach und nach schlüpft sie aus der ihr vertrauten Opferrolle.

Der Mann am Arbeitsplatz entscheidet sich dafür, eingefahrene Wege zu verlassen. Er weiß, dass die Abteilung ohne ihn ins Schleudern gerät. Er lässt es darauf ankommen und spricht mit der Geschäftsleitung. Innerlich ist er darauf eingestellt, notfalls die Konsequenzen zu ziehen und zu gehen. Er legt seine Tätigkeitsberichte vor und stellt erstmals Forderungen. Der Chef geht darauf ein. Offensichtlich musste er selbst auf sich aufmerksam machen, um zum gewünschten Ergebnis zu kommen. Ein Riesenschritt hinaus aus der Opferrolle und hinein in die Selbstverantwortung ist damit getan.

Über den Umgang mit Gefühlen

Versuchen Sie, wahrzunehmen, welche Gefühle in der jeweiligen Situation auftauchen. Kommen Sie zur Ruhe und hören Sie in sich hinein. Mit Achtsamkeit spüren

Sie, welches Gefühl gehört werden will. Sie selbst wissen genau, worum es geht. Gefühle sind häufig an Gedanken gekoppelt wie »Ich werde übersehen.«, »Ich muss mich zurücknehmen.«, »Die anderen sind wichtiger.«, »Wieder nicht ich.« Drücken Sie diese Gefühle dann mit Worten aus wie »Ich fühle mich übergangen.«, »Ich fühle mich überrollt.«, »Ich fühle mich klein und unsichtbar.«, »Ich fühle mich hilflos.« Wenn Sie Ihre Gefühle in Worte fassen können, ist schon viel getan. Beschreiben Sie Ihre Gefühle und wenn Sie wollen, teilen Sie sich jemandem mit. Dadurch wird Ihnen deutlich bewusst, wann und wo Sie sich als Opfer fühlen.

Wenn Sie an Situationen denken, in denen Sie sich als Opfer fühlen, überlegen Sie:

» Wer oder was hat in Ihrem Leben Macht über Sie?

» In welchen Situationen ärgern Sie sich? Wer ärgert Sie?

» Wer schafft es immer wieder, dass Sie sich schlecht fühlen?

» Worunter leiden Sie?

Sie können der Situation aus dem Weg gehen oder die Perspektive wechseln. Sie können auch andere fragen, wie sie mit ähnlichen Situationen umgehen. Üben Sie, sich abzugrenzen und sagen Sie »Stopp« (siehe auch *Bedürfnisse erkennen und Grenzen setzen*).

Neues Verhalten kann man lernen

Ob Sie sich über eine Kollegin stundenlang ärgern oder ob die Dame in der Reihe hinter Ihnen Ihren ganzen Tag negativ beeinflusst, entscheiden Sie selbst. Forschen Sie auch nach, wann Sie sich passiv verhalten. Sich nicht zu wehren, obwohl Sie bei der Gehaltserhöhung übergangen werden, ist auch eine Entscheidung. Die verbalen Verletzungen Ihres Partners, Ihrer Partnerin schweigend hinzunehmen, ist ebenfalls eine Entscheidung. Eine Täter-Opfer-Dynamik hört dann auf, wenn das Opfer sich nicht mehr mit dem Opferdasein identifiziert.

Sammeln Sie Ihre Kräfte und verändern Sie die Bereiche in Ihrem Leben, auf die Sie Einfluss haben. Machen Sie sich bewusst: Einen gewissen Einfluss haben Sie in jeder Lage, auch wenn es nicht immer machbar ist, auf jede Gegebenheit einzuwirken. Es liegt an Ihnen, welche innere Haltung Sie einnehmen. Sie alleine sind verantwortlich für Ihre Gedanken und Ihre Handlungen.

Innere Glaubenssätze und ihre Wirkung

Wir alle tragen Überzeugungen in uns, die wir im Laufe unseres Lebens unbewusst übernommen haben. Diese Überzeugungen wirken sich auf zahlreiche Entscheidungen in unserem Leben aus. Auch das läuft meist unbewusst ab. Sie steuern uns, unseren Alltag und unsere Lebensentscheidungen. Erst wenn wir uns dieser inneren Überzeugungen bewusst werden, ihre Herkunft verstehen und sie überprüfen, nehmen wir ihnen die Kraft, uns zu steuern. Damit können wir Handlungsspielraum gewinnen. Unsere Überzeugungen und Glaubenssätze zu kennen und zu wissen, welche von ihnen wir nicht mehr haben wollen, ist eine wichtige innere Ressource.

»Achte auf deine Gedanken, denn sie werden Handlungen.
Achte auf deine Handlungen, denn sie werden Gewohnheiten.
Achte auf deine Gewohnheiten, denn sie prägen deinen Charakter.
Achte auf deinen Charakter, denn er wird dein Schicksal.
Achte auf dein Schicksal, indem du jetzt auf deine Gedanken achtest.«
— Aus dem Talmud

Glaubenssätze sind Sätze, die wir verinnerlicht haben. Sie sind im Laufe der Zeit für uns zur vermeintlichen Gewissheit geworden. Diese Sätze können unterstützend und hilfreich sein, oder aber einschränkend und hinderlich. Jeder Mensch hat im Laufe seines Lebens solche Sätze in sich aufgenommen. Wie geschieht dies? In der Kindheit hören wir von unseren Eltern, Lehrern oder anderen Bezugspersonen in unserem sozialen Umfeld wiederholt Botschaften, die wir in uns aufnehmen. Auch Filme, Bücher und Werbung beeinflussen uns. Durch viele Erlebnisse und Erfahrungen entwickeln wir selbst Meinungen und Überzeugungen und oft basteln wir uns unbewusst selbst weitere Sätze zusammen. Dabei ist es unwesentlich, ob ihr Inhalt stimmt oder nicht. Nach diesen verinnerlichten Glaubenssätzen richten wir unser Leben aus. Vielleicht kommt Ihnen der eine oder andere Satz bekannt vor:

- »Ich kann das nicht.«
- »Ich werde es nie zu etwas bringen.«
- »Die Welt ist gefährlich und ich muss auf der Hut sein.«
- »Ich bin ein schwieriger Mensch.«
- »Das werde ich mir nie leisten können.«
- »Arbeit ist immer schwer und freudlos.«
- »Bloß nicht auffallen!«
- »So etwas tut man nicht!«
- »Es ist alles mein Fehler, meine Schuld.«
- »Für mich gibt es keine Liebe.«

Glaubenssätze sind eine Art Programmierung. Wir haben sie immer wieder gehört und unmerklich in uns aufgenommen. Sie werden zu vermeintlichen Wahrheiten, von denen wir fest überzeugt sind. Sie prägen unser Denken, Fühlen und Handeln und bestimmen, wie wir die Umwelt und uns selbst wahrnehmen. Doch wenn wir etwas glauben, ist dies tatsächlich nur eine mögliche Sicht der Dinge und nicht die alleinige Wahrheit.

Maria ist in einer ängstlichen Atmosphäre aufgewachsen. Ihre Mutter war stets darauf bedacht aufzupassen, dass nichts passiert. Maria hörte als Kind häufig von ihr: »Du tust dir gleich weh.«, »Das kannst du nicht.« und »Sei vorsichtig!« Ihr Vater war ein ernster Mann mit einer klaren Haltung zum Leben: »Mühsam nährt sich das Eichhörnchen«, pflegte er gerne zu sagen, und auch, dass nur Leute, die nicht arbeiten wollen, es sich leisten, zu feiern, sich zu entspannen oder gesellig zu sein. Bis heute hat Maria einige dieser frühen Prägungen ablegen können. Als Jugendliche hat sie gegen den Wunsch ihrer Eltern zu klettern begonnen. Sie konnte dabei ihre Ängste ablegen, auch solche, die ihre Mutter ihr mit auf den Weg gegeben hat. Die negativen Stimmen in ihrem Inneren verstummten allmählich und statt »Du kannst das nicht.« begleiten sie nun Sätze wie »Ich schaffe das, ich erreiche mein Ziel, ich vertraue meiner Kraft.«

Beruflich und auch privat geht es ihr, bis auf ein paar Kleinigkeiten, gut. Abends, wenn sie vom Büro nach Hause kommt, muss sie weiterarbeiten. Haushalt, Wäsche, Bücherschrank, verstaubte Akten – irgendetwas findet sich immer. Eine Freundin hat sie einmal gefragt, ob sie auch einfach mal nichts tun könne, weil sie so aufgedreht auf sie wirke. Da ist Maria erstmals bewusst geworden, dass sie sich nicht entspannen kann. Es fällt ihr schwer, sich selbst Gutes zu tun. Auf dem Sofa zu liegen und Musik zu hören, ist für sie ein Ding der Unmöglichkeit. Oft schon hat sie eine Einladung zu einem gemütlichen Zusammensein abgelehnt mit den Worten: »Ich habe noch zu tun.« Dabei freut sie sich durchaus über solche Gelegenheiten. Wenn es um die Arbeit geht, hat sie damit kein Problem, aber sich einfach nur amüsieren, kann sie nicht. Maria findet heraus, dass die Einstellung der Eltern zu Leben und Arbeit in ihr weiterwirkt. Auf den ersten Blick erinnert nichts an dieser jungen, selbstbewussten Frau an ihre Herkunftsfamilie. Und dennoch: In ihrem Inneren gibt es Glaubenssätze, die es ihr nicht gestatten, loszulassen. Sie hat ständig das Gefühl, perfekt funktionieren zu müssen und sie erlaubt sich nicht, einfach nichts zu tun. Maria findet für sich auch einen Zusammenhang mit ihren chronischen Verspannungen und den Kopfschmerzen. Sie beginnt, bewusst auf ihre inneren Monologe zu hören. Immer wieder ertappt sie sich bei negativen Gedanken, die sie unermüdlich antreiben und »Tu dies, tu das!« von ihr verlangen. Eines Tages fragt sie sich, ob ihr Arbeit auch Spaß machen darf und ob sie sich selbst Entspannung und Freude erlauben darf. Sie beschließt, ihre Einstellungen und damit auch ihre Glaubenssätze grundlegend zu ändern. Sie wandelt ihre negativen Sätze in positive um. Morgens vor dem Aufstehen ersetzt sie bewusst »Das wird wieder ein harter Arbeitstag.« durch »Ich habe Spaß und Freude an meiner Arbeit.« Wenn sie wieder einmal versucht, dieses und jenes perfekt zu machen, sagt sie sich: »Ich weiß, dass ich meine Sache gut mache, das reicht.« Wenn sie bemerkt, dass sie dabei ist, sich selbst zu kritisieren, geben ihr die folgenden Sätze Halt: »Das Leben ist ein Geschenk. Ich bin wertvoll, so wie ich bin.« Maria weiß, dass diese Veränderung Geduld braucht und sie sich Zeit geben muss, um umzulernen. Auch wenn sie immer wieder in gewohnte Muster zurückfällt und sich innerlich ihre alten Glaubenssätze sagen hört, bleibt sie beständig. Sie weiß: Mit jedem Mal wird es leichter und besser.

Wie Maria können auch wir lernen, unsere eigenen negativen Glaubenssätze zu verändern. Wenn wir erst einmal erkannt haben, welche innere Überzeugung wir für unumstößlich halten, können wir uns davon auch befreien. Es erfordert Einsicht und den Wunsch, Dinge zu verändern. Jemand, dessen Überzeugung es ist, dass »Geld stinkt«, wird wahrscheinlich finanziell nie erfolgreich sein. Und wer oft sagt »Das macht mich krank«, hat gute Chancen, krank zu werden. Oft handeln wir nach alten Glaubenssätzen aus unserer Kindheit und Jugend. Wenn wir sie als Erwachsene nicht überprüfen, bleiben sie in uns bestehen, auch wenn sie schon lange nicht mehr in unser Leben passen. Einschränkende Glaubenssätze hindern uns daran, unsere Wünsche zu erfüllen und unsere Ziele zu erreichen.

Die folgenden Fragen helfen Ihnen dabei, Ihre Glaubenssätze zu erkennen:

Worte wie »*immer*«, »*alle*«, »*jeder*« oder »*grundsätzlich*« weisen oft auf Glaubenssätze hin, wie zum Beispiel: »Immer bin ich derjenige, der den Kürzeren zieht.« Häufig beginnen diese Formulierungen auch mit: »Ich bin ...«, »Das Leben ist ...«

» Wovon sind Sie überzeugt?

» Was haben Sie von anderen Menschen übernommen? Was war der Lieblingsspruch Ihrer Mutter oder Ihres Vaters? Was haben Sie von Ihrer Oma immer gehört?

» Welche Sprichwörter verwenden Sie?

» In welcher Umwelt sind Sie aufgewachsen? Welche Erfahrungen haben Sie gemacht?

» Wie denken Sie über Beziehungen?

» Wie ist Ihre Einstellung zu Gesundheit? Geld? Erfolg? Arbeit? Wohlstand?

» Was denken Sie über sich selbst, wenn Sie in den Spiegel schauen?

» Welche Sätze begleiten Sie, wenn Sie an Ihre Zukunft denken?

Schreiben Sie die Antworten auf. Überprüfen Sie, ob diese Aussagen auch heute noch zutreffen. Machen sie Ihr Leben einfacher? Sind Sie dadurch glücklicher? Nehmen Sie wahr, welche Sätze hilfreich sind und welche nicht. Formulieren Sie dann neue, bessere Sätze.

Denken, Fühlen und Handeln hängen zusammen

Es gibt einen Zusammenhang zwischen dem, was wir selber über uns denken und wie wir uns fühlen. Das wiederum hat Auswirkungen darauf, wie wir uns verhalten und welche Handlungen und Entscheidungen wir im Leben treffen. Menschen, die meinen, sie seien selber nichts wert, bekommen dies häufig von außen bestätigt.

Gehören Sie zu den Menschen, die keine besonders gute Meinung von sich selbst haben? Macht Ihnen jemand ein Kompliment und können Sie es in Ihrem Inneren nicht annehmen, weil Sie überzeugt sind, dass es nicht sein kann, dass Sie eine schöne Frau, ein liebenswerter Mensch oder ein hervorragender Arbeitskollege sind? Das kann sogar so weit gehen, dass Sie glauben, der andere meine es nicht ehrlich mit Ihnen und irgendetwas stimme da nicht? In diesem Fall stimmt tatsächlich etwas nicht: Etwas hat Sie zu der Überzeugung gebracht, dass nichts Gutes an Ihnen ist. Möglicherweise begleitet Sie schon Ihr ganzes Leben lang das Gefühl, mit einem Makel behaftet zu sein. Die Bestätigung dieses Makels lässt sich auch täglich finden: Da sind die Fettpölster auf Bauch und Po, dort die zu lange Nase. Das Haar ist zu dünn, der Hals zu kurz und überhaupt scheint gar nichts richtig zu passen. Wieder sind Sie zu einem wichtigen Termin zu spät gekommen, wieder sind Sie von anderen schief angeschaut worden. Ein anderer hat den Job bekommen. Für Sie blieb am Kuchenbuffet kein einziges Stück übrig. All diese Erfahrungen bestätigen Ihre inneren negativen Glaubenssätze, die Sie über sich selbst haben. Somit halten Sie das Bild stets aufrecht, dass niemand Sie mag, Sie nicht gut genug sind oder die anderen böse sind etc.

Gut über sich und die Welt zu denken, kann man lernen:

Überlegen Sie, wie Sie den Tag begrüßen, mit welcher inneren Haltung Sie Ihre Arbeit beginnen, Ihre Kinder versorgen oder anderen Menschen begegnen. Wenn Sie feststellen, dass Ihre inneren Sätze negativ und nicht wertschätzend sind, ersetzen Sie sie durch andere, für Sie passende. Hier sind einige Sätze, die Sie künftig begleiten können:

- » »Jeder Tag ist ein neuer Anfang. Ich entscheide mich, die guten und schönen Dinge im Leben wahrzunehmen.«
- » »Meine Vergangenheit hat mich dorthin gebracht, wo ich heute stehe. Ich will nach vorne schauen und vertrauen, dass das Leben Gutes für mich bereithält.«
- » »Ich bin froh und dankbar für ...«
- » »Veränderungen gehören zum Leben, ich heiße Veränderungen willkommen.«
- » »Freundliche Gedanken über mich selbst und andere bringen mir neue Erfahrungen. Ich bin gespannt, was auf mich zukommt.«
- » »Ich kümmere mich liebevoll um meinen Körper. Gesunde Ernährung, Bewegung und gepflegtes Aussehen sind Ausdruck dessen, dass ich mich selbst gerne mag.«
- » »Das, was ich anderen gebe, kommt vielfach zu mir zurück.«
- » »Ich freue mich, wenn andere Erfolg haben, wissend, dass auch ich erfolgreich bin.«
- » »Ich vertraue dem Fluss des Lebens. Ich bin in Sicherheit. Freude und Wohlbefinden begleiten mich.«

Achten Sie darauf, liebevoll und geduldig mit sich selbst umzugehen. Nehmen Sie es mit Humor, wenn Sie merken, dass Sie in alte Muster fallen. Wenn man sich der Dinge erst einmal bewusst geworden ist, ist schon viel getan. Haben Sie den Wunsch, Ihre Glaubenssätze zu ändern, kommen Sie aber nicht von der Stelle, so holen Sie sich Hilfe.

Nachnähren und nachlernen – es ist nie zu spät

Viele Menschen spüren auf die eine oder andere Art Defizite in ihrem Leben: Sie fühlten sich als Kind nicht ausreichend geliebt, wurden vielleicht geschlagen, viel zu oft wurde ihnen zu viel abverlangt oder sie mussten schwere Probleme der Familie mittragen. Vielleicht konnten sie so nie lernen, wie eine gute Beziehung zu anderen Menschen aussieht. Vielleicht empfinden sie überall in ihrem Leben Mangel. Vielleicht arbeiten sie bis zum Umfallen, weil sie es nicht anders gelernt haben.

Diese Defizite aus der Kindheit, die uns über viele Jahre hinweg steuern, können wir auch in späteren Jahren auffüllen und wir können lernen, angemessen mit den Defiziten und ihren Auswirkungen umzugehen. Sich bewusst zu

Was bedeutet Nachnähren? Nachnähren meint das Nachholen von Geborgenheit, Sicherheit und dem Gefühl, angenommen zu sein. Es bedeutet, Bedürfnisse zu erfüllen, Defizite auszuloten, positive Erfahrungen zu machen und damit neues Verhalten aufzubauen. Nachnähren beschreibt immer einen Prozess und ist mehr als nur eine einzelne Handlung. Jeder von uns, egal was er oder sie erlebt hat, trägt in sich heile Anteile. Diese heilen Teile können wir wieder aktivieren. Defizite und Mangelerlebnisse werden dann durch neue Erfahrungen verändert. Verschüttete Ressourcen können wiederbelebt werden. Zu spät ist es nur dann, wenn wir selbst unbeirrbar davon überzeugt sind, dass es so ist.

Karin ist das älteste von drei Kindern. Die Mutter war Alkoholikerin und konnte sich kaum um die Kinder kümmern. Der Vater arbeitete viel und hatte eine Freundin. Nach außen hin war alles normal. Niemand wusste, dass die Mutter trank, und niemand wusste, dass der Vater kaum bei der Familie war. Selbst die engsten Verwandten merkten nichts oder taten so, als ob alles in Ordnung sei. Die anderen Geschwister waren fünf und sieben Jahre jünger als Karin. Die kleineren Geschwister aufzuwecken und für Kindergarten und Schule herzurichten, war Routine für Karin. Sie versorgte auch die Mutter, kümmerte sich um den Haushalt und machte mit den Kleinen Hausaufgaben. Karins eigene Wünsche blieben dabei auf der Strecke. Das Gefühl von Freiheit und Unbeschwertheit kannte sie nicht. Mit Freundinnen auszugehen oder gemeinsam etwas zu unternehmen, war nicht möglich. Die gewünschte Ausbildung zur Lehrerin konnte Karin nicht machen, sie wurde Kellnerin.

Mittlerweile kann Karin auf ihre Kindheit zurückblicken, ohne in ein schwarzes Loch zu fallen. Manchmal ist sie immer noch traurig oder zornig. Sie hat es nicht leicht gehabt. Das Gefühl, sich zurücklehnen zu können, eingebettet in eine Familie zu sein oder gar Verantwortung abgeben zu können, kannte

Karin nicht. Jetzt ist sie dabei, dies alles nachzuholen. Sie hat einen Partner gefunden, der sehr liebevoll ist und sie gerne auf Händen trägt. Für Karin ist dies ungewohnt, aber sie kann seine Fürsorge und Liebe annehmen. Ihre Defizite werden nun langsam aufgefüllt. Sie schafft es auch, sich selbst mehr Zeit zu geben, Dinge nur für sich zu tun und dies auch zu genießen. Karin nimmt psychologische Unterstützung an. Bei diesem Prozess lernt sie, auf der Gefühls- und Verstandesebene das Geschehene zu verarbeiten und neue Erfahrungen zu machen. Sie stellt fest: »Ich habe nicht gewusst, wie gut sich Geborgenheit anfühlt, und mir war auch nicht bewusst, welche Fähigkeiten und Ressourcen ich in mir trage. Ich beginne, mich leichter und unbeschwerter zu fühlen.«

Egal, wie alt wir sind, wir haben die Fähigkeit, uns jederzeit neu zu orientieren. Es braucht nur manchmal etwas mehr Zeit. Die eigene Geschichte anzunehmen, heißt, sich den Licht- und Schattenseiten zu stellen. Viele Menschen sehen in ihrem Leben ihre angeblichen oder tatsächlichen Unzulänglichkeiten und werten sich dadurch ab. Die eigene Geschichte anzunehmen und zu akzeptieren fällt schwer. Häufig hindern uns Gedanken wie die folgenden daran:

- Ich hätte mich mehr einsetzen sollen, dann wäre die Familie jetzt noch vereint. Ich trage Mitschuld daran.
- Ich hätte doch eine andere Ausbildung machen sollen. So kann ich nie glücklich werden.
- Ich habe damals die falsche Entscheidung getroffen, das bereue ich immer noch.
- Hätte ich nicht auf meine Eltern, Kollegen, Vorgesetzten gehört, wäre ich heute in einer anderen Situation.

Sind Sie sehr streng zu sich? Dürfen Sie keine oder kaum Fehler machen? Trauern Sie noch ungenutzten Chancen hinterher?

Versöhnen und vergeben, sich selbst und anderen

Über die Geduld

Man muss den Dingen die eigene,
stille ungestörte Entwicklung lassen,
die tief von innen kommt und durch nichts gedrängt
oder beschleunigt werden kann,
alles ist austragen – und dann gebären ...
Reifen wie der Baum, der seine Säfte nicht drängt
und getrost in den Stürmen des Frühlings steht,
ohne Angst, dass dahinter kein Sommer kommen könnte.
Er kommt doch!

— Rainer Maria Rilke

Wohlbefinden und Lebensqualität hängen eng damit zusammen, wie sehr wir in der Lage sind, anderen und uns selbst zu vergeben. Kränkung kann auf Dauer krank machen. Egal, ob wir von jemand anderem tatsächlich gekränkt und verletzt wurden oder wir uns vom Leben enttäuscht fühlen, wir tragen diese negativen Gefühle in uns. Manche von uns haben Schwierigkeiten mit dem Verzeihen. Wir vergessen nie, was andere uns angetan haben. Wir sind nachtragend und unversöhnlich, auch wenn wir mit dieser Haltung unseren Alltag trist und grau werden lassen und unserer Gesundheit und Lebensfreude schaden. Bitterkeit, Groll, Schuldgefühle und Rachevorstellungen, all diese Emotionen und Gedanken brauchen sehr viel Energie. Sie haben die Eigenschaft, sich zu verselbstständigen und auszubreiten, bis sie zu einem bestimmenden Teil in unserem Leben werden. Vergeben wir uns selbst und anderen, so befreien wir uns und können nach und nach wieder heil werden.

Wenn wir aus ganzem Herzen vergeben möchten, so hilft es, einen Schritt zur Seite zu machen und einen neuen Blick auf die Person oder das Ereignis zu werfen. Wir schauen aus der Vogelperspektive herab: Das, was die Eltern damals falsch gemacht haben, der Chef, der uns so zugesetzt hat, unsere törichte Entscheidung vor zehn Jahren bekommt dadurch eine andere Bedeutung. Wir können nach den möglichen Gründen und Motiven fragen:

Wie war die Kindheit des Vaters, dass er uns so erzogen hat? Wovor hat der Chef in Wahrheit Angst, wenn er seine Mitarbeiter unterdrücken muss, um sich gut zu fühlen? Wären wir damals vor zehn Jahren innerlich reif gewesen, die Konsequenzen dieser Entscheidung zu tragen? Manchmal, bei besonders schweren Verletzungen oder traumatischen Ereignissen, kann vielleicht kein Funke von Verständnis aufkommen. Da kann es helfen, von der »Warum«-Frage zum »Wozu« zu gelangen und den übergeordneten Sinn zu erahnen. Es gibt genug Beispiele von Menschen, die die Schwere ihres Schicksals in eine unglaubliche Kraft verwandelt haben und dadurch Vorbild für viele geworden sind. Sie alle haben gemeinsam, dass sie sich mit ihrer Geschichte versöhnt haben und somit Energie für konstruktives Neues gewonnen haben.

Wie man vergibt, ist und bleibt eine sehr persönliche Sache. Vielleicht mit Worten, mithilfe symbolischer Handlungen, in einem Ritual, im Beisein eines vertrauten Menschen oder ganz allmählich, langsam und leise tief im Inneren.

Eine Geschichte vom Vergeben

Ein Schüler kam zu seinem Meister und beklagte sich über die Menschen, die ihn in letzter Zeit beleidigt hatten oder unfreundlich zu ihm gewesen waren: »Fast jeden Tag begegnen mir Menschen, über die ich mich aufregen muss, weil sie sich so dämlich verhalten oder weil sie mich beleidigen oder mich verletzen«, klagte er. Der Meister ging ins Nebenzimmer und kam mit einem Messer und einem Korb voll Kartoffeln zurück, die er dem Schüler überreichte.

»Ich möchte, dass du an alle Personen denkst, die dich in letzter Zeit verletzt oder beleidigt haben. Ritze mit dem Messer den Namen jeder einzelnen Person in eine Kartoffel.« Dem Schüler fielen schnell einige Namen ein und rasch hatte er mehrere Kartoffeln beschriftet. »Gut«, sagte der Meister, »hier hast du einen Sack. Gib deine Kartoffeln hinein und trage ihn eine Woche lang überall mit dir. Dann komm wieder zu mir.«

Der Schüler tat, wie der Lehrer ihn geheißen hatte. Anfangs empfand er das Tragen des Sackes als nicht besonders schwierig. Aber nach einigen Tagen wurde der Sack immer lästiger, außerdem begannen die angeritzten Kartoffeln zu stinken. Nach sieben Tagen begab sich der Schüler mit seinem Sack wieder zum Meister. »Hast du aus dieser Übung etwas gelernt?«, fragte dieser.

»Ich denke schon«, antwortete der Schüler, »Wenn ich anderen nicht verge-
be, trage ich diese Gefühle des Ärgers immer mit mir, genau wie die Kartoffeln.
Und irgendwann verfault das Ganze auch noch. Also muss ich die Kartoffeln
entfernen, indem ich meinen Mitmenschen vergebe.«

Nachnähren und Nachlernen. Ein Leitfaden.

Heile Anteile wahrnehmen und aktivieren

Auch wenn Sie wenige bewusste gute Erfahrungen in Ihrer Vergangenheit gemacht haben, auch wenn Sie viel Schweres erlebt haben, haben Sie dennoch
heile Anteile in sich. Sie sind nicht in Ihrem ganzen Wesen traurig oder zer-
rüttet. So gibt es vielleicht in Ihrer Erinnerung die einfühlsame Tante, die
freundliche Lehrerin oder den Trost spendenden Großvater. Oder Sie erinnern sich an ein Haustier, mit dem Sie gerne gekuschelt haben. Oder Sie hatten einen geheimen Lieblingsplatz, an dem Sie Kraft tanken konnten und unbeschwert waren.

» **Sie können Ihr Seelenhaus gestalten und sich um Umbauten kümmern. Sie können Altes oder Unpassendes entsorgen und durch Neues ersetzen. Sie können
die Farbe wechseln und die Fenster öffnen, um frischen Wind hereinzulassen.**

» **Wenn Sie sich selbst schwer fühlen, oft traurig sind oder kaum Heiles an sich
entdecken können, so wenden Sie sich an einen Fachmann, eine Fachfrau und
lassen Sie sich auf Ihrem Weg begleiten.**

Achtsamkeit als Wegbegleiter

Achtsamkeit ist eine der ältesten Methoden, um Wohlbefinden und Freude
ins Leben zu holen. Viele Techniken lassen sich in unterschiedlichen Ratge-
bern finden. Achtsam ein Essen zu kochen, die Pflanzen achtsam zu pflegen,
den Tag achtsam zu beschließen, dies alles bedeutet, sich in jedem Augenblick
seiner Erfahrung bewusst zu sein, in der Gegenwart zu leben und mit Aufmerksamkeit bei dem zu sein, was gerade passiert und was man gerade tut:
Das Gespräch mit dem Partner zu führen, ohne an den morgigen Arbeitstag

zu denken. Mit den Kindern zu spielen, ohne auf die Uhr zu sehen. Die freie Stunde in der Natur zu genießen, ohne über die anstehenden Aufgaben nachzudenken. Sich selbst wahrzunehmen ist ein erster Schritt.

» Halten Sie inne und horchen Sie in sich hinein. Dabei helfen beispielsweise Meditationen, Spaziergänge oder Tagträume. Nehmen Sie wahr, was aus Ihrem Inneren auftaucht. Ziel einer guten Selbstwahrnehmung ist, dass Sie in Ihrem täglichen Leben immer klarer werden und erkennen, in welcher Verfassung Sie gerade sind.

Sich Geborgenheit verschaffen

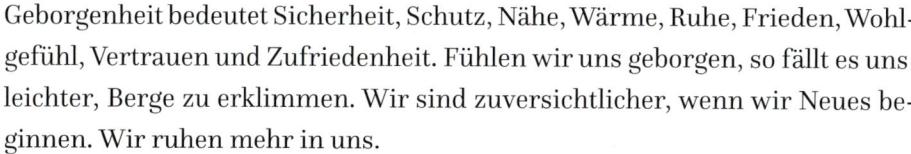

Geborgenheit bedeutet Sicherheit, Schutz, Nähe, Wärme, Ruhe, Frieden, Wohlgefühl, Vertrauen und Zufriedenheit. Fühlen wir uns geborgen, so fällt es uns leichter, Berge zu erklimmen. Wir sind zuversichtlicher, wenn wir Neues beginnen. Wir ruhen mehr in uns.

» Eine der Hauptquellen von Geborgenheit sind Menschen. Wir brauchen andere Menschen sowie häufige und regelmäßige Kontakte, um uns in Beziehungen wohl zu fühlen. Mit welchen Menschen sind Sie gerne zusammen? Welche Menschen tun Ihnen gut?

» Durch wiederholte Tätigkeiten und Routineabläufe können Menschen Geborgenheit erfahren, wenn sie beispielsweise Musik hören, Tagebuch schreiben, baden, sporteln, Tee trinken, sich jemandem anvertrauen, kochen etc.
Was machen Sie gerne? Was tut Ihnen gut?

» Altbekanntes und Vertrautes gibt Menschen Sicherheit. Und Sicherheit ist ein Teil von Geborgenheit. Was gibt Ihnen Sicherheit?

» Schöne und vertraute Orte sind wichtig, um sich wohl und geborgen zu fühlen. Wo sind die Orte, die Sie lieben? Die eigene Wohnung, ein spezieller Ort in der Natur, ein Lieblingsplatz in Ihrer Stadt, Ihrem Dorf? Wo halten Sie sich gerne auf? Welche Umgebung macht Sie froh und welche beruhigt Sie?

Angenommen werden und mit anderen verbunden sein

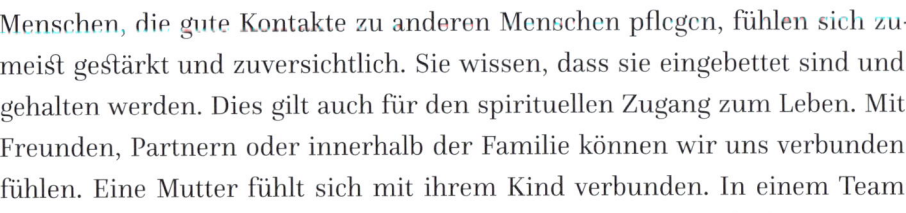

Menschen, die gute Kontakte zu anderen Menschen pflegen, fühlen sich zumeist gestärkt und zuversichtlich. Sie wissen, dass sie eingebettet sind und gehalten werden. Dies gilt auch für den spirituellen Zugang zum Leben. Mit Freunden, Partnern oder innerhalb der Familie können wir uns verbunden fühlen. Eine Mutter fühlt sich mit ihrem Kind verbunden. In einem Team herrscht Verbundenheit. Mit Gott können wir uns verbunden fühlen.

» **Was verbindet Sie mit den Menschen in Ihrer Familie, Ihrer nächsten Umgebung?**

» **Wünschen Sie sich verbindlichere Beziehungen? Was können Sie tun, um diese zu schaffen?**

Ressourcen wiederbeleben und neu entdecken

In jedem von uns finden sich Ressourcen. Manche sind versteckt und schwer zugänglich, andere wiederum kennen wir. Freunde, Bekannte und Familie sind Ressourcen. Es gibt finanzielle Ressourcen, ideelle, kreative und viele andere. Alles, was uns aufbaut, kräftigt, unterstützt und fördert, ist eine Ressource in unserem Leben (siehe auch *Das Gefühl vom »Ich« und die tragenden Lebensbereiche als Fundament*). Auch Fähigkeiten sind Ressourcen. Schaffen Sie es immer wieder, gute Stimmung zu verbreiten? Sind Sie ein guter Handwerker? Wenn Sie etwas gerne tun, so ist dies auch eine Ressource. Sie können beispielsweise in Ihre Kindheit schauen und sich inspirieren lassen. Was haben Sie damals gerne gemacht? Bilder gemalt? Musiziert? Gesungen? Gebastelt? Versuchen Sie es wieder, nur für sich selbst. Es geht nicht um Kunst, sondern nur um Sie, um Ihre Freude am Tun. Vielleicht ist es eine Ressource des Ausgleichs, die in Ihnen schlummert und darauf wartet, wiederbelebt zu werden.

Neue Erfahrungen machen und damit neues Verhalten aufbauen
Menschen sind ihr ganzes Leben lang lernfähig, egal wie alt sie sind.

Nehmen wir an, dass Karin, die in ihrer Kindheit wenig Liebe von ihren Eltern erfahren hat, auf einen Kreis von Frauen trifft, der sich wertschätzend anderen gegenüber verhält. Sie machen gemeinsam Ausflüge, gehen ins Café und reden über die Arbeit und die Liebe. Karin, die sich in ihrer Kindheit kaum getraut hat, zu sagen, was sie sich denkt, sieht, wie sich die Frauen offen unterhalten. Die Meinung der jeweils anderen wird akzeptiert, auch wenn nicht alle die gleiche Einstellung haben. Sie macht also die Erfahrung, dass sie sich frei äußern kann und dafür nicht bestraft wird, so wie sie es in ihrer Kindheit erlebt hat. Dies spornt sie an, sich bei weiteren Treffen mehr einzubringen und sich zu öffnen. Diese positive Erfahrung macht Karin mutig. Und dieser Mut bewegt sie dazu, in ihrer Arbeit, in ihren Beziehungen das auszusprechen, was sie sich denkt. Karin bringt sich auch in Zukunft ein, sie weiß, dass ihre Meinung einen Wert hat, etwas bewegen kann, und dass sie als ganzer Mensch wertvoll ist.

Wer bin ich ohne mein Problem?

Probleme als Spiegel der Biografie · Probleme als Lernmotoren · Sich selber neu entdecken

Wer bin ich ohne mein Problem?

Wie wichtig sind uns unsere Probleme? Brauchen wir sie womöglich, um uns nicht verändern zu müssen? Wie sähe unser Leben aus, wenn unser größtes Problem plötzlich verschwunden wäre? Könnten wir uns daran gewöhnen? Und wie kommen wir dahin?

Auf den ersten Blick verhält es sich mit unseren Problemen so: Wir alle haben sie, wir alle leben mit ihnen und die meisten von uns streben danach, sie loszuwerden. Wäre das Problem nicht in unserem Leben, so denken wir, könnten wir endlich glücklich sein und zu all dem gelangen, was wirklich nach unserem Herzen ist.

Stellen Sie sich vor, Sie würden auf die Straße gehen und Personen bitten, sich auszumalen, ihr größtes Problem, das, was sie derzeit am meisten belastet, wäre verschwunden, hätte sich über Nacht in Luft aufgelöst, wäre einfach nicht mehr da. Der belastende Kredit wäre abbezahlt, der schwelende Konflikt mit der Kollegin am Arbeitsplatz beigelegt, die chronischen Rückenschmerzen aufgelöst, die Schulprobleme des Sohnes eliminiert, in der Partnerschaft wäre der eine schwierige Punkt beseitigt, die Diät erfolgreich geschafft, der Selbstwert und die Lebensfreude wiederhergestellt. Mit großer Wahrscheinlichkeit würden jene Personen innehalten und über diese Vorstellung zuerst einmal hocherfreut sein.

Probleme als Spiegel der Biografie

Bei genauerer Betrachtung müssen wir aber feststellen, dass viele von uns beachtlich viel an wertvoller Lebens- und Gedankenzeit mit ihren Problemen verbringen. Das Problem ist somit auch zu einer Art Sinn und Aufgabe geworden. Es ist vielleicht zum Antrieb schlechthin geworden. Besonders jene Probleme, die unserer Lebensbiografie zugrunde liegen, können ein starker Identifikationsfaktor für uns sein. Oft dauert es sehr lange, bis wir uns dieser Zusammenhänge bewusst werden. Vieles, was wir tun oder vermeiden, tun oder vermeiden wir aus Angst vor jenen Verletzungen oder Verlusten, die wir in der Kindheit erlebt haben.

Maria erzählt: Mein Mann Dieter und ich lebten 22 Jahren zusammen, obwohl er lange Zeit eine Dreiecksbeziehung führte. Unsere beiden Kinder sind 17 und 19 Jahre alt. Bereits ein Jahr nach der Geburt unserer Jüngsten fühlten wir uns mit unserer Beziehung am Ende. Wir hatten den Klassiker durchlebt: Mein Mann verbrachte sehr viel Zeit in seiner Firma, um Geld zu verdienen und uns allen ein gutes Leben zu ermöglichen, während ich mich mit der Verantwortung zu Hause allein gelassen fühlte. Wir hatten einander immer weniger zu sagen. Schließlich konfrontierte mich Dieter mit der Tatsache, dass eine andere Frau ein Kind von ihm bekomme. Er hatte ab damals also zwei Familien und wir lebten bis vor kurzem, also insgesamt 16 Jahre lang, in dieser Konstellation. Es gab zwei, drei Fixtermine in der Woche, wo wir gemeinsam mit unseren Kindern aßen, er übernachtete an bestimmten Tagen bei uns, es gab gemeinsame Unternehmungen und Familienurlaube. Den Rest der Zeit teilte Dieter irgendwie zwischen seiner Arbeit und der neuen Familie auf. Warum ich das so lange mitgemacht habe? Das werde ich oft gefragt. Es hängt mit meiner eigenen Kindheit zusammen: Ich bin ein Scheidungskind und habe sehr darunter gelitten. Ich wollte unter keinen Umständen, dass meine Kinder in diesen Zerwürfnissen aufwachsen müssen, wie ich sie erlebt hatte. Deshalb habe ich vieles in Kauf genommen. Ich habe Dieters Doppelleben toleriert und meinen Kindern, so gut es eben ging, eine intakte Kernfamilie erhalten. Dass wir einander nicht mehr liebten, haben sie sicher gespürt. Aber wir waren zumindest ein Team, das das Ziel hatte, die Kinder gemeinsam durch ihre Kindheit zu navigieren. Ob das die beste Entscheidung war? Ich weiß es nicht, vielleicht weiß ich es in ein paar Jahren. Für die Scheidung vor ein paar Wochen habe ich all meinen Mut zusammengenommen. Ich wollte diesen Schritt endlich setzen und mich damit auch von dem Bild der heilen Kernfamilie verabschieden.

Hürden in der Kindheit, die zur Stärke wurden

Wir handeln oft, bewusst oder unbewusst, weil wir Erfahrungen und innere Überzeugungen integriert haben, die mit unserer eigenen Kindheit zu tun haben. Die Bedürfnisse von Kindern sind einfach: Sie wollen geliebt, geschützt, genährt und gefördert werden und sie wollen sich zugehörig fühlen. Werden diese Grundbedürfnisse nicht erfüllt, missachtet oder gar verletzt, dann entsteht ein Vakuum, eine Leere, ein Mangel oder eine Verletzung, etwas, das Einfluss auf unser gesamtes Leben hat. Deswegen gehen wir später immer wieder Umwege, um mit diesen wunden Punkten nicht konfrontiert zu werden, und entwickeln Strategien, wie wir dennoch gut leben können. Dabei erwerben wir in all den Krisenzeiten auch Kompetenzen, die ihren Ursprung darin haben, dass wir lernten, trotz, oder gar mithilfe all dieser Hürden vorwärtszukommen und die Aufgaben, die uns das Leben stellt, zu meistern.

Durch zahlreiche Umzüge in der Kindheit und Jugend musste sich Renate immer wieder rasch in neuen Schulen in Österreich und Deutschland zurechtfinden, Schulen mit ihren speziellen Gegebenheiten und Anforderungen. Es fiel ihr oft sehr schwer sich der neuen Umgebung, dem wechselnden sozialen Umfeld und den jeweiligen Lehrkräfte, Wissensständen und Lerninhalten anzupassen. Oftmals musste sie nachlernen und zusätzliche Prüfungen ablegen. Um in den Klassen Fuß zu fassen, war es auch wichtig, sich den lokalen sprachlichen Besonderheiten anzupassen – ob dem Südkärntnerischen oder Schwäbischen, dem Wienerischen oder der Sprachmelodie des Ruhrgebiets. Renate ist heute überzeugt, dass dieses schnelle Zurechtfinden in neuen Situationen und Wissensgebieten ein gutes Grundlagentraining für ihren jetzigen Beruf, den Journalismus, war. Diese ständigen neuen Herausforderungen haben aus der Not heraus ihren Sinn für Zusammenhänge geschärft und ebenso ihre Fähigkeit, zu verstehen, was dem jeweiligen Gegenüber wichtig ist. Auch ihr Talent, sich schnell in neues Material einzuarbeiten, schreibt sie den vielen Schulwechseln und Umzügen zu.

Für Renate erwiesen sich diese Hürden in Form von zahlreichen Umzügen also ganz unerwartet als effektives Trainingsprogramm für eine erfolgreiche Berufslaufbahn. Doch das hat sie erst viele Jahre später erkennen können, als sie schon längst erwachsen war.

»Brauchen« wir unsere Probleme?

Was aber, wenn wir nicht sagen können, dass wir einen Schmerz oder ein Problem so umgewandelt haben, dass wir eine besondere Fertigkeit daraus erlangt haben? Wenn wir uns fühlen wie Menschen, die sich mit immer wiederkehrenden Schwierigkeiten herumschlagen?

Vielleicht ist es an dieser Stelle Zeit, sich zu fragen, ob Sie das jeweilige Problem oder diesen Schmerz aus der Vergangenheit tatsächlich »noch brauchen?« Dieser Gedanke ist sehr berechtigt, denn manchmal brauchen wir das Problem oder die Erinnerung an etwas, was uns widerfahren ist, um ein bestimmtes Bild von uns selbst oder anderen aufrechtzuerhalten. Spüren Sie diesem Gedanken immer wieder nach und notieren Sie, wenn Ihnen ein Bild dazu einfällt.

Maria zum Beispiel »behielt« ihren Schmerz, ein Scheidungskind zu sein, auch innerhalb ihrer Ehe 16 Jahre lang und lebte dadurch ihr zumindest nach außen hin perfektes und einzig denkbares Bild von Familie.

Vielleicht haben Sie schon einmal Bekanntschaft mit einem Menschen gemacht, der seine Krankheit oder sein Gebrechen »braucht«, also benützt, um sich eine bestimmte Position im Familiensystem zu sichern, oder dadurch erreicht, dass man sich um ihn kümmert.

Susanne musste sich in ihrer Kindheit sehr anstrengen, um die Gunst ihrer Eltern zu gewinnen. Anerkennung bekam sie nur dann, wenn sie eine Leistung vorzeigen konnte. Dieses Muster hat sich tief eingeprägt. Und auch im Erwachsenenleben machte sie die Erfahrung, dass sie stets dann anerkannt und geschätzt wurde, wenn sie mehr als das erwartete Pensum an Arbeit und Aufgaben erledigte. Jetzt, nach Jahren fleißigen Funktionierens in Familie und Beruf, spürt sie eine starke Erschöpfung, gepaart mit Unzufriedenheit und Zorn. Ihre Gedanken kreisen fast den ganzen Tag darum, was noch alles zu tun ist und um wie viel mehr sie leistet als andere. Mit dieser Lebensweise hat sie sich unentbehrlich gemacht. Für ihr Umfeld ist sie die Macherin. Neben ihr kann man ruhig ein bisschen lockerer lassen, denn Susanne hat alles im Griff.

Plötzlich aber ist es anders. Bei Susanne machen sich psychosomatische Beschwerden bemerkbar. Sie muss sich immer wieder krank melden. Das bleibt in ihrem Umfeld nicht unbemerkt. Familienmitglieder und Arbeitskollegen fragen nach und erkundigen sich. Susanne erlebt nun erstmals, wie sich andere Menschen um sie kümmern und sich um sie Sorgen machen. Sie teilt ihnen ihre Probleme mit und bekommt Aufmerksamkeit. Nun steht sie im Mittelpunkt. Sie wird endlich wahrgenommen, auch ohne etwas zu leisten. Es hat so lange gedauert. Wieso sollte sie nun auf diese wohltuende Zuwendung und Lebenserleichterung wieder verzichten und das ständige Kranksein wieder aufgeben?

Probleme als Lernmotoren

Es gibt viele Beispiele dafür, wie *notwendig* und in weiterer Folge auch oft *Not wendend* ein Problem sein kann. Vielleicht kennen Sie das aus Ihrem eigenen Leben:

Wir bräuchten dringend Ruhe und Erholung und spüren schon die ersten Anzeichen einer Erkältung. Während wir im selben Tempo weitermachen, kommt uns der Gedanke, dass wir es uns gerade jetzt nicht leisten könnten, krank zu werden, und schwupps, schon ist es geschehen.

Oder: Wir stehen jahrelang wie Susanne unseren Mann (und unsere Frau), verleugnen das Bedürfnis, um unser selbst willen anerkannt und geliebt zu werden, und führen ein Leben im Funktionsmodus, in dem wir extrem viel leisten und uns unentbehrlich machen. Plötzlich schaltet unser Betriebssystem auf »Error«. Eine nie dagewesene Erschöpfung stellt sich ein und nichts geht mehr so wie vorher.

Oder: Wir haben einfach keine Zeit für unsere Kinder und schauen ihnen dabei zu, wie sie auf ihre eigene Weise nach Zuwendung und Aufmerksamkeit verlangen. Sie benehmen sich auffällig und bringen uns an unsere erzieherischen Grenzen. Vielleicht entwickeln sie auch psychosomatische Beschwerden und hindern uns dadurch daran, einfach zur Tagesordnung überzugehen. Letztlich zwingen sie uns dazu, endlich innezuhalten.

All diese Probleme haben also einen Sinn, und sind von daher auch wertvoll für uns. Sie wirken wie von einer übergeordneten Intelligenz gesteuert und sie wollen uns auf etwas Wichtiges hinweisen. Nehmen wir sie ernst und beschäftigen wir uns mit den jeweiligen Themen, dann können wir die dahinterliegenden Ursachen und Zusammenhänge erkennen und besser verstehen.

Krisen und Probleme können eine enorme Schubkraft haben und uns in unserer Entwicklung regelrecht vorwärts katapultieren. Es kann sich gut und befriedigend anfühlen, wenn wir einen Knoten gelöst, einen Damm gebrochen, eine Brücke geschlagen und wieder neues Land eingenommen haben. Wie nach einem reinigenden Gewitter spüren wir dann die klare Luft und haben diese innere Gewissheit, gewachsen zu sein.

Über die Schwere ...

Manchmal aber sind unsere Schwierigkeiten nicht so einfach zu identifizieren. Wir erleben immer wieder ähnliche Situationen. Muster wiederholen sich und wir wissen nicht genau, warum. Unsere Emotionen sind diffus und ganz oft mischen sich Gefühle von Schuld, Scham und Minderwertigkeit dazu. Wir stellen fest, dass wir nicht unbeschwert sein können, dass nichts im Leben leicht geht, dass wir um alles kämpfen müssen. Irgendetwas hindert uns latent am Glücklichsein. Was, wenn wir uns an diese Schwere gewöhnt haben, ohne es zu merken?

Es gibt gute Gründe, warum manche Menschen ihr Leben als schwer wahrnehmen. Bei den wenigsten von uns läuft über die Jahre alles wie am Schnürchen und fügt sich eins ins andere. Lebensumbrüche, Herausforderungen, Krisen und auch Schicksalsschläge sind Teil unseres Daseins. In vielen Familien gibt es mindestens eine Geschichte der Schwere zu erzählen. Diese Schwere aber, egal worum es sich dabei konkret handelt, hat die Kraft, unsere gesamte Lebenshaltung und damit auch unseren Lebensweg zu beeinflussen. Sie heftet sich an uns und begleitet uns auf Schritt und Tritt, lenkt unsere Entscheidungen, prägt unser Denken und unser Selbstwertgefühl. Viele von uns ergeben sich in dieses »Schicksal«, gewöhnen sich an ein bestimmtes Selbstbild – und schöpfen dadurch nur einen geringen Teil der Lebensfülle für sich aus.

Auch Edith hatte, bedingt durch ihre frühere Lebensgeschichte, ein bestimmtes Selbstbild. Sie war eine Kämpferin und hatte unzählige Erfahrungen mit Widerständen aller Art gemacht. Am Ende schaffte sie alles, es zu erreichen war aber immer schwer. Sie kannte nicht, wie es sich anfühlt, wenn etwas leicht geht. Es war ihr gar nicht bewusst, dass man sogar oft die Wahl hat, den einfacheren, direkten Weg zu gehen, anstatt automatisch den mühsamen und komplizierten zu nehmen – bis sie eines Tages eine ganz banale Erfahrung mit ihrem Staubsauger machte. Diese Episode entpuppte sich als Lehrstück für ihr Leben, sie prägte sich ihr nachhaltig ein: »Mein vor 15 Jahren teuer erstandener Nilfisk (er frisst tatsächlich den Staub und nicht den Teppich) macht beim Saugen laute Geräusche. Das heißt, er gurgelt und körnert vor sich hin, während ich den Boden bearbeite. Ich gebe zu, dass mich dieses Geräusch befriedigt hat. Es machte für mich Sinn, beim Saugen sowohl Lärm als auch festen Widerstand zu spüren. Dass ich zeitweise gegen den starken Luftsog derartig ankämpfen musste, dass mir Hände und Rücken davon wehtaten und mein aufsteigender Aggressionspegel sich in einem Tritt gegen den Couchtisch oder ein Sesselbein entlud, gehörte dazu. Staubsaugen ist Schweißarbeit, das wusste ich seit Jahren. Zu keiner Zeit hatte ich ernsthaft erwogen, die »Leicht-Funktion« zu betätigen. Sie kann mithilfe eines kleinen Riegels am unteren Ende der Saugvorrichtung eingestellt werden und ist auch für Teppichböden geeignet, wie mir eine Freundin mal erklärte. Wenn ich versehentlich doch die »Leicht-Funktion« erwischte, dann jedoch nur, um festzustellen, dass mir für ein befriedigendes Saugerlebnis zwei Dinge fehlten: der starke Widerstand in Form von Luft und die gurrenden Geräusche, die ich mit Effizienz gleichsetzte. Ich brachte also jedes Mal den Riegel zurück in die gewohnte Position und saugte mit ebenso gewohnter, voller Kraftanstrengung drauflos. Bis zu jenem Tag, an dem der Riegel streikte und nur noch auf »leicht« fuhr. Zu meinem Erstaunen stellte ich fest, dass ich zum selben Ergebnis kam: Der Boden war sauber. Es geschah nur leiser, unspektakulärer und viel, viel kräfteschonender. Als ich die Parallele zu meinem Leben erkannte, musste ich mich erst einmal hinsetzen. Was, wenn es in anderen Lebensbereichen auch eine »Leicht-Funktion« gibt? Und was, wenn ich diese ab jetzt auch nutze?«

Sich selber neu entdecken

Nur weil etwas immer schon so war, bedeutet das nicht, dass es immer so bleiben muss. Dies gilt es zu begreifen und für sich ganz bewusst annehmen zu wollen. Da das Gewohnte, also unsere Gedanken, Gefühle, Wahrnehmungen, Überzeugungen und Verhaltensweisen, uns zur zweiten Natur geworden sind, fühlt es sich fremd an, wenn wir uns plötzlich entscheiden, etwas anders zu machen. Wir müssen eventuell aber den Drang überwinden, immer dasselbe nach denselben Mustern zu tun, an die sich unser Körper gewöhnt hat. Das kann der Drang sein,

- stets über Krankheiten nachzugrübeln und reden zu müssen.
- immerzu in Gedanken in der Vergangenheit zu leben und das Jetzt auszublenden.

- zwanghaft die Konfrontation zu suchen und ständig im Kampf mit jemandem oder irgendetwas zu sein.
- gewohnheitsmäßig in Passivität und Resignation zu verharren, in der Hoffnung, die Zeit oder die Umstände werden schon eine Lösung hervorbringen.

Wir brauchen eine Vorstellung davon, was es bedeuten könnte, ohne all dem zu sein, ohne diese Schwere, diesen latenten Schmerz, diesen Drang, es allen recht machen zu müssen, oder dem dauernden Gefühl des Mangels zu leben. Wie würde sich das anfühlen? Wie würden wir denken und handeln?

Wenn wir keine konkrete Vorstellung davon entwickeln, wie wir in optimaler Weise leben möchten, wie oder was wir wirklich sein oder erreichen möchten, dann gleichen wir Booten, die ziellos im Meer herumtreiben. Das zeigt sich etwa in den Neujahrsvorsätzen, die im Sand verlaufen, weil wir zwar wissen, was wir nicht mehr wollen, aber keine konkrete Idee davon haben, was wir wollen und wie wir es umsetzen. Es fehlt die wirklich feste Absicht, der unbändige Wunsch, damit aufzuhören, das Gewohnte, Hinderliche und dem persönlichen Glück im Weg Stehende aufzugeben und sich selbst buchstäblich neu zu erdenken. Das wäre der erste Schritt. Klarerweise erzeugt so eine Entscheidung mitunter auch Angst vor dem neuen Ungewohnten. Wenn wir in Krisen geraten, bleibt uns diesbezüglich selten eine Wahl. Wir werden in das Unbekannte »hineingestoßen«, müssen damit klarkommen und uns arrangieren. Das, was die Krise auslöst, sei es Krankheit, Trennung, Verlust oder die Veränderung unserer Lebensumstände, zwingt uns zu dem Schritt, uns neu zu erdenken. Nur geschieht es in diesem Fall nicht freiwillig.

Was aber, wenn wir nicht erst durch eine Krise unfreiwillig darauf hingestoßen werden, unser Leben abseits des Gewohnten selber in die Hand zu nehmen? Was, wenn wir aus ganz freien Stücken zu der Entscheidung kommen, uns nicht weiter mit unseren Problemen identifizieren zu wollen? Was, wenn wir, wie einst Voltaire[13], zu uns selber sagen: »Da es förderlich für die Gesundheit ist, habe ich beschlossen, glücklich zu sein.«?

---

13 Voltaire (1694–1778), französischer Philosoph und Aufklärer.

Denkmuster identifizieren und umschreiben

Es gilt, Denk- und Handlungsmuster, Annahmen und Einstellungen zu überprüfen und jene, die uns nicht guttun, zu verändern. Wir schaffen das, indem wir uns zuallererst entscheiden, damit zu beginnen, positive und somit gesundheitsfördernde Gedanken zu denken. Das ist ein Akt des Willens, für den es Disziplin und vor allem Aufmerksamkeit sich selbst gegenüber braucht. Diese neuen Gedanken bringen dann infolge auch neue Gefühle hervor. Wenn wir uns darin üben, unsere Denk- und Gefühlsmuster »umzuschreiben«, werden nach und nach neue Überzeugungen in uns heranreifen und diese werden uns ganz neue Erfahrungen bringen. So gelangen wir über das Denken und Fühlen zum Handeln und schließlich zum Sein. Statt im Vorhinein mit Widerstand, Kampf, Streit, Sorgen und allem Negativen zu rechnen und überzeugt zu sein, dass in unserem Leben die Dinge so und nicht anders laufen, stellen wir uns ein gelungenes und geglücktes Szenario vor. Wir entwerfen ein neues Drehbuch und halten nicht mehr an alten Geschichten fest.

Gedankenspiel: Ich ohne mein Problem?

Wer aber bin ich dann ohne mein Problem? Wie fühlt es sich an, wenn ich das, was einen großen Teil meiner belastenden Selbstwahrnehmung ausmacht, einfach sein lasse? Wenn ich aufhöre, mich damit zu identifizieren, dass mein Partner mich verlassen hat und ich jetzt Single bin, dass jemand in meiner Familie alkoholkrank ist, dass ich ständig mit meinem Aussehen unzufrieden bin, dass mein Kind mehr braucht als andere oder dass ich noch kein Kind habe, obwohl ich mir sehnlich eines wünsche? Was, wenn ich aufhöre, mich ausschließlich als die- oder derjenige wahrzunehmen, deren oder dessen Rolle ich in der Öffentlichkeit spiele? Die Frau von Herrn Soundso? Die Expertin in Sachen dies und das? Der Mann, der nach Jahren der Arbeitslosigkeit immer noch keinen Job gefunden hat?

Wer können wir sein abseits von unseren Rollen, Problemen, Lebensumständen, belastenden Vergangenheiten und Zukunftsängsten?

Notieren Sie, welche konkreten Themen das bei Ihnen sein könnten. Lassen Sie die Gedanken fließen und stellen Sie sich dann folgende Fragen:

» Was würde ich stattdessen über mich und mein Leben glauben wollen? Wie will ich mich dabei fühlen?
» Welche Handlungen könnte ich stattdessen setzen?
» Worin sehe ich mich vor meinem geistigen Auge glücklich sein? Worin gehe ich auf?
» Wer und wie sind die Menschen, die mich umgeben?
» Wie fühlt es sich an, gesund und vital zu sein?
» Wie fühlt sich meine ganz persönliche Lebensfreude an? Welche inneren Bilder habe ich dazu?

Denken wie ein Spitzensportler

Wenn unser Gehirn in der Lage ist, sich durch Lernprozesse und neue Erfahrungen sogar strukturell zu verändern, wie es die Hirnforschung erklärt, dann bedeutet das, dass wir viel mehr Einfluss auf unser eigenes Leben haben, als wir bislang dachten. Wir wissen aus verschiedenen wissenschaftlichen Disziplinen, dass das Zusammenspiel unserer mentalen Vorstellungskraft, sozusagen der »gedankliche Probelauf«, gemeinsam mit dem tatsächlichen Üben zu den besten Ergebnissen führt. Sportler, die sich auf ein Training oder einen Wettkampf vorbereiten, gehen im Geiste jede bevorstehende Handlung durch, sehen beispielsweise ihre Rennstrecke genau vor sich, wissen genau, in welchem Winkel der Ball genommen werden muss, um jeweils den perfekten Lauf, den besten Wurf, den höchsten Sprung zu schaffen. Wir können von ihnen lernen. Auch wir können unseren gedanklichen Probelauf immer wieder üben und unser Befinden damit auf ein ganz anderes Niveau heben. Tauchen dann die gewohnten Gedanken und Gefühle der Schwere, des Mangels oder der Begrenztheit auf, dann nehmen wir dies zur Kenntnis, aber wir identifizieren uns nicht mehr damit. Wir dürfen wissen und uns gewiss sein:

- Wir haben Gedanken, aber wir sind nicht diese Gedanken.
- Wir haben Gefühle, aber wir sind nicht diese Gefühle.

Wir geben damit der erwünschten positiven Selbstwahrnehmung mehr Raum und Bedeutung als dem momentanen Zwiespalt in unserem Inneren. Wie der Sportler, der sich nicht von seinem Training abbringen lässt und konsequent sein Ziel verfolgt, arbeiten auch wir letztlich an einer neuen Realität. Diese neue Realität beginnt in uns selbst.

Schauen, hören, spüren, riechen, schmecken Sie das Leben!

» Was können Sie in Ihrem Leben entdecken?

» Gibt es da etwas, was Ihnen Freude bereitet?

» Gibt es etwas, was Sie gerne wieder machen möchten?

» Gibt es etwas Neues, was Sie fasziniert?

Spüren Sie eine neue Facette auf. Geben Sie »etwas« dazu. Sie erleben und spüren dieses »Mehr«. Mit dem »Mehr« können Sie sich entspannen. Mit der Entspannung wird es leichter. Wenn es leicht ist, wird es fröhlicher und kreativer. Ein Prozess kommt so in Gang.

Anfangs gelingt es uns vielleicht nur für kurze Zeit, aus dem Rad der Identifikation auszusteigen, aber nach und nach können wir immer besser darin werden, die Schwere, an die wir gewöhnt sind, abzustreifen gleich einem alten Kleid und ein neues anzulegen, das uns in unserer Bewegungsfreiheit nicht beengt, sondern das genau passt.

In Kontakt mit sich sein

In Verbindung geboren, verletzt und geheilt · Der Atem als Kraft- und Lebensquelle · Übungen, um gut mit sich in Kontakt zu kommen

In Kontakt mit sich selbst sein

Was bedeutet die Fähigkeit zu lieben für unser inneres Wachstum? Wie werden wir verletzt und wie können wir wieder heil werden? Welche Rolle spielt das Verbundensein mit uns selbst und anderen dabei? Welche Übungen helfen, gut in Kontakt mit uns selbst zu kommen, sodass wir uns im Alltag besser spüren?

»Das Schönste aber hier auf Erden ist lieben und geliebt zu werden.«
—Wilhelm Busch

Eine Aufgabe unseres Daseins ist es, in die Liebe hineinzuwachsen, von ihr durchdrungen und inspiriert zu sein, ja, lieben zu lernen. Ein Leben, das sich dem inneren Wachstum zu liebevollem Handeln verschrieben hat, vermag, Krisen zu überstehen und so manchen »Mist« in fruchtbaren Dünger zu verwandeln. Ohne diese heilsame Kraft, die wir Liebe nennen, können wir nicht in Kontakt zu uns selbst treten und den Kontakt zu anderen nicht auf eine befriedigende Art und Weise leben.

In Verbindung geboren, verletzt und geheilt

Was ist damit gemeint? Jedes Baby konnte vor seiner Geburt nur deshalb wachsen und gedeihen, weil es ununterbrochen mit seiner Mutter verbunden war, indem es durch die Nabelschnur an eine permanente Versorgungsquelle angeschlossen war. Wäre diese lebenswichtige Verbindung auch nur kurz unterbrochen worden, hätte das ungeborene Kind sterben müssen. Jeder Mensch ist auf diese Verbindung angewiesen, lebt durch sie und wächst durch sie. Nie wieder sind zwei Menschen so eng miteinander verbunden wie in der Schwangerschaft. Was die Mutter tut, was sie isst, was sie erlebt und fühlt, hat Einfluss auf das Kind. Geht es der Schwangeren gut, findet das in ihr wachsende Kind optimale Bedingungen vor, um sich gesund zu entwickeln. Steht die Mutter unter starkem Stress, weil sie existenzielle Probleme hat oder die Beziehung zum Kindesvater sehr belastend ist, erzeugt ihr Körper immer wieder Stresshormone, die sich auf das ungeborene Kind auswirken können.

Möglicherweise zeigt das Neugeborene dann eine gewisse Unruhe oder schreit viel. Prägend für einen Menschen sind auch die Monate nach der Geburt, denn hier werden die Weichen dafür gestellt, wie ein Mensch sich in seinem Leben an andere Menschen binden kann: Können Eltern dem Kind vermitteln, dass es geliebt wird, und erfüllen sie seine Bedürfnisse liebevoll und adäquat, fühlt sich das Kind gut an die Eltern gebunden und sicher.

Ein Kind, das diese liebevolle Zuwendung entbehren muss und zu wenig Verständnis, Wertschätzung, Liebe und Achtsamkeit von seinen Eltern erfährt, wird in dieser lebensnotwendigen Verbindung verletzt. Es kann Auffälligkeiten im Sozialverhalten zeigen und in seiner Entwicklung verzögert sein. Die Seele rebelliert gegen den Mangel. Jedes Symptom hat eine Alarmfunktion, die gehört und gesehen werden möchte. Aus den Forschungen der Bindungspsychologie wissen wir, wie wichtig die wohlwollende, liebevolle Bindung zwischen dem kleinen Kind und seinen Eltern oder seiner nächsten Bezugsperson ist. Ist diese Bindung gestört und hat das Kind auch keine Möglichkeit, zu jemand anderem eine tragfähige Bindung aufzubauen, kann das einen langen Schatten auf sein gesamtes restliches Leben werfen und zu großen Einschränkungen führen. Viele Menschen konnten sich aber trotz widriger Umstände in ihrer frühen Kindheit gut entwickeln, weil es eine liebevolle Bezugsperson gab, die mit dem Kind in regelmäßigem Kontakt stand. Das war vielleicht der Großvater oder die Großmutter, eine Nachbarin, eine Lehrerin oder ein Trainer im Sportverein. Auf jeden Fall war es ein Mensch, der dem Kind das Gefühl geben konnte, willkommen zu sein, und Halt und Orientierung bot und somit der Verletzung entgegenwirkte.

Es ist tröstlich, zu wissen, dass wir auch durch Verbindung geheilt werden. Wir alle sind als Heranwachsende auf gute, positive und wertschätzende Beziehungen angewiesen, um uns zu spüren und in Kontakt mit unserem eigenen Körper, unseren Gefühlen und Bedürfnissen zu sein. Wenn dies gelingt, wird es für den jungen Menschen möglich, sich in der Welt positiv wahrzunehmen. Jede gelingende Begegnung zwischen Menschen trägt dann diesen heilsamen Funken in sich, jedes gute Wort, jeder achtsame und liebevolle Blick trägt dazu bei, dass wir uns besser und »ganz« fühlen. Menschliche

Begegnungen bergen ein großes Potenzial, dessen wir uns oft nicht bewusst sind. Forschungen im medizinischen Bereich belegen, wie wichtig empathische, zugewandte Kommunikation ist: Wenn ein Arzt beispielsweise mit seinem Patienten spricht, ihm die nächsten Schritte erklärt und ihn ermutigt, führt dies im Körper des Patienten zu Entspannung und reduziert Stress.

Stellen Sie sich vor, Sie liegen auf dem Zahnarztstuhl und müssen einen heiklen Eingriff vornehmen lassen. Der Zahnarzt wendet sich Ihnen mit voller Aufmerksamkeit zu, lächelt und erklärt Ihnen Schritt für Schritt, wie er die Behandlung durchführen wird. Er weist Sie darauf hin, dass Sie zusammenarbeiten werden und dass er Sie braucht, um ihm ein Signal zu geben, ob etwas wehtut oder er eine Pause einlegen soll. Er strahlt Kompetenz und Zuversicht aus. Sie spüren, dass er die Lage im Griff hat. Während der Behandlung erläutert er immer wieder, was er gerade macht. Indem er auf diese Weise eine positive Verbindung mit Ihnen eingeht, kommen Sie auch besser in Kontakt mit sich selbst. Die Chancen, dass die Behandlung und ebenso die Heilung danach komplikationslos gelingen werden, sind ungleich größer, als wenn der Arzt es nicht schaffen würde, eine echte Verbindung mit Ihnen einzugehen und Ihnen dadurch die Ängste zu nehmen.

»Das Ich erfährt sich durch das Du.«

— Martin Buber[14]

Gute Verbindungen zwischen Menschen tragen also heilsames Potenzial in sich, sie entspannen, stärken das Selbstwertgefühl und ermöglichen es, sich und die Umgebung besser wahrzunehmen. Wenn wir daran arbeiten, uns selbst besser wahrzunehmen, stärken wir den Kontakt zu uns selbst. Das kann auch durch Atem- und Energieübungen gelingen.

---

14 *Martin Buber (1878–1965), österreichisch-israelischer jüdischer Religionsphilosoph.*

Der Atem als Kraft- und Lebensquelle

Die Atmung ist etwas so Grundlegendes, dass wir uns ihrer meist nicht bewusst sind, denn sie funktioniert unwillkürlich und ist sehr eng mit unseren Emotionen verbunden. Solange wir leben, atmen wir – ohne darüber nachzudenken. Das Atemzentrum in unserem Gehirn sorgt dafür, dass wir immer genügend Sauerstoff zu uns nehmen und Kohlendioxid abgeben können. Es spürt genau, ob wir gerade unter Strom stehen oder entspannt und ausgeglichen sind, ob wir liegen oder sitzen. Unser Atemzentrum passt sich an die jeweilige Situation an und kümmert sich um die richtige Atemfrequenz und das richtige Atemvolumen.

Wenn wir im Stress sind oder Angst haben, atmen wir flacher, wodurch wir weniger Sauerstoff aufnehmen. Üben wir uns in einer tiefen und gleichmäßigen Bauchatmung, so beruhigen sich unsere Emotionen und wir gelangen zu mehr innerer Ruhe. Die richtige Atemtechnik kann Schmerzen lindern, Verdauungsstörungen beheben und die Gehirnleistung verbessern. Werden unsere Körperzellen mit genügend Sauerstoff versorgt, so funktioniert der Abtransport der Giftstoffe besser und wir fühlen uns gesünder und energievoller, sowohl körperlich als auch geistig. Gute Bauchatmung verbessert unsere Energiereserven und wir fühlen uns frischer und aktiver. Die östlichen Weisheitslehren nennen die Lebensenergie *Qi* [15] oder *Prana*. *Qi* steht für die Energie, die unsere Erde, das Universum und unseren Körper am Leben erhält. Wir können den Atem bewusst und durch Übungen vertiefen und ihn so durch den Körper lenken, dass dieser mit möglichst viel Energie angereichert werden kann.

Die folgenden Übungen werden in Rehabilitationseinrichtungen und Kliniken verwendet, weil ihre Wirkung nachweisbar ist: Sie ermutigen Menschen, sich besser wahrzunehmen, und trainieren und vertiefen den bewussteren Umgang mit sich selbst. Der Atem unterstützt uns dabei, uns auf den eigenen Körper und gleichzeitig auf die inneren Vorgänge zu konzentrieren. Solche Übungen können viel bewirken: Zunächst bringen sie uns in bewussten Kontakt mit uns, unserer Atmung und unserem Körper.

---

15 *Qi ist ein Begriff aus der Traditionellen Chinesischen Medizin.*

Wir durchbrechen damit die täglichen meist unbewussten Routinen, die uns unachtsam werden lassen. Oft geht es nur darum, Gewohnheiten zu hinterfragen, kleine Veränderungsschritte zu wagen und Neues auszuprobieren. Wir spüren uns dadurch besser, leben bewusster und zufriedener und fühlen uns mit uns selbst und unseren Emotionen verbunden. Solche Übungen bewirken auch, dass wir besser gewappnet sind, wenn sich das Leben einmal nicht von seiner besten Seite zeigt, Schwieriges auftaucht und Herausforderungen auf uns zukommen. Wir haben dann einen Anker, den wir setzen können, indem wir uns daran erinnern, dass uns beispielsweise tiefe Bauchatmung in einen ruhigeren inneren Zustand versetzt und uns hilft, gerade in stressvollen Situationen ruhiger zu bleiben.

Wir können also präventiv viel tun, um unser Wohlbefinden zu steigern und uns dadurch ein Stück weit krisensicherer zu machen. Kleine Schritte in die richtige Richtung haben oft eine große Wirkung und machen uns stärker. Wann immer wir im Alltag das Gefühl haben, den Kontakt zu uns selbst zu verlieren, können wir innehalten und uns durch die folgenden Übungen wieder besser spüren:

Übungen, um gut mit sich in Kontakt zu kommen

Atemübung, um gut mit sich selbst in Kontakt zu kommen:

» Weil die Energie der Aufmerksamkeit folgt, bringen Sie Ihre Gedanken ganz zur Atmung.

» Nehmen Sie eine bequeme Sitzhaltung ein und stellen Sie beide Füße fest auf den Boden. Stellen Sie sich vor, dass Ihre Fußsohlen fest mit dem Boden verbunden sind und von den Sohlen bildhaft Wurzeln in die Erde reichen, die Ihnen Stabilität und Halt verleihen – wie bei einem Baum.

» Konzentrieren Sie sich dann eine Weile ganz auf Ihren Atem und lassen Sie ihn mit jedem Atemzug ein wenig tiefer und langsamer werden.

» Wenn Sie möchten, können Sie beide Hände auf Ihren Unterbauch legen. Bei jeder Einatmung hebt sich die Bauchdecke, um sich bei jeder Ausatmung wieder zu senken.

» Versuchen Sie, sich ganz auf Ihren Atemfluss zu konzentrieren. Wenn ablenkende Gedanken kommen, lassen Sie diese vorüberziehen wie Wolken. Kehren Sie immer wieder mit der Aufmerksamkeit zu Ihrem Atem zurück. Sie können sich dabei auch vorstellen, wie Sie alle belastenden Gedanken mit dem Ausatmen loslassen und mit jedem Einatmen Kraft und Lebensenergie aufnehmen.

» Sie können diese Übung so lange machen, wie es für Sie passend ist. Einige Minuten täglich unterstützen bereits Konzentration, Atemvolumen und Wohlbefinden.

Energieübung, um gut mit sich in Kontakt zu kommen:

Diese Übung kann Ihnen helfen, Energie zu mobilisieren und aus der inneren Enge in die Weite zu kommen:

» Stellen Sie sich hüftbreit hin, lassen Sie die Knie locker und versuchen Sie, sich vorzustellen, dass Ihr Kopf an einem goldenen Faden befestigt ist, der Sie sanft nach oben zieht, sodass Ihre Wirbelsäule ganz aufrecht ist.

» Ihre Fußsohlen sind gut mit dem Boden verbunden und während Sie ruhig dastehen und Ihre Hände locker baumeln, atmen Sie bewusst einige Male tief in den Bauch und betonen die Ausatmung. Lassen Sie Ihren Atem ruhig fließen.

» Dann drehen Sie die Handflächen nach außen und führen die Arme langsam mit dem Einatmen nach oben. Achten Sie darauf, dass Sie die Arme dabei so weit wie möglich öffnen und die Schulterblätter so nah wie möglich zusammenbringen. Die Hände befinden sich über dem Kopf und sind nach oben wie Schalen geöffnet.

» Während Sie nun tief aus- und einatmen, stellen Sie sich vor, dass Sie über die Hände und die Füße Energie aufnehmen und diese in Ihren Körper fließen lassen. Machen Sie das eine Weile lang und spüren Sie, wie sich Ihr Körper mit Energie füllt. Dann kommen Sie langsam in die Ausgangsposition zurück.

» Sie können während der Übung eine Affirmation verwenden, wie zum Beispiel: »Mit Energie aufgeladen gehe ich durch meinen Tag.« oder »Frische Kräfte beleben und erneuern mich.«

Der Baum als Bild um gut mit sich selbst in Kontakt zu kommen:

Diese Übung kann zu Ihrer Stabilität beitragen.

» Stellen Sie sich hüftbreit hin, finden Sie einen guten Stand und atmen Sie einige Male tief in den Bauch.

» Beginnen Sie damit, sich einen Baum vorzustellen, und gehen Sie auf eine kleine innere Reise. Wenn Sie möchten, schließen Sie die Augen und lassen Sie vor Ihren inneren Augen das Bild eines Baumes entstehen, der stark und fest dasteht. Vielleicht fällt Ihnen ein konkreter Baum ein, den Sie mögen, oder Sie benützen Ihre Phantasie, um sich Ihren ganz speziellen Baum zu erschaffen. Verweilen Sie ein wenig beim Bild dieses Baumes und betrachten Sie seine Wurzeln, seinen Stamm, seine Äste und Blätter. Wie steht er da? Was macht ihn so einmalig und schön? Versuchen Sie, ihn zu erforschen, bis Sie einen guten Eindruck von ihm haben.

» Nun stellen Sie sich vor, wie Sie langsam zu diesem Baum werden, indem Sie die Hände nach oben strecken wie der Baum seine Äste und mit Ihren Wurzeln fest im Boden verankert sind. Spüren Sie, wie Sie als Baum sowohl stabil als auch biegsam sind und einen festen Stand haben.

» Machen Sie diese Übung, solange Sie das möchten, und lösen Sie sich dann langsam wieder von der Identifikation und kehren Sie bewusst zu Ihrer Atmung zurück.

» Sie können Ihren Lieblingsbaum fotografieren und sich dieses Foto gut sichtbar aufhängen, damit Sie immer wieder an seine Kraft und Stärke erinnert sind.

Bäume faszinieren uns, weil sie wunderbare Eigenschaften in sich vereinen: Stabilität, Kraft, Biegsamkeit, Beständigkeit und die Fähigkeit, Sauerstoff zu erzeugen und damit Leben zu ermöglichen.

Wenn Sie mit diesen Übungen vertrauter sind, können Sie tagsüber einfach zwischendurch ein paar tiefere Atemzüge nehmen, die Fußsohlen fest auf den Boden stellen, sich vorstellen, wie Ihre Lunge bei jedem Atemzug Sauerstoff aufnimmt und sich weitet, um dann wieder wie ein Blasbalg kleiner zu werden. Eine aufrechte Körperhaltung erleichtert die Bauchatmung.

Letztlich geht es beim guten Kontakt mit sich selbst auch darum, dass wir eine gute Balance finden zwischen dem Lenken der Aufmerksamkeit nach außen und innen. Wir sind täglich von einer Fülle an Informationen, Eindrücken, Geräuschen und Außenreizen umgeben. Damit heißt es umzugehen und sich nicht in all diesen Eindrücken zu verlieren. Unser Gehirn benötigt bewusste Pausen, um diese Außenreize zu verarbeiten und nicht ständig auf einem hohen Stressniveau zu bleiben. Deshalb ist das bewusste Hinwenden zu uns selbst und das aktive Ausklinken aus den Routinen so wichtig für unseren Organismus. Wir benötigen immer wieder Unterbrechungen, die uns erlauben, in Kontakt mit unseren Emotionen, unserer Atmung und unseren Gedanken zu kommen. Wenn wir uns zu sehr verausgaben und dem Körper zu wenige Pausen gönnen, zahlen wir einen hohen Preis. Wir sind dann mit einem Auto vergleichbar, das ständig hochtourig fährt – irgendwann ist der Motor kaputt. Unsere Gesundheit leidet bei zu wenigen Pausen und zu viel Druck und Stress. Der Körper reagiert mit Krankheit, um uns aufmerksam zu machen, dass etwas aus der Balance geraten ist. Wir brauchen eine Balance zwischen »der Welt da draußen« und »der Welt da drinnen«.

Eine Übung aus dem chinesischen Qi Gong kann uns helfen, achtsam und freundlich auf uns zu blicken. Die Übung »Das innere Lächeln« verbessert die Durchblutung und kann Verspannungen lösen. Sie regt unser Gehirn an, Glückshormone zu produzieren, was unsere Grundstimmung verbessert.

»Das innere Lächeln«

» Reservieren Sie sich für diese Übung etwas ungestörte Zeit.

» Legen Sie sich bequem auf den Rücken und nehmen Sie zunächst Ihren Körper wahr. Spüren Sie, wie Ihr Atem fließt. Entspannen Sie nun beim Ausatmen Füße und Beine, Becken und Bauch, Schultern, Arme und Hände und schließlich Hals und Kopf. Atmen Sie dabei ruhig und gleichmäßig und versuchen Sie, Ihre Ausatmung immer mehr und mehr zu vertiefen. Ihr Körper ist jetzt entspannt und gelöst.

» Lassen Sie nun ein Lächeln entstehen, ein ganz feines, das innen beginnt und sich langsam auf das ganze Gesicht ausbreitet. Stellen Sie sich dabei vor, dass

Sie sich selbst zulächeln. Schicken Sie dieses innere Lächeln zunächst in das Nervenzentrum etwas oberhalb des Nabels, den Solarplexus. Erlauben Sie dem Lächeln, sich auf den ganzen Körper auszubreiten, und versuchen Sie, es in sich wirken zu lassen.

Achtsame Bewegung und Körperwahrnehmung als Mittel, gut in Kontakt mit sich zu kommen:

Beobachten Sie sich selbst, um herauszufinden, wann im Laufe eines Tages Sie Ihren Körper wirklich gut wahrnehmen.

» Können Sie spüren, wie Sie gerade sitzen oder gehen oder stehen?

» Wie fühlen sich die Schultern an? Wie das Kiefer und die Wirbelsäule?

» Spüren Sie Ihren Körper nur, wenn Sie Schmerzen an einer bestimmten Stelle empfinden?

» Haben Sie schon an sich selbst wahrgenommen, wie Ihre Körperhaltung ist, wenn es Ihnen nicht gut geht, im Gegensatz dazu, wenn Sie fröhlich und optimistisch sind?

» Nehmen Sie viel oder wenig Raum ein, wenn Sie gehen, stehen oder sitzen?

Sie können sich auch selbst »zusehen«, wenn ein bestimmter Impuls im Kopf entsteht, wie etwa der Wunsch, ein Glas Wasser zu nehmen. Beobachten Sie, wie Sie diesen Impuls in Bewegung umsetzen. So könnten Sie etwa das Glas achtsam in die Hand nehmen und der Bewegung folgen, die Ihre Hand ausführt, und dabei spüren, wie sich das Glas in Ihrer Hand und an Ihren Lippen anfühlt. Dieses genaue Beobachten ist eine Art Meditation und kann Ihnen helfen, aufmerksamer und bewusster zu werden.

Mit diesen Übungen können Sie den Kontakt zu sich selbst vertiefen. Wenn wir mehr und mehr in positiven Kontakt zu unserem Körper, unseren Gefühlen und unseren innersten Regungen kommen, nehmen wir alle Dinge und Lebewesen um uns intensiver wahr. Das Leben wird uns dann in all seiner Fülle und Buntheit begegnen. Der gute Kontakt zu uns selbst kann die Begegnung mit anderen Menschen tiefer und befriedigender sein lassen. Wir können unser Gegenüber bewusster wahrnehmen und annehmen, wie es eben ist.

Dann sind wir unterwegs zu uns selbst und zu einem beglückenderen Leben. Hier schließt sich der Kreis und wir finden zur Erkenntnis zurück, dass wir zum Lieben geschaffen sind – zur Liebe zu uns selbst und zu anderen.

Über das gute Leben und warum wir positive Gefühle brauchen

Im neuen »Aggregatzustand der Wirklichkeit« und die Bedeutung der Gefühle · Was wir tun können um mehr gute Gefühle zu erleben · Das gute Leben

Über das gute Leben und warum wir positive Gefühle brauchen

Gut leben, nicht nur »überleben« – wie geht das? Welche Bedeutung haben unsere Gefühle und wie können wir optimistischer und glücklicher werden? Was ist gut daran, mehr im Hier und Jetzt zu sein? Und welchen Einfluss haben Genuss, Stille und Dankbarkeit auf unser Wohlbefinden?

Umbruchszeit

»Draußen« ist Umbruchszeit. Wir sind mit drastischen Veränderungen konfrontiert, die nicht vor unserer Tür haltmachen. Laut Bericht des UNO-Flüchtlingshilfswerks (UNHCR) 2014 sind 60 Millionen Menschen weltweit auf der Flucht. Dies ist die höchste Zahl, die jemals vom UNHCR verzeichnet wurde, und sie wächst noch immer rasant. Wir müssen uns rasch darauf einstellen, dass der Zustrom von Menschen aus fernen Ländern auch in unsere Städte und Gemeinden auf unser persönliches Leben Auswirkungen haben wird. Diese Menschen werden schon bald unsere Nachbarn, Arbeitskollegen, Mitschüler sein. Sie werden in wenigen Jahren gemeinsam mit uns die Zukunft unseres Landes gestalten. Anzunehmen ist auch, dass etliche von ihnen es schaffen werden, maßgeblich in den Bereichen Politik, Medizin, Forschung, Kunst, Bildung, Sport und Innovation mitzuwirken. Ist dieser Blick vorauseilend? Zu positiv? Sind sie vielleicht tatsächlich die Rettung, um unserem demografischen Wandel entgegenzuwirken? Werden sie den Fachkräftemangel in unserer Arbeitswelt ausfüllen und damit dazu beitragen, unsere Wirtschaft anzukurbeln? Oder werden sie unser ohnehin angeschlagenes Gesundheits- und Sozialsystem gefährden?

Unsere Wertehaltung ist schwer gefordert. Was sollen wir denken? Was sollen wir glauben? Wie sollen wir uns verhalten? Kaum jemanden lässt es kalt, was wir täglich durch die Medien und durch unser eigenes Erleben erfahren. Gehören wir zu denen, die tatkräftig mitanpacken, sich ganz praktisch für Flüchtlinge engagieren? Spenden wir? Helfen wir mit, Wohnraum zu schaffen? Gehen wir auf die Straße? Oder ziehen wir uns zurück und warten ab? Sind wir skeptisch? Sind wir dagegen? Vertreten wir die Meinung, dass wir uns abgrenzen sollen? Wohin mit unseren Gefühlen der Ohnmacht, der Überforderung, aber auch der Wut gegen so viel Ungerechtigkeit, Versäumnisse und Missstände?

Dann gibt es derzeit ja auch noch viele andere Krisenbereiche. Sie finden alle gleichzeitig statt: Der Klimawandel, die Bedrohung der Umwelt, Bienensterben, Ölteppiche und Plastik im Ozean, die Finanzkrise, die Bankenkrise, Vertrauenskrisen, der Aufschwung populistischer und nationalistischer Parteien, die zunehmende Zahl an Demenzerkrankungen, die ständig wachsende Zahl an Übergewichtigen, die immer noch viel zu vielen Hungertoten, Griechenland, Ukraine, Terror ...

Im neuen »Aggregatzustand der Wirklichkeit« und die Bedeutung der Gefühle

»Die Menge, die Gleichzeitigkeit und ihr notorisches Nichtverschwinden legen allerdings nahe, dass es sich gar nicht um Krisen handelt, sondern um eine neue Normalität. Krisen sind der Modus unseres Seins geworden ... Allen in der Politik und den Medien und auch den Bürgern selbst fällt es schwer, sich auf den neuen Aggregatzustand der Wirklichkeit einzustellen.«
— Bernd Ulrich in der Wochenzeitung »Die Zeit« [16]

Noch sind wir ganz und gar nicht geübt in dem, was das Leben in diesem neuen »Aggregatzustand« betrifft. Es gibt keine Vorbilder dafür, keine Lebensmodelle, nichts, worauf wir im Außen zurückgreifen können. Gut Bewährtes wäre aber gerade jetzt besonders gefragt, etwas, das wie ein stabiles Geländer an unseren Wegen angebracht ist, etwas, an dem wir uns festhalten können.

Befinden wir uns mit unserer Aufmerksamkeit zu sehr im Außen, kann uns einerseits die Sorge um das Weltgeschehen zermürben und die Angst uns lähmen.

---

16 *Bernd Ulrich (*1960), stellvertretender Chefredakteur der Wochenzeitung »Die Zeit«, Ausgabe vom 27.08.2015.*

Es kann andererseits aber auch sein, dass wir so sehr in unserem Engagement aufgehen, dass wir uns »versprühen« und den Bezug zu unserem eigenen Leben verlieren. Sind wir hingegen nur mit uns und unserem individuellen Leben beschäftigt, laufen wir Gefahr, die Augen vor der Realität zu verschließen und für die größeren Zusammenhänge nicht mehr zugänglich zu sein. Die eigene goldene Mitte zu behalten oder wiederzufinden wäre das Ziel. Mittig in uns selbst zu sein ist ein erstrebenswerter Zustand.

Wie können wir unsere goldene Mitte finden?

»Beginnen wir damit, dass wir ein Verständnis für die wahren Quellen des Glücks entwickeln, damit diese hinfort als Fundament für die Prioritäten des Lebens dienen können.«

— *Dalai Lama*

Tatsächlich können uns die Erkenntnisse der Neurobiologie, der Hirn- und Glücksforschung sowie der Positiven Psychologie dabei helfen, diese Quellen aufzuspüren und somit ein Geländer bieten, das Orientierung gibt.

Die gute Nachricht vorweg ist: Wir haben Gestaltungsspielraum, wir können maßgeblich mit beeinflussen, in welchem Gemütszustand wir sein wollen. Wir sind den äußeren, negativen Umständen nicht so ausgeliefert, dass wir nicht gegensteuern könnten. Zugegeben, manchmal ist es nicht leicht, aber es ist machbar, und wir können es uns zur Gewohnheit machen, unser Innerstes auf »mittig« einzustellen und damit auf »positiv«, »gelassen«, »freudvoll«, ja »glücklich«.

Die Fähigkeit, emotional ausgeglichen zu sein, ist etwa zur Hälfte angeboren, also in der genetisch festgelegten Struktur unseres Gehirns begründet.[17] Nur etwa 10 % hängen von den äußeren Umständen ab. Die weiteren 40 % bestimmen wir selbst durch unser Denken, Fühlen und Handeln. Die Art und Weise, wie wir uns selbst und die Welt wahrnehmen, welche inneren Bewertungen wir anstellen und welche Gefühle wir haben, beeinflusst unser Wohlbefinden.

---

17 Vgl.: Tobias Esch (2013): *Die Neurobiologie des Glücks*; Sonja Lyubomirsky (2013): *Glücklich sein.*

Barbara Fredrickson, Professorin für Psychologie an der University von North Carolina, forscht seit vielen Jahren auf dem Gebiet der Emotionen. In zahlreichen Untersuchungen kommt sie zu dem Ergebnis, dass gute Gefühle uns stärker, gesünder und kreativer machen. Die wissenschaftlich erwiesene Formel, die uns stark gegen Krisen und Rückschläge macht, heißt: »Dreimal mehr positive Emotionen als negative.« Menschen, die in ihrem Alltag mehr positive Gefühle erleben und somit insgesamt glücklicher sind, haben nachweislich weniger Stresshormone im Blut und ein deutlich geringeres Risiko, an den modernen Zivilisationskrankheiten wie Herz-Kreislauf-Erkrankungen, Depressionen und Demenz zu erkranken. Sogar ihre Lebenserwartung ist höher.

Wenn wir (als eine von vielen Definitionen) sagen: »Glück ist das Überwiegen von positiven im Gegensatz zu negativen Emotionen.«, dann entsteht Glück, neurobiologisch gesehen, im Gehirn. Haben wir gute Gefühle, sorgt unser körpereigenes Belohnungssystem dafür, dass Botenstoffe wie Dopamin, Serotonin und endogene Opioide ausgeschüttet werden. Wir nehmen dies als wohlige Empfindung, als einen Glücksmoment oder, je nach Intensität, als euphorischen Augenblick wahr. Dabei wird gleichzeitig unser Immunsystem gestärkt, Verspannungen werden gelockert und Ängste abgebaut. Teilen wir diese guten Gefühle auch mit anderen, kommen noch weitere positive Effekte hinzu: Wir schaffen Verbindung und Gemeinschaftsgefühl, wir erfahren Sinn, Vertrauen, Zuversicht und sind nachweislich fähiger, kreative Lösungen zu entwickeln. Es entsteht in uns also all das, was wir brauchen, um sowohl in einer globalen Welt mit all ihren Herausforderungen bestehen und diese mitgestalten zu können, als auch im persönlichen Leben gut aufgestellt zu sein.

Wir können lernen, unser Wohlbefinden positiv zu beeinflussen, indem wir die Ausschüttung dieser »Glücksbotenstoffe« aktiv fördern und dafür die strukturellen Voraussetzungen in unserem Gehirn schaffen. Das kann auf vielfältige Weise geschehen: Oft ist uns nicht bewusst, wie viele Gelegenheiten in den kleinen Dingen des Alltags stecken. Was wir tun müssen, ist, dieser kleinen Freuden wieder gewahr zu werden und unsere Aufmerksamkeit bewusst darauf zu lenken. Als wir Kinder waren, konnten wir das alle.

Wir konnten ganz im Hier und Jetzt, im gegenwärtigen Augenblick sein, den Marienkäfer auf dem Grashalm beobachten, mit den Gummistiefeln immer und immer wieder in die Pfütze springen und herausfinden, wie Wasser spritzt, beim Schaukeln durch die geschlossenen Augen das Sonnenlicht und seine Veränderungen spüren, ganz selbstvergessen ein besonders schönes Bild für die Mama malen oder aus Steinen, Holz und Gras einen Staudamm bauen. Deshalb entgingen uns die vielen freudvollen, berührenden, komischen, schönen oder witzigen Momente nicht, die für Kinder laut wissenschaftlichen Untersuchungen rund 400-mal am Tag Anlass zum Lachen geben. Erwachsene lachen statistisch gesehen nur noch 15- bis 20-mal am Tag. Ein Grund dafür ist, dass wir in Gedanken mit so vielen anderen Dingen beschäftigt sind.

Was wir tun können um mehr gute Gefühle zu erleben

Im Hier und Jetzt sein

Haben Sie sich selbst schon öfter beim Denken beobachtet? Wohin schweifen Ihre Gedanken gerne? Die meisten Menschen sind mit ihrer Aufmerksamkeit nicht im gegenwärtigen Moment, sondern mit Ereignissen aus der Vergangenheit oder möglichen Szenarien der Zukunft beschäftigt. Da wir naturgegeben Profis darin sind, mit der Vergangenheit zu hadern und uns Sorgen um die Zukunft zu machen, versäumen wir häufig die Gegenwart, das Jetzt. Während wir im Kopf unsere To-do-Liste durchgehen und drei Sachen gleichzeitig erledigen wollen, nehmen wir den einzigartigen Moment nicht wahr, wo vielleicht unser Kind zur Tür hereinkommt und uns anstrahlt, die Kollegin sich freundlich für etwas bedankt oder nach einem langen, kalten Winter die ersten Frühlingssonnenstrahlen durch das Fenster brechen. Gestaltungsraum und Gelegenheiten wahrnehmen können wir jedoch nur im JETZT. Dieser eine Moment aber, wenn wir aufmerksam und gegenwärtig sind, ist in der Lage, uns ein Glücksgefühl zu bescheren mit all seinen positiven Auswirkungen auf unseren Körper und unsere Psyche. Denn das Strahlen unseres Kindes lässt für diesen Augenblick allen Stress von uns abfallen, das Danke der Kollegin beschert uns tiefe Zufriedenheit, weil wir wissen, dass es von Herzen kommt, und die ersten Sonnenstrahlen, die wärmend durch das Fenster scheinen, machen Lust auf draußen, regen die Sinne an und schenken Freude.

Ein verlässlicher Schlüssel, um gute Gefühle, Glücksmomente und Freude zu erleben, ist im Hier und Jetzt zu finden. Sind wir fündig geworden, fühlen wir uns leicht und frei, weil wir uns in diesem Moment der Gegenwärtigkeit weder Sorgen um die Zukunft machen, noch an einem Ereignis in der Vergangenheit haften. Wir identifizieren uns auch nicht mit unseren Problemen oder unserer Lebensgeschichte. In dem Moment denken wir weder an das Minus auf unserem Bankkonto noch an die bevorstehende Prüfung oder andere Dinge, die uns belasten. Deshalb tun wir gut daran, uns selbst darin zu schulen, immer öfter mit unserer Aufmerksamkeit im gegenwärtigen Moment, im Hier und Jetzt zu sein. Denn dann sind wir gleichsam wachsam und offen für die Gelegenheiten des Alltags, die uns Wohlbefinden bescheren.

Kleine Achtsamkeitsübung

Was nehmen Sie gerade jetzt in diesem Augenblick wahr? Sitzen Sie auf einem Stuhl oder liegen Sie auf der Couch? Ist Stille um Sie herum oder befinden Sie sich vielleicht gerade in einem vollbesetzten Zug, während Sie diese Zeilen lesen? Wie ist Ihre Atmung? Was spüren Sie in Ihrem Körper? Welches Licht, welches Geräusch umgibt Sie? Wollen Sie Ihre Position wechseln oder eine kleine Pause beim Lesen einlegen?

Ein Mann wurde einmal gefragt,

warum er trotz seiner vielen Beschäftigungen immer so glücklich sein könne.

Er sagte:

»Wenn ich stehe, dann stehe ich,

wenn ich gehe, dann gehe ich,

wenn ich sitze, dann sitze ich,

wenn ich esse, dann esse ich,

wenn ich liebe, dann liebe ich ...«

Da fielen ihm die Fragesteller ins Wort und sagten:

»Das tun wir auch, aber was machst Du darüber hinaus?«

Er sagte wiederum:

»Wenn ich stehe, dann stehe ich,

wenn ich gehe, dann gehe ich,

wenn ich ...«

Wieder sagten die Leute:

»Aber das tun wir doch auch!«

Er aber sagte zu ihnen:

»Nein –

wenn ihr sitzt, dann steht ihr schon,

wenn ihr steht, dann lauft ihr schon,

wenn ihr lauft, dann seid ihr schon am Ziel.«

— aus China

Aufmerksamkeit auf Positives richten

Gefühle fallen nicht vom Himmel. Meistens resultieren sie aus unserem Denken und aus unserem Verhalten. In der Auseinandersetzung mit unserer Außenwelt läuft bei den meisten Menschen ein innerer Monolog der Bewertung ab.

Die bekannte Metapher der Sichtweise, ob das Glas halb voll oder halb leer ist, zeigt uns, ob wir vorwiegend gute oder schlechte Gefühle haben. Sind wir eher mangelorientiert, das heißt, schauen wir intuitiv mehr darauf, was fehlt, wo die Fehler liegen oder was im schlimmsten Fall passieren könnte, dann werden die vorherrschenden Gefühle negativ sein. Wir fühlen uns dann schnell frustriert und wütend, sind traurig oder ängstlich. Umgekehrt funktioniert das natürlich genauso: Menschen, die eher optimistisch denken, erzeugen automatisch häufiger gute Gefühle. Nicht nur unser Denken, auch unser Verhalten ist eine wichtige Quelle für Gefühle. Vielleicht kennen Sie das von sich selbst: Eigentlich haben Sie keine Lust, joggen zu gehen, Sie führen einen inneren Kampf und erfinden Ausreden, warum es besser ist, nicht zu gehen. Schließlich raffen Sie sich dennoch auf, und siehe da, hinterher fühlen Sie sich großartig. Die Gefühle können also auch dem Verhalten folgen und nicht nur das Verhalten dem Gefühl.

Da die Energie der Aufmerksamkeit folgt, können wir sagen, dass der Blick auf Positives auch vermehrt für positive Gefühle sorgt. Alles, was wir erleben, fühlen, denken und tun, hinterlässt Spuren in unserem Gehirn. Tun wir ein und dasselbe immer wieder, so können wir uns vorstellen, dass diese Spuren sich tief eingraben, ähnlich wie bei einem viel befahrenen Weg. Vieles an der Art und Weise, wie wir denken und fühlen, ist Gewohnheit. Gleichsam erhöht sich damit die Wahrscheinlichkeit, dass wir immer öfter jene Gefühle erleben, in denen wir »geübt« sind, es braucht hierfür nur einen minimalen Auslöser. Ein Mensch, der sich sehr schnell aufregt und dafür auch dementsprechend oft einen Anlass findet, hat daher sein »Ärger-Zentrum« im Gehirn besonders gut trainiert. Dies zu verlernen und ein neues, besseres, konstruktiveres Verhalten zu erlernen, erfordert eine feste Absicht, Ausdauer und Geduld. Neue neuronale Verbindungen müssen dafür aufgebaut werden. Dank seiner Plastizität ist unser Gehirn in jedem Alter dazu in der Lage. Mit der Positivität verhält es sich so wie mit allen anderen Dingen auch: Lenken wir unsere Aufmerksamkeit verstärkt darauf, werden wir mehr davon erleben.

Genießen mit allen Sinnen als Burnout-Prophylaxe

Der Mensch ist ein sinnliches Wesen. Wir können hören, sehen, schmecken, tasten, riechen. Wir können genießen. Wir können auskosten, was unsere Sinne anspricht, vom guten Glas Wein, einem vorzüglichen Mahl, einem duftenden Schaumbad bis zum Lauschen eines Konzerts oder dem Staunen vor der Natur oder den bildenden Künsten. Wenn wir genießen, sind wir ganz im Hier und Jetzt, und der Augenblick ist alles was zählt. Wenn Sie nach besonderen Erlebnissen in ihrem Urlaub gefragt werden, woran erinnern Sie sich? Waren es nicht genau jene Momente, die Sie von ganzem Herzen und mit Ihren Sinnen genossen haben?

Jenen Menschen, die sich ausgebrannt und erschöpft fühlen, ist diese Fähigkeit, zu genießen, abhandengekommen. Ihr innerer Motor kommt nicht zur Ruhe. Das, was sonst hilft und eine willkommene Auszeit darstellt, ist nur noch belastend oder muss einfach als ein weiterer Punkt in der Agenda erledigt werden, wie etwa das Zusammensein mit Freunden, ein gemeinsames Essen oder die tägliche Körperpflege. Es gibt kein Innehalten, kein Zelebrieren mehr, sondern nur noch ein Funktionieren. Genießen zu können ist deshalb also auch ein Indikator dafür, wie es uns geht. Natürlich gibt es auch jene Menschen, für die der Genuss das höchste aller Dinge darstellt, deren Dasein darauf ausgerichtet ist, sich selbst in allen Lebensbereichen Komfort und Genuss zu verschaffen, und die damit eine höchst egozentrische Lebensweise praktizieren. Das ist in einer anderen Weise ungesund. Die meisten Menschen leiden aber unter notorischem Zeitmangel. Sowohl Muße als auch der Genuss stellen sich aber nur dann ein, wenn wir uns dafür Zeit nehmen. In diesem »Zeit-Raum« können wir zur Ruhe kommen und uns entspannen und damit schaffen wir die Voraussetzung sowohl für die Muße als auch den Genuss. Genießen zu können hat mit Selbstfürsorge zu tun, mit der Fähigkeit, sich selbst immer wieder Gutes zu tun und auf die Signale, die der Körper sendet, zu achten. Der Genuss liebt die ungeteilte Aufmerksamkeit im Hier und Jetzt.

Aktiv sein, Ziele setzen und erreichen

Jeder kennt das gute Gefühl, das sich einstellt, wenn man etwas geschafft hat, was man sich vorgenommen hat. Auch wenn es sich um kleine, unspektakuläre Ziele wie die folgenden handelt: das Badezimmer soll geputzt, die Hecke geschnitten oder die Rechnungen sortiert werden. Dabei liegt oft alleine schon im Tun eine tiefe Befriedigung. Egal ob es sich bei der Tätigkeit um die

Ausübung von Sport, Haus- oder Gartenarbeit, eine geistige oder eine körperliche Aufgabe handelt, wir können die Erfahrung machen, dass wir uns dabei glücklich fühlen. Glücksforscher Mihaly Csikszentmihalyi nennt dies *Flow*, was so viel bedeutet wie *im Fluss sein*. Es handelt sich dabei um einen Zustand, in den wir gelangen, wenn wir uns einer Sache ganz hingeben und in ihr aufgehen. Dabei verlieren wir das Gefühl für Raum und Zeit, wir fühlen uns weder über- noch unterfordert, sondern in unseren Fähigkeiten in positiver Weise gefordert und wir schaffen das, was wir tun, mühelos. Sorgen treten in den Hintergrund und wir sind eins mit der Sache, der wir uns widmen. Damit einher geht ein Heraustreten aus unserem gewohnten Realitätsempfinden. Dies ist etwas, was wir bewusst anstreben können und was sich mit zunehmender Übung immer besser anfühlt. Denn die Tätigkeit, in der wir aufgehen, ist in der Regel eine, die wir schon oft zuvor gemacht haben.

Neues ausprobieren

»Wenn Du immer wieder das tust, was Du immer schon getan hast,
dann wirst Du immer wieder das bekommen, was Du immer schon bekommen hast.
Wenn Du etwas anderes haben willst, musst Du etwas anderes tun.
Und wenn das, was Du tust, Dich nicht weiterbringt,
dann tu etwas völlig anderes – statt mehr vom gleichen Falschen.«

— Paul Watzlawick [18]

Wenn wir Neues ausprobieren, verlassen wir die gewohnten Bahnen und öffnen uns für neue Erfahrungen. Neue Erfahrungen können neue Ergebnisse hervorbringen. Das Neue kann für manche Menschen ein radikaler Schritt sein, indem sie zum Beispiel die Arbeit wechseln, eine neue Beziehung eingehen, sich von Menschen oder Besitz trennen oder eine Weltreise planen. Um neue Erfahrungen zu machen und infolge auch ein Mehr an positiven Gefühlen zu erleben, kann man aber auch klein beginnen. Man kann anfangen, gewohnte Wege mit solchen, die man weniger gut kennt, zu tauschen. Man kann

---

18 Paul Watzlawick (1921–2007), österreichisch-amerikanischer Kommunikationswissenschaftler
    und Autor.

mit Menschen, an denen man sonst vorbeigeht, ein paar Worte wechseln und gespannt sein, was passiert. Man kann sich trauen, einen neuen Haarschnitt zu tragen, den persönlichen Stil zu ändern, sich in der Öffentlichkeit zu präsentieren, sich für andere zu engagieren oder sich einmal ganz zurückzuziehen und das Alleinsein zu zelebrieren. Es gibt viele Möglichkeiten, etwas Anderes als das Gewohnte zu tun, Neues auszuprobieren und damit die Gelegenheit zu schaffen, neue, positive Erfahrungen zu machen.

In Beziehung mit anderen sein

Unsere Beziehungen haben einen enormen Einfluss auf unser Wohlbefinden. Wir können im Zusammensein mit anderen Menschen den Himmel auf Erden erleben. Nichts mehrt unser Glück so sehr, wie in glücklicher Beziehung zu einem oder mehreren Menschen zu sein. Wir sind soziale Wesen und von Anfang an auf gute Beziehungen hin angelegt. Das lässt sich auch physiologisch erklären: Forscher haben herausgefunden, dass selbst der Anblick einer glücklichen Miene eine flüchtige Reaktion der Gesichtsmuskeln des Beobachters hervorruft. Für diese reflexartige Imitation sind die Spiegelneuronen in unserem Gehirn verantwortlich, die uns unmittelbar in Resonanz mit unserem Gegenüber treten lassen. Bestimmt haben Sie schon gemerkt, dass Sie selbst auf ein Lächeln unweigerlich zurücklächeln müssen oder dass Sie im Gespräch mit jemandem oft unbewusst dieselbe Körperhaltung einnehmen. Sie spüren, wenn Sie jemand anschaut und erwidern den Blickkontakt. Vielleicht hat sich auch schon einmal jemand in Ihrer Nähe das Knie angeschlagen und Sie haben im Reflex »Au« gesagt und den Schmerz gespürt. Tatsächlich befinden wir uns in einem Resonanzfeld, in dem unsere Gehirne eine Verbindung eingehen und aufeinander reagieren, noch bevor wir uns dessen bewusst sind. Das bedeutet, wir reagieren auf die Menschen, mit denen wir es zu tun haben, auch physiologisch.

Gegenwärtig wird viel darüber geforscht, welchen Einfluss strapaziöse zwischenmenschliche Beziehungen auf die Wirkungsweise der Gene haben, die unser Immunsystem regulieren. Das Verhalten des jeweils Anderen hat erhebliche neurologische und auch physiologische Auswirkungen, denn

Gefühle sind ansteckend. Wenn jemand giftige, negative Gefühle über uns ausgießt, uns Vorwürfe macht oder beschimpft, dann werden bei uns jene neuronalen Verbindungen aktiviert, die in uns ebenfalls negative Gefühle hervorrufen. Man könnte sagen, wir fangen uns starke Gefühle ein, wie wir uns einen Grippevirus einfangen. Normalerweise haben wir gute Abwehrkräfte und sind in der Lage, uns zu schützen. Sind unsere sozialen Beziehungen aber dauerhaft geprägt von negativen Emotionen, und das über einen längeren Zeitraum, dann können sie uns krank machen. Sie sind dann die Quelle von unzähligen Konflikten, von Kummer, Schmerz und Leid. Umgekehrt funktioniert es genauso: Sie kennen bestimmt auch das positive Gefühl, wenn Sie mit Menschen zusammen sind, von denen eine gute Stimmung ausgeht. Menschen, die ermutigen, aufbauen, erheitern. Menschen, die Herzlichkeit, Zuversicht und Wärme versprühen. Solche Begegnungen können uns den ganzen Tag verschönern und das gemeinsam Erlebte »glüht« noch lange in angenehmer Weise in uns nach.

Die Gefühlsqualität unserer Beziehungen hat also große Bedeutung für unser Wohlbefinden. Wir können innerhalb der Familie, in unserer Partnerschaft, mit unseren Kindern, Freunden, Nachbarn und Arbeitskollegen viel dazu beitragen, diese Qualität zu verbessern (siehe auch Kapitel *Was unser Identitätsempfinden ausmacht*). Darüber hinaus gibt es aber auch im ganz alltäglichen zwischenmenschlichen Leben noch weitere Möglichkeiten, Wohlgefühle und somit positive physiologische Wirkungen zu erzielen. Die bereits erwähnte Forscherin Barbara Fredrickson spricht von »Positivitätsresonanz«[19] und meint damit einen kurzen Augenblick der positiven Verbundenheit zwischen zwei Menschen. Dabei ist es unerheblich, ob diese Person unser Partner ist oder die Kassiererin an der Supermarktkasse. Immer dann, wenn zwei Menschen sich in einem Kontext begegnen und es zu einem, wie sie sagt, »Mikromoment der Verbundenheit« kommt, entsteht ein Raum von positiver Resonanz. Dafür bedarf es keiner großen Worte. Wir kommunizieren auch nonverbal durch Blicke, Lächeln, zustimmendes Nicken, einer dem Anderen zugeneigten Körpersprache und Berührung. Wir sollten es uns zur Angewohnheit machen, vermehrt auf die kleinen, scheinbar belanglosen

---

19 *Barbara Fredrickson (2013): Die Macht der Liebe. Ein neuer Blick auf das größte Gefühl.*

Begegnungen des Tages zu achten und bewusst solche Mikromomente der Positivität entstehen zu lassen. Fredricksons Forschung hat ergeben, dass sich im Laufe der Zeit durch Wiederholungen unser Gehirn strukturell verändert, indem die »sensibel auf Bedrohung reagierende Amygdala dem beruhigenden Einfluss des Oxytocin ausgesetzt wird ... Wir werden auf Dauer mitfühlender, Krisen gegenüber widerstandsfähiger, klüger und gesünder.«

Helfen macht noch glücklicher

Ganz praktisch und nicht zu »überspüren« sind die Auswirkungen, wenn wir anderen helfen. Wer sich für andere engagiert, tut sich selbst ebenso Gutes. Helfen wirkt sich unmittelbar auf unser Selbstwertgefühl aus. Wir machen die Erfahrung, dass das, was wir tun, wertvoll ist und dass wir damit etwas bewegen. Je persönlicher die Art der Hilfe ist, desto mehr bekommen wir zurück. Es kann auch ein gutes Gefühl sein, einen bestimmten Geldbetrag zu spenden. Doch schafft es ein Mehr an Zufriedenheit, wenn wir jemandem konkret helfen, wenn wir uns engagieren, wenn wir mit anpacken und im Geschehen sind. Dabei spielt die Freiwilligkeit eine große Rolle. Das Gefühl zu haben, selbst darüber bestimmen zu können, auf welche Art und Weise und wie viel Gutes man tun möchte und kann, motiviert. Menschen, die keine Wahl haben, weil sie beispielsweise nahe Angehörige pflegen und rund um die Uhr für sie da sein müssen, helfen auch und leisten Großartiges, jedoch fühlen sie sich nicht generell belohnt für die Arbeit, die sie tun. Menschen in helfenden Berufen, deren tägliches Erleben es ist, sich für andere zu engagieren, sehnen sich in ihrer Freizeit verständlicherweise oft nach einer anderen Form des Ausgleichs.

Für alle, die es wollen, gibt es unzählige Möglichkeiten, anderen Gutes zu tun. Wir können unmittelbare Nachbarschaftshilfe leisten, selber initiativ werden oder in einem Verein mitarbeiten. Durch die moderne Vernetzung per Internet und Sozialen Medien sind wir sehr schnell darüber informiert, was wo und wann am dringendsten gebraucht wird. Die spontanen Wellen ziviler Hilfsbereitschaft, vor allem durch junge Menschen, unterstützt durch die heutigen Möglichkeiten zur effektiven Organisation, sind wunderbare Zeichen für Mitgefühl, Tatkraft und Solidarität. Das Gefühl der Verbundenheit mit in Not geratenen Menschen ist eine intensive Erfahrung, die für viele Helfer auch nachhaltig positiv verändernd wirkt.

Stille und Rückzug suchen

»*Dem Menschen unserer Tage fehlt die Stille,*
die äußere und mehr noch die innere Stille,
das heißt eine Verfassung, die ihn befähigt,
auch im äußeren Lärm und Ansturm des Lebens
Stille zu erfahren, zu wahren und auszustrahlen.«

— *Karlfried Graf Dürckheim* [20]

Gehören Sie zu denjenigen, die morgens vom Radiowecker geweckt und dann während des Aufstehens, Anziehens, Frühstückens und der Morgentoilette von munteren Radiosprechern, Musik und Nachrichten in den Tag begleitet werden? Stellen Sie in Ihrem Auto auch gleich das Radio oder den CD-Player an, nachdem Sie gestartet haben? Stecken Sie sich Kopfhörer in die Ohren, wenn Sie zu Fuß oder mit den öffentlichen Verkehrsmitteln unterwegs sind? Sind Sie tagsüber auch von Verkehrs-, Maschinen- oder anderem Lärm umgeben? Gehören Sie auch zu denjenigen, die sich beim Einkaufen durch die Beschallung der geschäftsinternen Werbelinie vor dem vollen Kühlregal besonders gut darauf konzentrieren können, was Sie eigentlich kaufen wollten? Und fühlen Sie sich auch so entspannt beim Kleiderkauf, wenn Ihnen laute Technomusik im Kopf dröhnt? Schalten Sie zu Hause gleich den Fernseher ein und lassen ihn als Hintergrundgeräusch laufen, auch wenn Sie gar nicht hinschauen? Und können Sie dann am besten einschlafen, wenn der Flatscreen in Ihrem Schlafzimmer an ist?

Sollten Sie sich darin wiederfinden, sind Sie in guter Gesellschaft, denn in unserer modernen Welt wählen viele diese Lebensweise. Es scheint, als würden wir alles tun, um Stille zu vermeiden, als wäre es Programm, durch

---

20 *Karlfried Graf Dürckheim (1896–1988), deutscher Psychotherapeut und Zen-Lehrer.*

den äußeren Lärm zu verhindern, dass wir zur Besinnung kommen. Deshalb muss Stille, Rückzug und innere Einkehr von den meisten von uns aktiv gesucht werden, denn der Alltag lässt dafür kaum Raum. Wenn wir der Stille diesen äußeren Raum geben, ist es anfangs gar nicht so leicht, sie zu ertragen. Wir machen die Erfahrung: Je stiller es um uns ist, umso lauter wird es in uns. Nach Hause zu kommen und keine Beschallung, keine Unterhaltung, keine Ablenkung vorzufinden, kann beklemmend sein, ebenso wie die Vorstellung, mit sich ganz alleine, beispielsweise in der Natur zu sein und somit gezwungen zu sein, sich mit dem inneren Gedankenlärm auseinanderzusetzen.

Ohne Stille kommen wir nicht zur Ruhe. Um mit uns selbst ins Reine zu kommen, von den Anforderungen und Ereignissen des Tages Abstand nehmen zu können, Dinge zu ordnen und neu zu überdenken und wieder Kräfte zu sammeln, brauchen wir Stille und Rückzug.

Haben Sie schon Ihren Ruhepol der Stille gefunden? Vielleicht hilft es Ihnen, einen bestimmten Platz immer wieder aufzusuchen. Das kann ein Weg, ein Baum, das Ufer eines Flusses, eine Kirche oder eine besondere Ecke in Ihrer Wohnung sein. Betrachten Sie diesen Platz als einen, an dem Sie eine Verabredung mit sich selbst haben. Vielleicht finden Sie Ihre innere Ruhe durch Meditation, Atem- und Entspannungsübungen oder in der Bewegung, im Walken, Wandern, Rudern, beim Taiji, Yoga oder im kreativen Schaffen.

Wer für sich herausgefunden hat, was persönlich dabei hilft, Stille zu erfahren, hat eine Kostbarkeit gefunden. Viele Weisheitslehren beschäftigen sich mit der Stille als einer Quelle der Kraft, der Selbsterkenntnis und der Inspiration.

Eines Tages kamen zu einem einsamen Mönch einige Menschen.

Sie fragten ihn:

»Was für einen Sinn siehst du in deinem Leben der Stille und Meditation?«

Der Mönch war mit dem Schöpfen von Wasser aus einem tiefen Brunnen beschäftigt. Er sprach zu seinen Besuchern:

»Schaut in den Brunnen. Was seht ihr?«

Die Leute blickten in den tiefen Brunnen: »Wir sehen nichts!«

Nach einer kurzen Weile forderte der Mönch die Leute erneut auf:

»Schaut in den Brunnen! Was seht ihr jetzt?«

Sie blickten wieder hinunter: »Ja, jetzt sehen wir uns selber!«

Der Mönch sprach: »Nun, als ich vorhin Wasser schöpfte, war das Wasser unruhig. Jetzt ist das Wasser ruhig. Das ist die Erfahrung der Stille und der Meditation: Man sieht sich selber. Und nun wartet noch eine Weile.«

Nach einer Weile sagte der Mönch erneut: »Schaut jetzt in den Brunnen. Was seht ihr?«

Die Menschen schauten hinunter:

»Nun sehen wir die Steine auf dem Grund des Brunnens.«

Da erklärte der Mönch:

»Das ist die Erfahrung der Stille. Wenn man lange genug wartet, sieht man den Grund aller Dinge.«

— Autor unbekannt

Dankbar sein

Dankbarkeit ist Herzenssache. Wenn wir dankbar sind, können wir es körperlich spüren als ein Gefühl von Weite, Zuversicht und Offenheit. Dankbarkeit hat mit einer inneren Einstellung zu tun, nämlich mit dem Wissen darum, dass im Leben nicht alles planbar, machbar und kontrollierbar ist und dass so manch Gutes unverdient als Geschenk daherkommt, ohne unser Zutun. Glückliche Menschen sind solche, die dankbar sind und auch stets gute Gründe dafür finden, ob es die guten Startbedingungen ins Leben sind, die Tatsache, in einem wohlhabenden, friedlichen Land geboren zu sein, eine gute Schulbildung genossen zu haben oder einen treuen Partner an der Seite zu wissen. Sie schauen auf das, was im Leben gut gelaufen ist, was funktioniert, was Halt gibt und trägt. Dabei sind auch viele Menschen dankbar, die es nicht leicht hatten, die vieles durchmachen mussten, die an Verlusten oder Krankheiten leiden und denen es von außen gesehen alles andere als gut geht. Es fällt auf, dass dankbare Menschen weniger mit ihrem Schicksal hadern, weniger nachtragend sind und allen Hürden zum Trotz Danke sagen zu anderen Menschen und oft auch zu einer Macht, die größer ist als sie selbst und die über das Machbare ihres Lebens hinausreicht, ob das nun der persönliche Glaube an Gott ist oder das Vertrauen in die guten Kräfte des Universums oder in den Zufall, der es gut mit ihnen meint.

Wenn wir dankbar sind, leben wir in einem Zustand des Empfangens. Wir sind uns nicht nur dessen bewusst, was wir in der Vergangenheit bekommen haben, sondern wir leben in dieser vertrauensvollen Haltung auch in Bezug auf unsere Gegenwart und unsere Zukunft.

Das gute Leben

Sie sind also da, die Wege, durch die wir uns einem guten Leben annähern können. Es gibt unzählige davon. Wir müssen nur herausfinden, welche am besten zu uns passen. Und dann liegt es an uns, sie täglich zu begehen. Tun wir das, werden wir feststellen, dass dank unserer neu gewonnenen Sichtweisen, Taten und besseren Gewohnheiten sich auch im Großen etwas wandelt. Unsere Lebensfreude wächst, unsere Beziehungen verändern sich zum Positiven und wir fühlen uns gesünder. An dieser Stelle passiert es nicht selten, dass entscheidende Dinge sich zu unseren Gunsten fügen, Wünsche in Erfüllung gehen und lang ersehnte Träume sich verwirklichen lassen. Dann werden wir plötzlich gewahr: Es ist da, mein gutes Leben. Ich lebe es. Ich bin mittendrin.

Was Sie für Ihr Glücklichsein tun können:

» im Hier und Jetzt sein
» Ihre Aufmerksamkeit auf Positives richten
» genießen mit allen Sinnen als Burnout-Prophylaxe
» aktiv sein, sich Ziele setzen (auch winzig kleine) und erreichen
» Neues ausprobieren
» in Beziehung mit anderen sein
» anderen helfen
» Stille und Rückzug suchen
» dankbar sein

Soforthilfe im Akutfall

Achten Sie auf Ihre Grundbedürfnisse · Schaffen Sie das
für Sie Nötigste · Halten Sie an kleinen Alltags-Strukturen fest ·
Holen Sie sich Hilfe von außen · Halten Sie Ausschau nach
Vorbildern

Soforthilfe im Akutfall

Warum ist es wichtig, auch in einer ganz akuten Krise unbedingt auf die Grundbedürfnisse zu achten? Was hilft, um möglichst rasch wieder Boden unter die Füße zu bekommen? Wann brauche ich Hilfe von außen und wo finde ich sie?

Wenn Sie in einer Krise stecken – oder ein Mensch in Ihrer Nähe – geht es darum, rasch die wichtigsten Schritte zu setzen, damit die Situation leichter wird. In diesem Kapitel finden Sie vor allem schnelle Hilfe für die ersten Stunden, Tage und Wochen. Wir alle sind Menschen und gehen mit Krisen zwar entsprechend unterschiedlich um, aber wir haben auch ziemlich ähnliche Bedürfnisse, auf die zu achten Teil der Lösung ist. Sehen Sie dieses Kapitel als eine kleine Gebrauchsanweisung und denken Sie daran:

Auch wenn der Himmel nebelverhangen ist, Unwetter und Stürme toben oder Sie im Regen stehen – es gibt sie, die Sonne. Sie ist da, auch wenn sie im Moment weder sicht- noch spürbar ist.

Der vielfach bewährte Leitfaden für akute Krisen besteht aus folgenden Punkten:

» **Achten Sie auf Ihre Grundbedürfnisse:**
  ◦ **Essen und Trinken**
  ◦ **Schlafen**
  ◦ **Bewegung**
  ◦ **Frische Luft und Natur**
  ◦ **In Kontakt bleiben**
» **Schaffen Sie das für Sie Nötigste.**
» **Halten Sie an kleinen Alltags-Strukturen fest.**
» **Holen Sie sich Hilfe von außen.**
» **Informieren Sie sich. Halten Sie Ausschau nach Vorbildern.**

Zu diesen Punkten finden Sie hier Anregungen, die Ihnen weiterhelfen.

Achten Sie auf Ihre Grundbedürfnisse

In der Regel ist auch im Ausnahmezustand ein Teil von Ihnen »funktionsfähig«. Selbst wenn der Boden unter Ihren Füßen schwankt, können Sie Dinge des täglichen Lebens zumindest mechanisch verrichten. Für alles, was Sie tun und leisten, brauchen Sie Energie. Deshalb müssen Sie darauf achten, dass diese auf körperlicher und geistig-seelischer Ebene wieder zugeführt wird.

- Sollten Sie jedoch das Gefühl haben, dass Sie dazu ganz und gar nicht in der Lage sind und dass Ihre psychische und körperliche Verfassung im Moment so schlecht ist, dass Sie nicht für sich selbst sorgen können, dann lassen Sie sich in ein Krankenhaus einweisen. Bitten Sie einen nahestehenden Menschen, Sie ins Krankenhaus zu bringen oder rufen Sie die Rettung.
- Wenn Sie selbst für sich sorgen können, sind es die einfachsten und nahestehenden Dinge, die jetzt wichtig sind:

Essen und Trinken

- Geben Sie Ihrem Körper das, was er braucht: Flüssigkeit und Nahrung.
- Gerade wenn Ihnen danach ist, nichts zu sich zu nehmen, helfen Sie sich selbst, indem Sie sich bewusst mit Essen und Trinken versorgen. Vielleicht hilft es Ihnen, den Tag zu gliedern und sich selbst daran zu erinnern, in der Früh, vormittags, mittags, nachmittags und abends etwas zu konsumieren. Treffen Sie bewusst diese Entscheidung.
- Essen Sie etwas, was Ihr Körper gut verträgt und was Ihnen das Gefühl gibt, Sie zu stärken und von innen zu wärmen. Ein paar Löffel Gemüsesuppe haben die Kraft, Sie wieder für ein paar Stunden auf den Beinen zu halten.
- Stellen Sie Teekanne, Saft- oder Wasserkrug sichtbar vor sich hin.
- Schauen Sie, dass, je nachdem, was Sie mögen, zum Beispiel Bananen, Nüsse, Kekse, ein Stück Brot, Gemüse oder Obst für Sie greifbar sind.
- Wenn Sie jemandem beistehen, der gerade in einer akuten Krise steckt: Vielleicht sagt dieser Mensch, er oder sie habe keinen Hunger oder Durst. Erfahrungsgemäß hilft es, Getränke und (warme) Speisen konkret anbieten – meist greift er oder sie dann doch zu, zumindest ein bisschen.

Schlafen

Im Schlaf regeneriert sich unser Körper. Im Schlaf verarbeiten wir Erlebtes und sammeln Kräfte für den nächsten Tag. Im Schlaf finden wir auch für kurze Zeit Vergessen. Unser Gehirn ist dabei hochaktiv und leistet seinen Beitrag zur Bewältigung der Situation.

- Wenn Sie das Gefühl haben, Sie könnten nur noch schlafen, so ist das ein Signal Ihres Körpers, dass er den Schlaf auch dringend braucht. Er schützt sich vor den Anforderungen und Ereignissen – und das ist eine gute Strategie. Geben Sie diesem Bedürfnis nach.

- Haben Sie jedoch das Gefühl, Ihr Schlafbedürfnis ist zur dauerhaften Lethargie geworden, weil es bereits Wochen oder Monate andauert, dann suchen Sie professionelle Hilfe auf. Denn dann kann es sein, dass Sie jemanden brauchen, der Sie im übertragenen Sinn bei der Hand nimmt und Ihnen beim Aufstehen hilft, damit Sie wieder Fuß fassen können.

- Gar nicht mehr aus dem Bett zu kommen, kann auch ein Zeichen für eine Depression sein, eine psychische Erkrankung, für deren Bewältigung Sie sich auf jeden Fall Hilfe holen sollten. Gehen Sie zu Ihrer Hausärztin, zu einem Psychologen oder einer Fachärztin für Psychiatrie und Psychotherapie.

- Wenn Sie unter Schlafstörungen leiden, weil das krisenhafte Ereignis und Ihre Gedanken, die um das Thema kreisen, Ihnen den Schlaf rauben, versuchen Sie herauszufinden, was Sie in Ihrer Situation genau brauchen und was Ihnen helfen könnte.
  - Zur Unterstützung bei Einschlaf- oder Durchschlaf-Störungen gibt es gute pflanzliche schlafanstoßende Medikamente, die Ihnen den Übergang in den Schlaf erleichtern können.
  - Wenn Sie eher Ablenkung Ihrer Gedanken brauchen, dann können Hörbücher oder Radiosendungen über verschiedenste Themen Ihrer Wahl ein wahrer Segen sein. Viele Menschen beruhigen sich, wenn sie »angesprochen« werden, und können so besser einschlafen.
  - Vielleicht hilft es Ihnen, Ihr Gehirn mit Sudokus »leerlaufen« zu lassen.

- Finden Sie heraus, ob Sie besser schlafen, wenn Sie ein bis zwei Stunden vor dem zu Bett Gehen nicht mehr Fernsehen oder im Internet surfen.
- Wenn Sie so unruhig, besorgt, in Trauer, Angst oder Not sind, dass Sie mit jemandem sprechen wollen, dann nutzen Sie die Gratis-Hotlines, die auch nachts erreichbar sind und deren professionelle oder ehrenamtliche Helfer durch ein Gespräch Entlastung und Beratung bieten.

• Sollten Sie über einen längeren Zeitraum gar keinen Schlaf mehr finden und das Gefühl haben, dass Ihr Körper sich nicht mehr regenerieren kann und Sie dauerhaft erschöpft sind, dann suchen Sie einen Arzt auf. Dieser wird mit Ihnen Ihre Situation besprechen und Ihnen bei Bedarf vorübergehend das für Sie passende Medikament verschreiben, damit Sie wieder schlafen können. Das müssen nicht zwangsläufig Schlafmittel sein, es gibt mittlerweile viele gut verträgliche Alternativen, die weder abhängig noch süchtig machen und Sie am nächsten Tag nicht einschränken, also ohne Hang-Over-Effekt wirken. Es geht darum, den Schlaf als wichtige Säule Ihrer Gesundheit zu stärken, sodass Sie wieder in der Lage sind, tagsüber ein normales Leben zu führen.

Bewegung

• Manche Menschen werden überaktiv, wenn es ihnen sehr schlecht geht, um damit der belastenden Situation oder der Schwere des Ereignisses entgegenzutreten. Wenn Sie zu diesen Menschen gehören, kann es hilfreich sein, diesen Drang bewusst zu kanalisieren. Das kann jede Form von Bewegung und Sport sein, die Ihnen guttut. Wenn Sie sich körperlich ausagiert haben, finden Sie eher die nötige Ruhe und Konzentration, um die täglichen Dinge, die jetzt zu tun sind, gut zu bewältigen.

• Gehören Sie jedoch zu jenen, die sich in Zeiten der Krise wie erstarrt fühlen und deren innerer und äußerer Radius immer enger zu werden droht, dann entscheiden Sie sich bewusst dafür, ein paar Schritte zu tun und sich zu bewegen. Es muss nicht viel sein, eine tägliche Runde um den Häuserblock zeigt bereits Wirkung. Indem Sie sich bewegen, kommt etwas in Bewegung. Indem Sie ein paar Schritte tun, entfernen Sie sich von etwas und gehen gleichzeitig auf etwas anderes zu. Das Außen hilft, das Innen zu ordnen. Bewegung ist das Gegenteil von auf der Stelle treten. In schweren Zeiten ist auch das eine Entscheidung.

Frische Luft und Natur

Die allermeisten Menschen tendieren in Krisenzeiten dazu, sich zu verkriechen. Das ist nachvollziehbar. Wir brauchen die Sicherheit unserer eigenen vier Wände, die Vertrautheit der Menschen, mit denen wir zusammenleben oder auch die Stabilität der Möbel und Gegenstände, die uns umgeben. Wollen wir uns noch mehr verkriechen, ziehen wir uns die Decke über den Kopf und setzen dadurch die Grenze zwischen Innenraum und Außenraum. Gleich einer Höhle finden wir den Schutz, den wir in solchen Augenblicken brauchen.

Aber es braucht auch das Andere. Es tut unendlich gut, die Anbindung an etwas zu erfahren, was größer ist als wir selbst und unsere derzeitige schwierige Lebenssituation. Dieses Andere ist für viele Menschen die Natur. Im Wald zu spazieren, einen Bach, Fluss oder ein Seeufer entlangzugehen, über eine Wiese zu schlendern oder auch nur auf einer Parkbank zu sitzen und einen Baum anzusehen, hat etwas Heilsames. Unsere Augen sehen dieses Andere, seien es Menschen, Tiere, Pflanzen oder auch die Farben der Natur, das uns sagt, dass das Leben unaufhaltsam weitergeht und sich in seiner unendlichen Vielfalt ausdrückt, auch dann, wenn uns vorkommt, dass in unserem Inneren die Zeit stehengeblieben ist. Die Natur hat etwas unendlich Tröstliches, denn sie lehrt uns den Wandel und das Vertrauen darauf, dass nach dem langen kalten Winter im Frühling wieder alles zum Leben erwachen wird.

- Gehen Sie so oft wie möglich in die Natur und atmen Sie frische Luft. Das füllt Ihre Lunge mit Sauerstoff, stärkt Ihr Immunsystem und hilft Ihnen durch die schwierige Zeit.

In Kontakt bleiben

Sich einzuigeln und alleine mit der Situation zurechtkommen zu wollen ist ein Verhalten, das viele Menschen in Krisenzeiten zeigen. Dahinter steht oft der Wunsch, niemanden belasten zu wollen. Sich jemandem anzuvertrauen muss aber nicht unbedingt bedeuten, dass man diese Freunde oder Familienmitglieder mit seinem Thema belastet. Im Gegenteil: Für viele ist es eine Selbstverständlichkeit, für einander da zu sein.

- Sie spüren selbst, wer die Menschen in Ihrem Umfeld sind, die Verständnis für Ihre derzeitige Situation haben und Ihnen einfach zur Seite stehen möchten und können. Bleiben Sie in Kontakt mit ihnen, nehmen Sie Einladungen an und greifen Sie ab und zu selbst zum Telefon und fragen Ihrerseits nach, wie es den anderen geht. In Beziehungen erfahren wir Trost, Ermunterung und Mitgefühl. Manchmal hilft uns auch Teilhabe, Ablenkung und das bloße Gefühl, nicht alleine auf der Welt zu sein.
- Deshalb widerstehen Sie zumindest manchmal dem Drang, sich abzuschotten, und lassen Sie andere herein oder gehen Sie aktiv auf andere zu. In Kontakt zu bleiben ist immer auch ein Weg, der neue Möglichkeiten miteinschließt, die helfen, durch die Krisen zu navigieren.

Schaffen Sie das für Sie Nötigste

Im Moment das Nötigste zu schaffen kann bedeuten, trotzdem regelmäßig zur Arbeit zu gehen, Familie und Kinder zu versorgen, die Einkäufe zu erledigen, mit dem Hund vor die Türe zu gehen, die Waschmaschine zu füllen, sich selbst etwas zu kochen, Briefe vom Postamt zu holen, den Müll zu entsorgen und vieles mehr.

- Was auch immer Ihr persönliches »Nötigstes« ist, seien Sie sich bewusst, dass es derzeit eine große Leistung ist, was Sie schaffen. Sie sollen und dürfen sich auf das Nötigste reduzieren. Alles andere muss sich diesen Prioritäten unterordnen. Im Moment wird ganz klar, was wirklich wichtig ist und was zählt.

- Jeden Tag, den Sie geschafft haben, indem das Nötigste getan wurde, trägt zu Ihrer Stabilität bei. Sie wissen, dass es diesen heilen, gut funktionierenden Teil in Ihnen gibt, der dennoch all das hinbekommt, was im Moment wichtig und zu tun ist.
- Wenn Sie nachjustieren müssen, ist das auch in Ordnung: Sie bitten dann eine Nachbarin, zu kochen und mit dem Hund zu gehen, oder die Kollegin, sich des Projektes XY anzunehmen.

Halten Sie an kleinen Alltags-Strukturen fest

Wenn in Ihrer Wahrnehmung derzeit alles einerlei ist und Sie die Dinge um sich wie durch eine Nebelwand sehen, dann halten Sie sich, einem Geländer gleich, an kleinen, fixen Strukturen fest. Vielleicht kommt am Mittwoch immer Ihr Sohn zu Besuch und Sie essen zusammen zu Abend. Vielleicht ist jeden Montagabend Chorprobe oder jeden Freitag Ihre Therapiestunde. Oder Sie gehen jeden Morgen pünktlich um 8 Uhr zum Gartenzaun und holen Ihre Zeitung. Wie auch immer sich Ihr Alltag normalerweise gestaltet, es gibt sie, diese kleinen oder größeren Routinen, die Ihrem Tag oder Ihrer Woche Struktur geben. Nehmen Sie diese Begebenheiten bewusst wahr und hanteln Sie sich auf diese Weise vorwärts. Zu wissen, was als nächstes kommt, schafft Orientierung.

Holen Sie sich Hilfe von außen

Freunde und Familie sind sehr wichtig und können einen über vieles hinwegtragen. Manchmal aber braucht es Profis von außen. Je nachdem, in welcher Verfassung Sie sich befinden, was Ihre Situation ausmacht und welche Ressourcen Sie zur Verfügung haben, können Sie sich an verschiedene Fachleute wenden.

- Die niederschwellige Form, sich in Krisensituationen Hilfe zu holen, ist der Anruf bei einer **Hotline**, um kostenlos und unbürokratisch Beratung und Entlastung zu bekommen. Sie finden im Internet zahlreiche Anlaufstellen je nach Themenschwerpunkt z. B. Krisentelefon, Frauentelefon,

Essstörungs-Hotline, Mobbing-Beratung, Gewalthotline, Suchtberatung, Familien- und Erziehungsberatung, psychiatrischer Notruf bis hin zum bäuerlichen Sorgentelefon. Diese Stellen können Ihnen in den meisten Fällen auch weiterführende Hilfsangebote vermitteln. Das können **Beratungsstellen** sein oder selbstständige **Lebens- und Sozialberater**, die Sie in schwierigen Lebenssituationen coachen, beraten und begleiten.

- Ein wichtiger Ansprechpartner kann Ihr **Hausarzt** sein. Im Idealfall kennt dieser Sie persönlich, und er kennt auch Spezialisten in der Nähe, die er empfehlen kann.

- Wenn Sie darüber hinaus Hilfe benötigen, weil Sie beispielweise an Ängsten, Depressionen, Zwängen oder anderen psychischen Erkrankungen leiden, wird Ihnen eine **Fachärztin für Psychiatrie und Neurologie** helfen. Diese Person wird Ihnen die geeigneten Medikamente verschreiben, damit sich die Symptome bessern, und zusätzlich Psychotherapie empfehlen. Begleitende **Psychotherapie** kann besonders dann hilfreich sein, wenn es darum geht, die Ursachen und Zusammenhänge von psychischen Erkrankungen oder persönlichen Lebenskrisen zu verstehen und neue Handlungs- und Bewältigungsstrategien zu erlernen. Psychotherapie ist immer auch ein längerer Prozess. Auch **Klinische und Gesundheitspsychologinnen** sind Fachleute, die Ihnen in Krisensituationen mit ihrem Wissen zur Verfügung stehen.

- Neben all diesen Angeboten gibt es noch die Möglichkeit, sich nach einer **Selbsthilfegruppe** umzusehen und diese Form der Hilfe von außen in Anspruch zu nehmen. In der Regel sind jene Menschen, die eine solche Gruppe leiten, durch ihre eigene Geschichte selbst zu Experten geworden und können gute Unterstützung bieten.

- Wo auch immer Sie sich hinwenden, achten Sie auf Ihr Bauchgefühl. Sie sollen sich bei jener Person, der Sie sich anvertrauen, aufgehoben, wertgeschätzt und verstanden fühlen.

Halten Sie Ausschau nach Vorbildern

Was auch immer Ihre spezielle Situation im Moment schwer macht, es gibt wahrscheinlich kaum einen Themenbereich, über den man nichts nachlesen kann, um sich dadurch Wissen anzueignen. Dieses Wissen hilft, die eigene Situation besser zu verstehen und einordnen zu können. Wissen hilft, sich nicht so machtlos zu fühlen. Sie sind nicht alleine. Es geht anderen auch so, andere haben Ähnliches erlebt und durchlitten. Es gibt Menschen, die durch die Art und Weise, wie sie selbst ihre Krisen gemeistert haben, zum Vorbild für viele geworden sind. Sie können Mut machen, trösten und inspirieren. Halten Sie Ausschau nach solchen Vorbildern.

Danksagung

Danke all den Menschen, die uns in unserer Arbeit ihre Geschichten anvertraut haben, von denen wir lernen durften und ohne die es dieses Buch nicht gäbe.

Wir danken Sigrid Neulinger und Jasmin Parapatits vom Facultas Universitätsverlag dafür, dass sie uns ermutigt, gut begleitet und von Anfang an an unser Buch geglaubt haben.

Ein herzlicher Dank gilt unseren Familien, die für dieses Buch viele Stunden auf uns verzichtet haben.

Literatur

Hier finden Sie einige Buchtipps zum Weiterlesen.

Krise

Day, Laura: Willkommen in der Krise. Ihre Chance für ein neues Leben. *Allegris, 2009*
Diegelmann, Christa; Isermann, Margarete: Kraft in der Krise. Ressourcen gegen die Angst. *Klett-Cotta, 2015*
Haas, Michaela: Stark wie ein Phönix. *O.W. Barth, 2015*
Kast, Verena: Lebenskrisen werden Lebenschancen. *Herder, 2003*

Familie

Asen, Eia: So gelingt Familie. Hilfen für den alltäglichen Wahnsinn. *Carl-Auer-Systeme, 2008*
Juul, Jesper: Was Familien trägt. Werte in Erziehung und Partnerschaft. Ein Orientierungsbuch. *Beltz, 2013*
Juul, Jesper: Das Familienhaus. Wie Große und Kleine gut miteinander auskommen. *Kösel, 2012*

Partnerschaft

Gottman, John: Die 7 Geheimnisse der glücklichen Ehe. *Ullstein, 2006*
Hendrix, Harville: So viel Liebe wie Du brauchst. Der Wegbegleiter für eine erfüllte Beziehung. *Renate Götz Verlag, 2008*
Koschorke, Martin: Ich liebe dich, wie du bist. 10 Tipps für Liebende, die ihren Partner nicht verändern wollen. *Kreuz-Verlag, 2014*
Koschorke, Martin: Wie Sie mit Ihrem Partner glücklich werden, ohne ihn zu ändern. Führerschein für Paare. *Kreuz-Verlag, 2011*
Lerner, Harriet: Beziehungsregeln. Die ultimativen Tipps für alle, die Partnerschaftskrisen satt haben. *Kailash, 2012*

Erziehung

Arras, Christina; Einwohlt, Ilona: Schmetterlingsflügel für dich. Das Coachingbuch für starke und selbstbewusste Mädchen. *Arena, 2006*
Gordon, Thomas: Die neue Familienkonferenz. Kinder erziehen ohne zu strafen. *Heyne, 2008*
Hüther, Gerald; Hauser, Uli: Jedes Kind ist hochbegabt. *btb, 2012*
Juul, Jesper: Elterncoaching. Gelassen erziehen. *Beltz, 2014*
Juul, Jesper: Dein kompetentes Kind. *Rowohlt, 2009*

Petermann, Franz; Döpfner, Manfred; Schmidt, Martin H.: Aggressives Verhalten. Informationen für Betroffene, Eltern, Lehrer und Erzieher. Ratgeber Kinder- und Jugendpsychiatrie. *Hogrefe, 2008*

Rogge, Jan- Uwe: Der große Erziehungsberater. *Rororo, 2005*

Rogge, Jan-Uwe: Eltern setzen Grenzen. Partnerschaft und Klarheit in der Erziehung. *Rororo, 1995*

Rogge, Jan-Uwe: Wie Sie reden, damit Ihr Kind zuhört & wie Sie zuhören, damit Ihr Kind redet. *GU, 2011*

Siegel, Daniel; Bryson, Tina: Disziplin ohne Drama. *Arbor Verlag, 2015*

Tod und Trauer

Canacakis, Jorgos: Ich sehe deine Tränen. Lebendigkeit in der Trauer. Das Lebens- und Trauerumwandlungsmodell. *Kreuz-Verlag, 2006*

Finger, Gertraud: Mit Kindern trauern. *Kreuz-Verlag, 2001*

Kachler, Roland: Meine Trauer wird dich finden. *Kreuz-Verlag, 2005*

Kachler, Roland: Damit aus meiner Trauer Liebe wird. Neue Wege in der Trauerarbeit. *Kreuz-Verlag, 2007*

Kaſt, Verena: Sich einlassen & loslassen. Neue Lebensmöglichkeiten bei Trauer und Trennung. *Herder, 2000*

Kaſt, Verena: Trauern. Phasen und Chancen des psychischen Prozesses. Was Menschen bewegt. *Kreuz-Verlag, 2008*

Identität

Kreuer, Susanne: Auf der Suche nach dem Selbſt. Identitätsfindung als lebenslange Aufgabe, *ibidem Sachbuch. 2012*

Petzold, Hilarion: Identität. Ein Kernthema moderner Psychotherapie. Interdisziplinäre Perspektiven. *VS Verlag, 2012*

Petzold, Hilarion: Integrative Bewegungs- und Leibtherapie. *Junfermann, 1996*

Rohr, Richard: Wozu Mann sein? 365 kleine Schritte zu einer neuen Identität. *Goldmann, 2015*

Resilienz

Baeijaert, Liselotte; Stellamans, Anton: Resilienz. Ein Werkſtattbuch zur Widerſtandskraft. *Solutions Academy, 2013*

Berndt, Chriſtine: Resilienz. Das Geheimnis der psychischen Widerſtandskraft. *dtv, 2015*

Braden, Gregg: Resilienz in Zeiten extremer Veränderung. *Koha, 2014*

Kolf, Gerda: Resilienz. Was die Psyche krank macht! *Vianova, 2013*

Glück

Csikszentmihalyi, Mihaly: Lebe gut! Wie Sie das Beste aus Ihrem Leben machen.
Klett-Cotta, 2015
Csikszentmihalyi, Mihaly: Flow. Das Geheimnis des Glücks. *Klett-Cotta, 2015*
Esch, Tobias: Die Neurobiologie des Glücks.
Wie die Positive Psychologie die Medizin verändert. *Thieme, 2011*
Fredrickson, Barbara: Die Macht der guten Gefühle. *Campus, 2009*
Lyubomirsky, Sonja: Glücklich sein. *Campus, 2013*

Neurobiologie

Bauer, Joachim: Warum ich fühle, was du fühlst.
Intuitive Kommunikation und das Geheimnis der Spiegelneurone. *Heyne, 2005*
Bauer, Joachim: Selbststeuerung. Die Wiederentdeckung des freien Willens.
Blessing-Verlag, 2015
Buber, Martin: Ich und Du. *Deutsch-Verlag, 1999*
Buber, Martin: Das dialogische Prinzip. Ich und Du. *Deutsch-Verlag, 1999*
Hüther, Gerald: Was wir sind und was wir sein könnten.
Ein neurobiologischer Mutmacher. *Fischer, 2011*
Hüther, Gerald: Die Macht der inneren Bilder. *Vandenhoeck & Ruprecht, 2009*

Opferrolle, Macht und Ohnmacht

Kast, Verena: Abschied von der Opferrolle. Das eigene Leben leben. *Herder, 2003*
Thich Nhat Hanh: The Art of Power. Die Kunst, mit Macht richtig umzugehen.
Herder, 2008
Wardetzki, Bärbel: Mich kränkt so schnell keiner!
Wie wir lernen, nicht alles persönlich zu nehmen. *dtv, 2005*
Wardetzki, Bärbel: Ohrfeige für die Seele.
Wie wir mit Kränkung und Zurückweisung besser umgehen können. *dtv, 2004*

Glaubenssätze

Burkhard, Axel: Mit einem Satz das Leben ändern.
Die Kraft der richtigen Glaubenssätze. *Irisiana, 2014*
Etrillard, Stephane: Bring endlich Licht ins Dunkel deiner Glaubenssätze – Mit dem
praktischen Glaubenssatzfinder. *Schirner, 2012*
Preisendörfer, Pamela: Glaubenssätze & Überzeugungen.
Von mentaler Selbstsabotage zu innerer Stärke & Ausstrahlung. *Windpferd, 2013*

Sinn und Sinnfindung

Frankl, Viktor: ... trotzdem Ja zum Leben sagen.
Ein Psychologe erlebt das Konzentrationslager. *Kösel, 1946*

Frankl, Viktor: Der Mensch vor der Frage nach dem Sinn. *Piper, 1979*

Grün, Ansel: Lebensfragen. Orientierung und Sinn in schwierigen Situationen.
Herder, 2015

Längle, Alfried: Sinnvoll leben. Eine praktische Anleitung der Logotherapie.
Residenz, 2011

Salcher, Andreas: Meine letzte Stunde. Ein Tag hat viele Leben. *Ecowin, 2010*

Ware, Bronnie: 5 Dinge, die Sterbende am meisten bereuen.
Einsichten, die Ihr Leben verändern werden. *Goldmann, 2015*

Stichwortverzeichnis

A

Abschied 60, 122f., 124ff., 172
Achtsamkeit 25, 188, 225
Alleinerzieher 79f., 82, 92
Alltags-Struktur 246
Alter 86, 227
Atem, Atmung 211ff.

B

Bedürfnisse 83ff., 97, 164ff., 196, 240
Beratungsstelle 75, 247
Beruf 49, 60ff., 142ff., 153
Berufung 60ff., 65ff.
Bewegung 124, 151, 165, 216, 240, 243f.
Biografie 194f.
Bossing 74f.
Burnout 70
Burnout-Prophylaxe 227f., 237

C

Chance 20ff., 40, 89, 163
Charakter 118, 178

D

Dank 119, 153, 225
Dankbarkeit 235f.

E

Einkommen 145f., 154
Eltern 48ff., 63, 76ff., 82f., 88ff., 98f., 209
Energie 35, 99, 163, 186f., 211ff., 241

F

Familie 49ff., 75ff., 85ff., 90ff., 152, 190, 246f.
Fundament 39, 42, 95f., 137f.

G

Gefühle 38, 159, 162, 176f., 220ff., 224ff., 231
Gehirn 85, 204, 211, 215, 222f., 227
Geist 28, 33, 139
Glaubenssätze 155, 178ff.
Glück 215, 222ff., 235, 237
Grenzen 48, 71f., 101, 164, 167ff., 172
Grundbedürfnisse 22, 126, 240f.

H

Helfen 232
Hilfe 20, 32, 37, 131, 141, 240, 242, 246f.
Hobby 116, 142, 144, 153

I

Identität 46, 136ff., 141ff., 149f.
Immunsystem 131, 158, 223, 244
In Kontakt bleiben 240, 245

K

Kind, Kinder 46ff., 63ff., 81ff., 85ff., 89, 92ff., 98ff., 183, 190, 194, 196
Konflikt 50, 55f., 68, 74f., 113, 231
Körper – Seele – Geist 28, 33, 139
Kraft 36, 141, 158, 172, 177f., 211ff.
Kraftquelle 148, 211f.
Krise 14ff., 18, 20, 28ff., 32f., 38ff., 46f., 60, 79, 85, 90, 110, 163f.

L

Leiblichkeit 139, 151
Leid 92, 124, 172
Liebe 81, 95f., 110ff., 117ff., 147, 217

M

Meditation 40, 189, 216, 234
Mobbing 74f., 247
Mutter 47, 79, 82ff., 98, 181, 190, 208

N

Nachnähren 183f., 188
Natur 136, 189, 234, 240, 244
Neubeginn 20, 94, 113
Not 71, 79, 141, 198

O

Opferrolle 103, 105, 161, 172ff.

P

Partnerschaft 49, 60, 102, 109, 112, 118f.
Patchwork 90f., 97, 100f.
Persönlichkeit 20, 159, 167, 172
Positives 226f., 237
Problem 14ff., 17, 98, 110, 150, 194, 197ff., 203
Psyche 139, 166, 224

Q

Qualität 20, 139, 150, 231

R

Regeneration 70
Resilienz 158f., 163
Ressourcen 23, 33f., 36f., 72, 124, 149, 158, 190, 246
Rückzug 35, 52, 70, 233f., 237

S

Schlaf 33, 165, 240, 242f.
Schuld 30, 75, 106, 109, 115, 161, 179, 200
Schuldgefühl 35, 50, 93, 129

Schule 48, 55, 64, 83, 93f.
Schulwechsel 48
Seele 28, 33, 123, 139, 165, 209
Seelisches Immunsystem 158
Selbstfürsorge 81ff., 228
Selbstwirksamkeit 143, 159, 161
Sicherheit 68, 76, 100, 145ff., 165, 184, 189
Single 102ff., 110, 203
Sinn 22, 39ff., 52, 67, 73, 143f., 149, 194
Sinne 151, 225, 227f., 237
Sinnfindung 28, 38
Stille 70, 220, 225, 233ff.
Strategie 17, 62, 89, 196
Stress 32f., 68f., 101, 158f.

T

Tod 60, 87, 102, 122f., 127f.
Trauer 122, 128ff., 132
Trauma 14, 16, 18ff.

U

Übergänge 47, 52f.
Übung 212ff.

V

Vater 82, 84, 90, 92, 98ff., 181, 187
Veränderung 29ff., 33ff., 38ff., 41, 47, 86, 124, 151
Vergangenheit 55, 100, 188, 201, 224f.
Verlust 41, 81, 86, 122ff., 126, 128
Vorbild 74, 85, 106, 149, 170, 248

W

Werte 16, 18, 28, 41f., 105, 136, 138, 147ff., 155

Z

Zukunft 49, 94, 107, 163, 181, 224f.